근본없는
페미니즘
메갈리아부터 워마드까지

근본없는 페미니즘

메갈리아부터 워마드까지

김익명 강유 이원윤 국지혜 이지원 히연 정나라 외 1인

if BOOKS

차 례

타임라인

메갈리아부터 워마드까지

메갈리아부터 워마드까지의 타임라인은 2015년 5월 메르스 갤러리로부터 시작해 메갈리아와 임시대표소를 거쳐 워마드에 이르기까지 그리고 2쇄를 발행하는 2018년 6월 지금 이 시점까지를 기록한, 3년간의 온라인 페미니스트 연대기이다. 메갈리아와 워마드는 잦은 사이트 이동과 커뮤니티 폐쇄, 사회적 압박과 경찰 수사로 인해 그들이 남긴 숱한 목소리와 행적들이 기록될 시간도 없이 사라져버렸다. 한국사회를 뒤흔든 폭발력에 비해 남아 있는 기록들이 불완전하고 빈약하다는 사실은, 한국사회에서 메갈리아/워마드가 점한 위치를 보여주는 지표이기도 할 것이다. 현재 메갈리안 사이트는 접속이 불가능하고 메갈리안 이후 거쳐 갔던 대피소 사이트들도 거의 폐쇄된 상태이다.

페미위키와 워마드, 메갈리아의 기록들을 일부 게시하고 있는 페이스북 페이지 등 그나마 드문드문 남아 있는 기록들을 뒤지고 메갈리아와 워마드에서 활동했던 당사자들의 기억에 의존해 타임라인을 정리할 수밖에 없었다. 간혹 사실과 다르거나 전후관계가 맞지 않는 부분을 발견한다면, 더 기록해야 할 것이 남아있다는 증거로 받아들이고 적극적으로 제보해주길 부탁드린다.

여성들이 어떤 목소리를 내고 어떤 운동을 했는지에 대해, 여성 스스로가 더 많이 기록해야 하며 더 깊이 기억해야 한다는 것을 우리는 잊지 않을 것이다. _편집자 주

20 메르스(중동호흡기증후군 : Middle East Respiratory Syndrome) 발병

메르스가 대한민국에서 발병되었고 이날 첫 감염자가 발견되었다. 첫 확진자가 홍콩 여행을 다녀온 여성이라는 추측성 기사가 보도되면서 일간베스트 등 남성들이 대다수의 사용자인 남초 사이트를 중심으로 이 여성에 대한 혐오발언이 쏟아졌다.

26 국제엠네스티 〈더 지니어스〉 칼럼에 '여자를 혐오한 남자들' 게재

이 기사는 옹달샘 사건'모든 것은 고소로 시작되었다' 참조 과 관련된 기사였으나 이후 여러 언론 매체에서 여성혐오와 메르스 갤러리, 메갈리아를 연관지어 기사를 작성하기 시작했다.

6월 5일 '메르스 갤러리에서 남성혐오가 쏟아져 나온 까닭'

6월 10일 '메르스 갤러리에 들어간 남자가 알게 된 것'

6월 11일 '눈앞에 나타난 메갈리아의 딸들 메르스 갤러리, 열린 판도라의 상자를 보며'

6월 23일 '일베도 서럽게 만든 메갈리아의 딸들'

8월 7일 'PD수첩은 왜 여혐을 기획했나'

8월 17일 '녹색의 땅, 메갈리아는 어떻게 탄생했을까?' 등.

29 메르스 갤러리 생성

디시인사이드 사이트에 '메르스 갤러리' 게시판이 만들어졌다.

(dcinside.com/board/lists /?id=disease)

29 메르스 첫 확진자 남성으로 판명

한국에서 메르스에 감염된 첫 번째 환자가 남성이며, 그가 4개의 병·의원을 다녀갔다는 사실이 기사화되었다. 남자연예인갤러리의 여성 유저들은 이 환자가 남성이었다는 점에 주목하면서 "만약 이 환자가 여성이었다면 인터넷에서 얼마나 많은 욕을 먹었을지 모른다"며 비난하기 시작했다.

*페미위키 참조. (femiwiki.com)

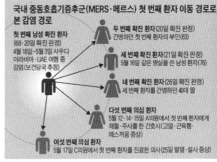

국내 중동호흡기증후군(MERS·메르스) 첫 번째 환자 이동 경로로 본 감염 경로

첫 번째 남성 확진 환자
(68·20일 확진 판정)
4월 18일~5월 3일 사우디
아라비아·UAE 여행 중
감염(보건당국 추정)

두 번째 확진 환자(20일 확진 판정)
간병하던 첫 번째 환자의 부인(63)

세 번째 확진 환자(21일 확진 판정)
5월 16일 같은 병실을 쓴 남성 환자(76)

네 번째 확진 환자(26일 확진 판정)
세 번째 환자를 간병하던 40대 딸

다섯 번째 의심 환자
5월 12·14·15일 A의원에서 첫 번째 환자에게
체혈·주사를 한 간호사(고열·근육통·
메스꺼움 증상)

여섯 번째 의심 환자
5월 17일 C의원에서 첫 번째 환자를 진료한 의사(25일 발열·설사 증상)

사진 조선일보, 2015.05.27
'의료진 등 4명도 메르스 증세…모두 첫 환자와 접촉'

5월 ~ 6월 메르스 갤러리 게시판 이동의 역사

이명박갤 → 동남아갤 → 김치치즈스마일갤 → 결혼못하는남자갤(결못남갤)

6월 9일 결못남갤이 활성화되고 갤러리 유저들이 6월 9일을 '작은고추기념일'이라는 뜻의 소추절 기념일로 정하는 등 '미러링' 활동을 시작했다. 이갈리아의 딸들과 메르스 갤러리를 합쳐 '메갈리아'라는 워딩이 탄생한 것도 이곳이다. 처음에 여성혐오에 대응하는 미러링이 『이갈리아의 딸들』이라는 소설과 비슷하다는 이유로 '메갈리아의 딸들'이라는 이름이 제시되었으

> 결혼할남자는 동정이었으면하는게..여성의..솔직한마음입니다.. 🖼
> ㅁㄷ 2015.06.03 20:31   112
> 조회 2415 댓글 43
>
> 남성분들에겐...죄송한..얘기지만서두...
> 솔직히...결혼할 남자는 동정이었음...좋겠다..싶은것이...솔찍헌..여우의 마음입니다 ㅎ ㅎ
> 이년저년 쑤셨을 성기..찝찝한게 사실...
> 제 아이...아버지가...될...남잔데...어디서...낙태하고.뛰었을지도...모르구...동남아에...이
> 을지..누가안담 ㅎ ㅎ....
> 주면..먹으면서두...갈색으로 쪼그라든..불알두쪽을보면...아..이놈 걸레구니...하며 조
> 마음속으로...고개를 젓는것이..여자라는 짐승....
> 그러니 남자분들...신사답게 조신히..자기 몸을..소중히..보석처럼 여겨...결혼할여자에게
> 이라는...아름답고 값지운...선물을 하시고...평생 사랑받는길을..택하십시오....
> 인생더산...연장자로서으...진심어린...충고....
>
> ⭐ ▶469   ✕ 0   ↗

나 곧 여성혐오에 대한 저항이 여성에게만 국한된 것이 아니라는 이유로 '메갈리아'라는 이름으로 바뀌었다. 메갈리안 사이트가 생성되면서 이 이름이 완전히 정착되었고 약칭 메갈도 함께 쓰였다. 한편 메갈리아를 시작한 사람들은 디시인사이드의 여초 갤러리인 남자연예인갤러리 유저일 것으로 추정된다. 이후 미러링의 캡쳐본이 여초 카페들에 퍼지면서 여성시대, 소울드레서, 쌍코 등 많은 여초카페 유저들이 메갈리아로 유입되었다. *페미위키 참조.

2015-6 June

09 '메갈리아' 상표권 등록

페이스북의 메갈리아5, 메갈리아6, 메갈리아7, 메갈리아8 게시판 이름을 무한도전 갤러리 유저들이 선점하며 미러링 활동을 악의적으로 방해하는 상황이 벌어졌다. 이에 익명의 여성 유저가 '메갈리아'의 상표권을 등록했다.

2015-7 July

06 한국성폭력상담소에 1,800만 원 이상 기부

네이버 온라인 기부포털 사이트 해피로그를 통해 한국성폭력 상담소에 기부활동을 진행했다.

콩저금통

행동하는 메갈리안

총저금통	181,842
공저금통 기부중	0 개
현재 보유중	181,842 저금
목표저금	2015.06.13~2
종료일	2015.06.13

기부정보 확인

단체명	한국성폭력상담소부설 열림터
기부자ID	megalianact
기부금액	18,184,200원 (콩 181,84
기부방법	한번기부

16 〈쇼미더머니〉 가수 송민호의 여성비하 표현 저격

Mnet의 프로그램 〈쇼미더머니〉에 출연한 가수 송민호의 "딸내미 저격 산부인과처럼 다 벌려"라는 가사에 대해 메갈리안들이 여성혐오적이라 지적하자, 대한산부인과협회에서 관련 성명을 냈고 방송통신위원회에서 최고 징계인 과징금을 부과했다.

17 천하제일 맨스플레인 대회 개최

2010년 〈뉴욕타임즈〉가 그 해의 단어로 선정하고 2014년에는 옥스퍼드 온라인 영어사전에도 수록된 단어 '맨스플레인부록 참조'의 한국적 상황을 보여주기 위해 '천하제일 맨스플레인 대회'를 개최했다. 콘테스트 형식을 통해 대표적인 맨스플레인의 사례를 꼽으면서 남성들이 여성들에게 자주 일삼는 언어적 억압을 폭로했다.

2015 - 8 August

06 메갈리안 사이트(www.megalian.com) 탄생

07 불법 몰카 근절 캠페인의 시작

몰래카메라, 일명 몰카 관련 게시글이 메갈리아에 올라오면서 몰카 판매금지법 제정과 몰카 금지 스티커 붙이기, 관련자 처벌, 한국 방문 예정 외국여성들을 위한 경고 등 다양한 의견이 제시되었다. 이후 여성민우회와 함께 '몰카금지 스티커 붙이기' 캠페인을 진행했고, 한국성폭력상담소와 몰카 피해자들을 위한 법적 상담을, 또한 언론사들에게 몰카의 현실을 고발하는 기사를 쓰도록 촉구하는 등 오프라인의 구체적인 활동으로 이어졌다.

10 코르셋 깨우기 프로젝트

여성들이 코르셋(루룩 참조)으로부터 자유로워지기 위해 진행된 프로젝트로 제모와 낙태, 다이어트, 패션, 성폭력 등 여성들에게 가해지는 모든 종류의 억압으로부터 자유로워질 것을 독려하기 위해 이미지를 게시하고 공유했던 온라인 활동을 말한다. 페이스북 메갈리안4 페이지에서만 200회 이상의 공유와 1,100개 이상의 좋아요를 기록했다.

11 교육부 학교 성교육 표준안에 민원 제기

성교육 표준안을 여성주의적으로 바꾸기 위해 "놀랍도록 성차별적이고, 성적 다양성과 다양한 가족관계를 배제하며, 성폭력 통념을 강화하는 교육부 학교성교육표준안! 교육부에 민원을 제기하고 계속해서 주목해주세요"라는 캠페인을 진행했다.

이 민원은 아래와 같은 세 가지의 논점과 근거를 가지고 있었다.

1. 학교성교육표준안이 성별 고정관념과 성역할을 강화하는 성차별적 내용을 담고 있다.

2. 성적 다양성과 다양한 가족형태를 배제하고 있다.

3. 성폭력에 대한 왜곡된 통념을 오히려 강화하고 성폭력 예방을 어렵게 할 내용이 담겨 있다.

11 한국여성민우회와 함께 여성혐오반대 활동에 500여만 원 펀딩

한국여성민우회와 함께 네이버 온라인 기부포털 사이트 해피로그를 통해 여성혐오에 반대하는 활동을 위한 기부금을 모금했다. 메갈리아를 통해 기부한 이들이 전체 기부액의 50%가 넘는 500여만 원을 후원한 것으로 밝혀졌다.

13 네이버 뉴스의 댓글 정화작업

한국의 대표적 포털사이트인 네이버 뉴스 게시판의 여성혐오적 댓글들을 정화하는 작업은 메갈리아의 대표적인 활동으로 꼽힌다. 여고생이 시험 보는 사진에 브라가 비친다며 성희롱을 일삼고, 여성과 아무 상관없는 기사에도 한국여자가 문제라며 애꿎은 여성들을 탓하고, 한국여자들은 투표하지 않고 놀러 다니는, 정치에 관심 없고 꾸밀 줄만 아는 김치녀라고 비난하는 등 여성비하적 댓글은 헤아릴 수 없이 많다. 여경을 칭찬하는 기사에 들이닥쳐 남성 경찰들은 주목받지 못한다고 징징대고, 건강에 흡연이 좋지 않다는 기사에 여성흡연자들을 비난하고, 성폭력 피해 통계 기사에 꽃뱀 가능성을 들먹이거나 여자도 조심했어야 한다는 악플을 남기고, 남자라서 불리하다는 댓글들을 밀어내기 위해 수많은 메갈리안들이 밤을 새워 댓글 정화작업을 벌였다.

'온라인 페미사이드, 이제 우리가 말할 차례다'와 '활동가는 태어나지 않는다, 만들어진다' 참조

날씨가 오락가락 하는것이 한남충 마음같네요. 내 아내는 맞벌이 해야하고 애도 봐야 하지만, 회사 여자 동료가 아이때문에 일찍 퇴근하면 이기적인 년이지요?ㅋㅋㅋㅋㅋ
2015.11.03 오후 8:12 | 신고

답글 18   👍 340   💬 181

한국애비충들이 버린 코피노 3만명이 파파를 찾고 있습니다. 도움을 주세요.
2015.09.24 오전 6:00 | 신고

날씨가 문제일까요? 쏟아져나오는 한남들의 살인 강간 중범죄들. 여자는 살아남는게 목표가 되었네요
2015.11.03 오후 8:13 | 신고

답글 7   👍 245   💬 108

오늘 낮에 덥다는 소식에 몰카충들이 밖으로 나갈 채비하는 소리가 들리네요. 다들 몰카 조심하세요. 작년 한해 몰카 범죄 드러난 것 7000건 입니다.
2015.09.24 오전 6:02 | 신고

---

15 행동하는 메갈리안 기부팔찌 프로젝트

2015년 8월 15일부터 20일까지 '행동하는 메갈리안' 실리콘 팔찌와 스티커, 물병을 제작해 판매한 수익금 500만원을 미혼한부모생활시설인 애란원에 기부했다.

19 천하제일 여혐광고대회 개최

여성혐오를 조장하고 잘못된 성역할 고정관념을 고착시키는 미디어 속 성차별 광고들을 한 자리에 모아 비판했던 활동이다.

23 성차별 조장 게임에 적극적으로 항의

전 연령대가 사용 가능한 모바일게임 '모두의 경영'이 여성비서 캐릭터를 성적으로 비하해 논란이 있었다. 특히 '차분함과 냉철함'이라는 성격을 특징으로 내세운 남성 비서 캐릭터와 비교해 여성캐릭터가 신체 사이즈 등으로 표현되는 것에 항의했고 게임개발사인 이펀컴퍼니는 이에 대한 해명을 내놓고 여성캐릭터를 수정했다.

25 〈PD수첩〉 '2030남성보고서' 방송내용에 항의

8월 4일 방영된 MBC PD 수첩 '2030남성보고서 : 그 남자, 왜 그녀에게 등을 돌렸는가'의 내용이 여혐을 정당화하고 있다는 문제를 제기해 PD수첩 제작진에 전달했다. 다음은 제작진에게 전달한 내용이다.

1. 가장 공통적으로 많이 나왔던 의견은, 방송에서 여성혐오라는 현상과 그 원인에 대한 면밀한 분석이 전혀 이루어지지 않았다는 것이었습니다. 오히려 여성혐오가 불가피하다는 식으로 정당화하고 합리화하기에 급급하여, 중요한 사회적 현실(경제활동참가율, 임금격차, 성폭력 등 여성 대상 범죄)은 삭제되었습니다. 군대-데이트-가부장으로 이어지는 단편적이고 표피적인 현상만을 언급할 뿐이었습니다.

2. 이 방송에서 주로 인용하고 있는 자료는, 서울지역 20~30대 미혼남성 500명의 설문조사였습니다. 이 표본이 여성혐오를 설명할 수 있는 신뢰성 있는 근거일지는 의문입니다. 데이트 실험 장면과 인터뷰들은 맥락이 삭제된 채 편집되었으며, 이를 바탕으로 여성혐오의 원인은 그것을 유발하는 '여자가 문제다'라는 메시지를 드러냈습니다. 심지어 칼럼니스트 '김태훈'이 마치 전문가인 양 등장하는 장면에서는 당혹스러움을 금할 수 없었습니다.

3. 마무리에서 '모든 혐오는 나쁘다' '대화로 해결하자'며 성급하게 결론을 제시하였습니다. '데이트'처럼 개인관계에서 해결해야 할 문제는 사회구조적 원인으로 제시하며, 해결방식은 개인화하고 있습니다. 우리는 묻지 않을 수 없습니다. 여성을 혐오하는 데 정당한 이유가 있다고 말하는 것입니까? 과연 '대화'로 여성혐오를 해결할 수 있다고 생각합니까? 그리고 여성은 청년실업의 고통을 겪는 당사자가 아니라는 것입니까? 전체 여성노동자 중 비정규직 비율은 56.1%이며, 남성의 비정규직 비율보다 19.2% 높습니다. 임금격차는 남성이 100일 때 여성 임금이 63에 불과하여 OECD 국가 중 압도적으로 최하위 수준을 기록하고 있습니다. 민우회는 지난 2년간 여성노동자 심층 인터뷰를 통해, 남성이 주생계부양자라는

것은 허상에 불과하다는 것을 발굴하였습니다. 이미 현실에서 여성들은 가정경제를 유지하기 위해 일해 왔으며, 더 이상 여성의 경제활동을 '보조적'인 것으로 볼 수 없습니다.

4. PD수첩은 지상파 시사 방송으로서의 책임을 다하여야 합니다. 그럼에도 불구하고 언론의 역할을 방기하여, 별다른 고민의 흔적이 보이지 않을 정도로 무성의하고 무책임한 방송을 제작하였습니다. PD수첩은 시청자들의 문제제기를 외면하지 말고 부디 성찰하고 제대로 된 방송 제작을 위해 노력하여야 할 것입니다. 그렇지 않으면 시청자들이 한 번 돌린 등을 다시는 되돌리지 못할 것입니다. - 2015년 8월 25일 PD수첩 '2030 남성보고서 그 남자, 왜 그녀에게 등을 돌렸는가' 상영회 참여자 일동.

31 몰카 금지 법안 신설 추진

메갈리안들이 몰래 카메라와 관련해 꾸준히 문제제기하자 사회적 공론화가 이루어졌고 결국 경찰청이 적극적인 대응을 시작했다.

- 전파법으로 규제할 수 없는 몰카에 대한 별도의 제조판매유통에 대한 금지조항을 신설
- 대형 물놀이 시설 등에 성폭력 특별수사대 215명을 전담배치
- 기타 시설에도 여성 청소년 수사팀 2,643명 잠복근무
- 몰카 촬영범이나 영상 유포자가 신고로 인해 검거되면 신고자에게 보상금 지급
- 경찰청 신고 어플리케이션에 몰카 신고 코너 신설
- 불법 제조 및 수입되는 몰카 유통 행위에 대한 집중 단속

2015-9 September

03 화장실 몰카 금지 스티커 붙이기 캠페인

메갈리안 게시판에 화장실 몰카를 범죄로 규정한 이미지를 제작해 배포했다.

03 여성 범죄를 판타지로 이용한 〈맥심코리아〉에 항의

남성잡지 〈맥심코리아〉에서 2015년 9월 커버스토리로 여성 대상 범죄를 성적으로 이미지화해 사용한 것에 대해 메갈리아 유저들이 항의했고 결국 〈맥심코리아〉는 사과 성명을 발표했다. 메갈리아 유저들은 〈맥심코리아〉 편집부와 여성가족부, 간행물윤리위원회를 대상으로 '여성의 현실적인 공포를 성적 판타지로 미화하지 마십시오'라는 서명운동을 했고 이같은 사실이 〈허핑턴포스트〉 등 외신기사로 알려지자 〈맥심〉 미국 본사에서 성명을 발표하기에 이른다. 이런 과정 끝에 〈맥심코리아〉도 공식적으로 사과하고 성명을 발표했으며 9월호 전량을 회수하고 수익금 모두를 성폭력예방 여성단체에 기부할 것을 약속했다.

05 메갈배 그림 대회 개최

새벽에 치뤄진 그림 대회에 많은 메갈리안들이 참가하여 금손을 뽐냈다. 612명이 투표하여 1위 〈함몰자지〉, 2위 〈씹치창조〉, 3위 〈너무 고마워서... 메갈년들아〉, 공동 4위 〈솔직히 오늘 여기중에서 한명이라도 본적있다면 메추때려박아라〉, 〈시선폭력〉이 선정되었다. 소개한 이미지는 〈시선폭력〉. 작품설명에는 "내가 예쁜 편은 아니라 저렇게 개 같은 시선을 한 몸에 받고 그러진 않는데 가끔가다 저런 식으로 은근슬쩍 쳐다보는 시선들 있음 그거 모아봄. 달려가서 죽빵 한대 날리고 싶다"라고 되어 있다.

07 소셜커머스 위메프와 티몬의 몰래카메라 판매에 항의

소셜커머스 업체인 티켓몬스터와 위메프에 몰래카메라 기기를 판매한다는 내용의 게시글이 메갈리안 자유게시판에 올라왔다. 이에 대해 항의하자 업체들은 "안녕하세요, 고객님. 본 제품은 범죄가 아니라 별도의 필요성에 의해 구매하시는 고객님들을 위한 제품입니다"라는 입장을 밝혀 메갈리안 유저들을 자극했고 집단적인 항의가 이어지자 3시간 만에 몰카 기기 판매를 중단했다.

09 소라넷의 몰래카메라 근절을 위한 아바즈 청원

강신명 경찰청장을 상대로, 불법 성인사이트인 소라넷 폐쇄와 관련자 전원의 처벌을 요구하는 청원운동을 펼쳤다. 국제 청원사이트인 아바즈에 열린 이 청원 게시판은 10만명 청원을 목표로 하고 있으며, 2018년 1월 현재 8만6천명 이상이 온라인 서명을 했다. (https://goo.gl/r4b5yK)

15 우리보지끼리 사이트로의 분리와 재통합

일베의 언어를 미러링한 단어 사용 여부로 메갈리아에서 격렬한 논쟁이 벌어졌고, 급진 유저들이 우리보지끼리(우보끼) 사이트로 독립해나갔다. 그러나 이 사이트의 운영자가 무한도전 갤러리의 남성유저인 것으로 밝혀져 다시 메갈리아로 통합되었다. 우보끼 사이트는 9월 24일 이후 접속할 수 없는 상태이다.

'활동가는 태어나지 않는다, 만들어진다' 참조

22 천하제일 프로불편러 대회 개최

상대를 불편하게 하더라도 자신의 입장을 당당하게 말하는 주체적 여성이 되자는 메시지를 담고 진행된 대회부록 참조. 트위터 @projiraler에서 수상작을 볼 수 있다.

29 염산의 시중판매 금지 및 유해화학 제조자 처벌강화 서명운동

2015 - 10 October

10 인터넷쇼핑몰 11번가의 고농도 왕수(염산과 질산의 희석액) 판매금지 요청

15 페이스북의 '메르스 갤러리' 저장소 폐쇄 조치

21 페이스북 페이지 '메갈리안4'에서 만든 미러링잡지 〈메갈리안心〉 10월호 출간

21 소라넷 몰카 박멸 실태 고발팀 조직

100만명의 유저를 거느리고 있었던 소라넷의 불법 동영상 촬영물들의 실태를 알리기 위한 팀이 조직되었고 수많은 온라인 여성들이 이에 참여했다. 이후 디지털성폭력아웃(DSO : Digital Sexual crime Out)이라는 이름으로 활동을 지속하고 있다.

21 가짜뉴스 보도한 〈조선일보〉에 항의

〈조선일보〉가 "북한 지뢰도발로 의족한 병사에 막말한 네티즌과 의연한 병사들"이라는 기사를 통해 메갈리아 유저가 지뢰로 다리 부상당한 군인에 대한 모욕적인 게시글을 게시했다고 보도했다. 이에 메갈리아는 해당 글이 일간베스트 유저가 메갈리안의 게시글로 조작한 것이었으며 사실을 취재하지 않고 보도한 조선일보에 항의했다.

25 포스트잇 프로젝트 시작

화장실에 포스트잇으로 여성주의적 문구들을 자유롭게 적어서 붙이는 프로젝트.

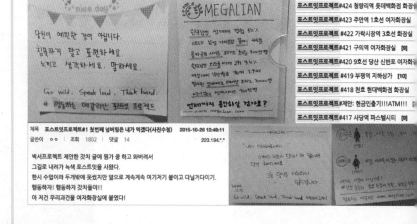

27 네이버 해피로그로 여성혐오반대 1,000만 원 모금

2015 - 11 November

02 미성년자 성매수 박멸 프로젝트 개최

07 몰카근절을 위한 스티커 배송 완료 후 화장실 배포 시작

09 소라넷 트위터 팔로우 계정들에게 '소라넷하니?' 묻는 트위터 등장

소라넷은 경찰 수사를 피해 주기적으로 사이트 주소를 바꾼 후 트위터에서 주소를 알렸다. 남성들은 소라넷 트위터 계정을 팔로우했다. '소라넷하니?' 트위터 계정은 이러한 팔로워마다 메세지를 보내어 공개적으로 부끄러운 짓임을 알게 했다. 팔로워 중에는 지자체, 공직자, 연예인 등 다양했고 이후 지적받은 소라넷 팔로워 계정들은 사과문을 올렸다. 이후 '소라넷하니?' 계정이 늘어났고 한 계정주는 메갈리아의 화력지원에 대한 감사 글을 썼다.

제목 **소라넷하니...? 시작한 계정주야** 2015-11-10 04:10:45
글쓴이 | hani | 조회 12812 | 댓글 52

안녕, 엊그저께 소라넷하니 계정을 만든 계정주야.

처음 스팸으로 차단되고 하루만에 돌아왔을 때 계정이

'소라넷주소'를 팔로잉하는 박근혜 대통령

곽상아 허핑턴포스트코리아

오늘은 박근혜 대통령(GH_PARK)에게 말을 걸었다.

'소라넷 팔로했니...?'

소라넷하니...? @rusoranetfollow · 25분
소라넷 보구 크로키하고 막 그러니...?

소라넷하니...? @rusoranetfollow · 27분
순한 양 한마리라서 소라넷하니...?

소라넷하니...? @rusoranetfollow · 27분
가족사진 걸어놓고 소라넷이 그렇게 하고싶니...?

소라넷하니...? @rusoranetfollow · 28분
방금 팔로했네... 소라넷이 그렇게 좋니...?

소라넷하니...? @rusoranetfollow · 29분
감사하며 살아서 소라넷하니....?

14 소라넷 강간 모의글 경찰 신고 '초대남 모집을 들어보셨습니까' 참조

메갈리안은 소라넷 고발 및 폐쇄를 위해 지속적으로 행동했다. 14일 소라넷 모니터링 중 실시간 '왕십리 골뱅이 여친' 글을 본 후 방통위,경찰 등에 신고했지만 공권력은 미온적인 태도로 장난글이라는 답변을 했다. 이 대응에 메갈리안을 포함한 온라인 여성들이 분노했고 사건을 공론화하였다. 이후 신문 기자, SBS 〈그것이 알고싶다〉 등에서 메갈리아 사이트에 글을 올려 제보를 받았다.

소라넷 왕십리 강간모의글 신고 경과/후기 올린다	자유게시판 2015-11-19 16:29:40
소라넷ㄴ 2015-11-17 02:37:54 211.209.*.*	제목 **14일에 소라넷 강간모의 (왕십리) 경찰 신고하셨던 분 찾아봅니다**
신고자 친구한테 아침에 경찰한테서 전화온 거 녹음본 그 대로 타이핑. 이 글 후기다. 전화한 사람은 사이버 수사팀 경사라고.	글쓴이 clicher │ 조회 8526 │ 댓글 46
	안녕하세요. 저는 한겨레신문 사회부에 근무하는 ▨▨▨이라고 합니다.

26 소라넷 수사를 위해 진선미 국회의원에 1,000만 원 기부

국정감사에서 소라넷을 엄격하게 수사할 것을 요구한 진선미 의원을 위한 모금운동이 펼쳐
졌고 하루만에 1,000만 원을 모금해 기부했다.

> 메갈리안들, 경찰청장에 '소라넷' 엄격한 수사 촉구 진선미 의원에 십
> 시일반 후원 1000만 원
>
> 진선미의원후원 #205까지 11384496원(#195 누락)
> ○○ 2015-11-26 23:42:56   121.173.*.*
> 선거 때도 여성정책 많이 내놓는 당에 투표해야 정치인들이 눈치를
> 보지 않겠노

사진 진선미 의원 유튜브 채널

27 한국여성의전화 후원 프로젝트

메갈리안 사이트의 자유게시판을 통해 한국여성의
전화에 후원하는 태그를 붙여 매해 연말마다 이 단
체에서 발행하는 여성수첩을 구매하고 정기후원도
유도하는 등 적극적인 후원운동을 펼쳤다.

> 여성의전화후원#41 다이어리 [5]
> 여성의전화후원#40 다이어리 [3]
> 여성의전화후원#039 다이어리 [5]
> 여성의전화후원#037 다이어리 [7]
> 여성의전화후원#036 [3]
> 여성의전화후원#035 다이어리장만함 [4]

27 게이 아웃팅 프로젝트의 제안과 그 파장

메갈리아 유저가 게이의 여혐문화를 폭로하였고 이에 한 회원이 게이 아웃팅 프로젝트를 제
안했으나 실행되지 않았다. 그러나 이후 이 글은 실제 아웃팅을 한 것으로 왜곡되어 유포되
었고 기정사실화 되었다.

28 조선대 의료전문대학원 학생의 여자친구 감금폭행사건 공론화

조선대학교 의료전문대학원 학생이 여자친구를 감금하고 폭행한 사건에 대해 아래와 같이
체계적이고 다각적인 공론화 활동을 했다.

- '#조선대 의전원 4시간 폭력남' 태그를 걸어 온라인 홍보
- 언론을 통해 공론화 촉구
- 여자들이 절대적으로 많은 온라인 커뮤니티에 사건에 대한 정보를 퍼나르는 활동
- 그 지역의 관련단체나 매체의 전화번호 저장해뒀다가 전화해서 항의
- 광주지법을 겨냥해 서명운동
- 전남대학교와 조선대학교에 대자보 게재
- 온라인 유튜브에 사건에 대한 영어자막을 넣어 배포

남자 : 그래, 죽자 그래! 어? 죽어! 일어나! 열까지 센다! 하나! 둘! 셋! 넷!.. 뭐하냐?
남자 : 시팔 죽고 싶냐? 이 시팔년아! 일어나!
여자 : 못 일어나겠어, 앉을 수가 없어…
남자 : 십팔! 장난하냐? 응? 일어나기 싫구나?
별로 안 맞으니까 여유롭네?
여자 : 오빠 제발 살려줘
남자 : 지금까지 수천 번을 죽여버리고 싶었는데 참고 참느라 미쳐버릴거 같았다. 죽여버릴수 있으니깐 진짜 속이 편하다'

2015 - 12 December

03 마인드C 쿠팡 마스크팩 불매

메갈리아에서는 여성혐오를 재생산하는 마인드C 작가의 '강남미인'이라는 만화를 비
판했다. 이에 대해 마인드C는 2015년 11월 1일 자신의 블로그에 메갈리아 회원들을
고소하겠다는 글을 올렸다. 이후 1차로 30여 명을 모욕죄로 고소했다. 이후 마인드C
가 여성들을 위한 마스크팩 상품을 출시하면서 여성들이 더욱 분노해 불매운동을 벌
였는데 불매운동을 벌인 100여 명도 고소했다. '모든 것은 고소로 시작되었다' 참조

04 페미니즘 도서 신청하는 도서관 프로젝트

04 한국의 여성혐오문화 알리는 유튜브 프로젝트 시작

11월 29일 팀을 모집하여 4일 채널을 공식 오픈하였다. 여성혐오 사건 뉴스를 영어, 중국어,
일본어, 프랑스어, 스페인어로 번역하여 영상을 제작하였다.
현재 유튜브에 의해 계정이 삭제되었다.

Project M.Egalia @M_Egalia_ · 12월 4일
프로젝트 M.Egalia는 한국여성의 인권 상황과 한국 남성의 여성혐오적
실태를 세계에 알리기 위해 만들어진 유튜브 채널로 한국 뉴스를 영어,
중국어, 일본어, 프랑스어, 스페인어로 번역해 전달하고 있습니다.
youtube.com/channel/UCM7oP…
↩ ♻ 59 ♥ 18 •••

Global Project Egalite님이 1개의 동영상을 업로드했습니다.
Things You Need to Be Aware of When Visiting South
Korea: Hidden Cameras
게시자: Global Project Egalite
2개월 전 · 조회수 283회
당신이 한국을 관광할 때에 알아야 할 것들
Thinking of traveling to South Korea?

05 천하제일 개념녀 대회

5일부터 14일까지 메갈리안 사이트를 통해 해시태그 '#나는 개념녀였다'를
통해 여성들에게 강요되는 편견과 억압들을 어떻게 극복하고 이겨냈는지에
대한 사례를 공모하는 캠페인을 펼쳤다.

06 똥꼬충 논쟁 점화

운영자가 공지를 통해 '똥꼬충'이 성소수자 혐오 발언이라 사용을 금한다는 입장을 발표하면서 메갈리안 유저들의 거센 반발을 불러왔다. '모든 것은 고소로 시작되었다'와 '활동가는 태어나지 않는다, 만들어진다', 부록 참조

07 강남역에 몰래카메라 근절 광고 설치

11월 26일부터 광고 아이디어를 모집했다. 광고 설치 이후 남성들의 항의에 광고가 내려졌으나 온라인 여성들이 광고 취지를 설명하며 다시 민원을 넣었다.

결국 광고에 메갈리아 로고를 없애고 설치되었다.

제목 ▲▲▲지금 상황이 심각하게 됐다▲▲▲ 2015-11-26 17:48:39
글쓴이 낭만보지 | 조회 31875 | 댓글 198

'몰카근절광고 프로젝트' 진행상황 공유한다

* 광고게시일 : 12월 7일

* 위치 : 강남역 12번 출구

광고하단에 게시자로 'MEGALIAN'이라고 표기된다!! 파퍄!!

사이즈 가로 4m 세로 2.25m 초대형 광고다!!

26 SBS 〈그것이 알고싶다〉

'위험한 초대남 - 소라넷은 어떻게 괴물이 되었나' 방영

메갈리안은 소라넷 문제를 알리기 위해 방송국에 지속적으로 제보를 했다. 11월 14일 사건 이후 문제가 공론화 되었고 〈그것이 알고싶다〉 제작팀은 메갈리아의 소라넷 폐쇄 프로젝트 팀들을 인터뷰 하였다. 인터뷰 여성 중 몇명은 신상이 공개되어 남성들에게 공격을 받았다.

22 다음카페 임시대피소 개설과 워마드의 탄생

운영자의 공지에 대한 유저들의 반발로 메갈리아와 세이브 메갈리아의 운영자 신상을 밝혀 내기도 했지만 이미 다음카페 임시대피소로 이동한 유저들이 많아 이전과 같은 화력을 내기 어려웠다. 메갈리아를 기반으로 존재했던 여러 문화들이 사라지기 시작했는데, 날씨기사의 '보력지원부록 참조'이나 메념과 베스트, 추천 등의 룰들이 사라지고 지난한 시간들을 보냈다. 이후 다음 카페 임시 대피소에서 사이트 개설에 대한 논의가 이뤄지고 사이트 이름이 투표에 의해 워마드라고 지어졌다. '모든 것은 고소로 시작되었다'와 '활동가는 태어나지 않는다. 만들어진다' 참조

2016-4 April

01 소라넷 폐쇄

오전 0시 48분 서울지방경찰청과 네덜란드의 국제 공조수사를 벌여 소라넷의 핵심서버를 압수수색 및 폐쇄조치

소라넷
@soranet

소라넷 서비스를 공식적으로 폐쇄합니다. @soranet 계정도 탈퇴합니다. 추후 서비스가 복구되거나 새로운 주소로 서비스할 예정이 없으므로 소라넷 서비스를 가장한 유사사이트의 홍보에 현혹되지 마시기 바랍니다. 그동안 아껴주신 회원님들께 감사드립니다.

2016년 06월 06일 · 11:24 오전

07 디올 '유흥가 앞 명품가방을 든 여성' 사진 전시에 항의

2016 - 5 May

17 '강남역10번출구 살인사건'

오전 1시 07분 강남역 10번 출구 인근의 노래방 남녀 공용 화장실에서 한 남성이 여성을 흉기로 살해한 사건이 일어났다. 가해자 남성은 살해장소인 노래방 화장실 인근에서 한 시간여를 기다렸다가 화장실을 이용하는 여섯 명의 남성들이 지나간 후 화장실에 들어간 여성을 무참히 살해한 것으로 밝혀져서 수많은 여성들이 공포와 경악을 금치 못한 가운데 언론에서는 '묻지마' 살인으로 규정해 논란이 되었다.

사진 오마이뉴스

21 강남역10번출구 추모집회

워마드와 온라인 카페 회원들을 주축으로 강남역 10번 출구에서 살해당한 여성을 위한 추모집회를 시작했고 전국에서 자발적인 추모 장소가 만들어졌다. 한국사회의 여성혐오 살인을 알리는 중요한 계기가 되었다. '분노는 나의 힘, 온라인 마녀사냥에 맞서다' 참조

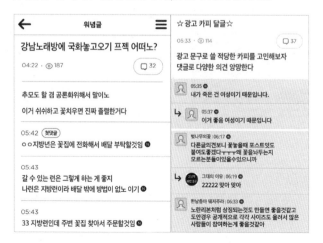

2016 - 6 June

29 **#나는_창녀나 프로젝트**
여성 모두가 창녀가 될 수 있음을 말하며 성녀와 창녀 이
분법을 타파하려는 프로젝트. 워마드에서 시작해 페이스
북, 트위터 등의 SNS 상으로 퍼져나갔다.

#006

나는 "창녀"다

대학생이었지만, 학과술자리에서 남선배들은 굳이 내게
"교수님 기분을 위해 니가 술을 따라드려라" 라고 했다.

19 **직장상사 텀블러 부동액 사건** (이중잣대)
남자 직장상사의 텀블러에 부동액을 탄다는 글이 워마드 카페에 올라오자 검찰과 경찰은 압
수수색에 착수했고 별다른 처벌 없이 수사는 종결되었다. 각종 여혐 사이트의 강간모의 글
과 범죄를 저질렀다는 글에 대한 반응과 비교하면 여성에게만 가혹하게 적용되는 법의 이중
잣대를 확연히 알 수 있다.

2016 - 7 July

03 **생리대 붙이기 퍼포먼스** (인사동)
생리대 가격인하와 월경에 대한 인식개선을 위한 퍼포먼스를 벌였다.

17 **몰래카메라 근절과 성범죄 처벌 이중잣대 규탄시위** (서울시청)
소라넷 수사착수에는 17년, 지하철 임산부 배려석에 앉은 남자의 몰카를 찍
어 올리던 오메가패치는 수사착수에 7일이 걸린 일을 계기로 일어난 시위이
다. '성별무관 공정수사 공정처벌'과 '몰래카메라 제작, 유통 근절'을 외쳤다.

22 ~ 25 **넥슨의 성우 목소리 삭제에 항의한 시위** (판교 넥슨 사옥 앞)
페이스북코리아의 이중잣대 규정을 고발하기 위해 페이스북 메갈리아 페이지에서 텀블벅
모금을 했고 총 1억3,400만 원이 넘는 후원금이 모였다. 넥슨 게임에 출연한 성우가 이 텀블
벅의 티셔츠를 구매한 후 온라인으로 인증하자, 한국남성들이 그를 성우에서 빼라며 거세게
항의해 결국 하차하게 되었다. 이 같은 넥슨의 처사에 항의하고 성우 지지발언을 한 웹툰계,
성우계 등 많은 사람들이 직장에서 해고를 당하거나 억압을 받았다. 이 사건 이후 페미니즘

굿즈 인증을 실명으로 하는 것을 두려워하게 된 여성들이 많아졌다. 또한 시위에 참석한 남성이 언론 인터뷰를 하거나 후원음식을 먹는 등의 문제로 메갈, 웜발 시위에는 남자친구와 대동한 여성을 시위에 참여시키지 않으면서 '여성만 참여'하는 것이 규칙이 되었다.

사진 인터넷 커뮤니티 캡쳐   사진 트위터 캡쳐

30 몰래카메라 근절과 성범죄 처벌 이중잣대 규탄시위 2 (부산 서면)

2016 - 8 August

27 ~ 28 성폭력범죄 처벌 특례법 개정안 반대시위 (혜화역 마로니에 공원)

경미한 성폭력 범죄자를 신상정보 등록대상에서 제외하겠다는 특례법 개정안에 반대하는 시위. 개정안에서 말하는 경미한 성범죄란 몰래카메라 촬영, 아동과 청소년 음란물 배포, 성적목적 공공장소 침입, 통신매체이용음란죄로 '경미'하다고 볼 수 없는 항목들이었다.

2016 - 9 Semtember

10 경찰공정수사 촉구 시위 (인사동)

온라인 여성들은 메갈패치, SNS 음란물 등을 경찰에 신고했지만 경찰은 '해외서버라 수사

하기 어렵다'는 대답만 내놓았다. 그러나 한남패치, 강남패치의 운영자가 경찰에 검거되면서 경찰 수사가 불합리하게 진행됨을 보여주었다. 이에 공정수사를 촉구하는 시위를 인사동에서 열었다.

사진 트위터 @2standard_OUT

2016 - 10 October

(23) 워마드 주최 1차 임신중단합법화시위 (광화문역)

워마드 번역팀은 가임기 지도와 약물강간, 자유한국당 홍준표 대표의 돼지발정제 발언, 남교수 성추행 등 한국사회의 여성혐오와 여성의 몸에 가해지는 폭력을 해외언론에 제보해 기사화될 수 있도록 활동했으며 임신중단합법화를 위한 워마드 시위가 해외언론에 기사화되기도 했다. 이후 명동과 강남역 10번 출구, 부산 서면, 홍대 걷고싶은거리 등에서 11차례 길거리 시위를 열었고 12월 24일 강남역 10번 출구에서 2차 서명운동을 벌였다.

(페이스북 @mybodymychoice2)

2016 - 11 November

(05) 임신중단 합법화 서명운동 (강남역)

(10) 임신중단 합법화 시위팀 'BWAVE' 탄생

(12) 촛불 집회의 여혐 문제 공론화

'내가 광화문에 나가지 않는 이유'라는 제목의 글이 워마드에 올라왔다. 18일 숙명여대에 대자보로도 붙여지면서 촛불 시위의 여혐 문제가 본격적으로 공론화되는 계기가 되었다.

06 BWAVE '가임여성이라 불리기를 거부한다' 시위 (종로구 정부서울청사 앞)

08 5차 임신중단합법화 시위 개최 (강남역 10번 출구)

사진 비웨이브 페이스북 @mybodymychoice2

2017-2 February

07 워마드 사이트(womad.me) 개설

임시대피소 형태로 옮겨다니던 워마드 회원들은 사이트 개설을 위한 모금운동을 벌였으나 두 번의 좌절을 겪었다. 한 번은 모금된 사이트 개설 기금을 운영자가 개인적으로 사용한 것이 밝혀져 운영진이 교체된 것이다. 두 번째 좌절로 그 후 개설된 사이트가 바이러스 공격으로 접속이 되지 않아 며칠 만에 사이트를 폐쇄해야 했다. 그리고 만들어진 사이트가 바로 womad.me 이다.

14 남탕몰카 경찰 수사 (이중잣대)

'남탕몰카'라는 게시글이 여러 차례 워마드 게시판에 올라왔고 모두 인터넷에서 가져온 이미지를 사용했음에도 불구하고, 2월 14일 경찰수사가 시작되었다. 워마드와 소라넷 모두 해외기반 사이트지만 수사착수 속도를 비교하면 한국 사법권의 이중잣대를 확인할 수 있다.

'분노는 나의 힘, 온라인 마녀사냥에 맞서다' 참조

2017 - 3 March

07 BWAVE 강남역과 홍대역에 임신중단합법화 광고 게재

2017 - 4 April

23 BWAVE 임신중단 합법화 야유회 진행 (여의나루역)

2017 - 5 May

13 남혐 유튜버 등장

2017 - 6 June

12 케이툰 〈선택받은 아가씨〉 웹툰 폐지 프로젝트

강간, 여성학대를 성적으로 묘사한 〈선택받은 아가씨〉 웹툰을 공론화하였다. 연관 기관에 민원과 항의를 하였다. 웹툰은 폐지가 되지 않고 휴재 후 2회 연재하여 급히 완결했다.

2017 - 7 July

17 워마드 위키(http://ko.womad.wikidok.net/Wiki) 개설

20 수컷 고양이 학대 사건 (이중잣대)

수컷 고양이의 목을 조르고 있다는 사진이 워마드에 올라온 지 24시간이 지나지 않아 기사화되었다. 순식간에 워마드는 동물권 단체뿐만 아니라 모든 사람들의 비난을 받게 되었다. 페이스북과 트위터 페미니스트들은 그동안 남초 사이트에 올라왔던 수간인증글과 짬타이거 등 남자들의 동물학대 사례를 퍼날랐다. 남초 사이트발 동물학대 글들은 고양이의 목을 조르는 것과 비교가 되지 않을 만큼 잔혹했으나 한번도 조명되지 않았고, 고양이를 학대한다는 워마드의 글은 재빠르게 논란이 되면서 한국사회 여성혐오에 반응하는 빛의 속도를 적나라하게 보여주었다. 정작 워마드에 올라온 사진은 고양이 눈에 안약을 넣는 사진이었다.

2017 - 8 August

06 왁싱남 여성혐오살인 공론화 시위 (강남역 10번 출구)

웜발 트위터 계정들이 '#왁싱샵여혐살인사건'이라는 해시태그 운동을 시작해 이슈화에 성공했고 이를 위한 시위를 개최했다.

(트위터 @menstopkilling)

10 '#내가_갓건배다 프로젝트' 시작

남혐 유튜버로 활동하던 갓건배를 어느 남자 BJ가 살해하겠다고 협박하는 일이 일어나자 워마드를 주축으로 프로젝트를 시작했다.

20 한국 여혐컨텐츠 반대 시위 (강남역 1번 출구)

남성유튜버의 갓건배 살해 협박이 벌금 5만원에 그치고 유튜버는 이를 방조하고 여성유튜버들에게 심한 규제를 가하는 것에 대한 시위였다.

(트위터 @anti_misogyny1)

2017-9 September

23 ## 호주국자사건 (이중잣대)

워마드에 올라온 '호주어린이 강간'이라는 게시글이 호주국자라는 유튜버가 쓴 것이라는 소문이 돌면서 경찰이 수사에 나섰다. 그러나 이는 조작글이라는 증거가 속속 나왔고 그 글이 올라올 당시 호주국자는 유튜브 방송 중이었던 것으로 확인되었다. 그럼에도 불구하고 한국 남자들과 호주출신 연예인 샘 해밍턴은 호주에 사건을 제보했고 호주국자는 호주경찰로부터 수사를 받게 되었다. 현재는 재판 날짜가 연기된 상태이며 워마드는 변호사비를 모금해 전달했다.

사진 트위터 한남 마녀사냥 공론화 @stop_witchhunt

2017-11 November

16 ## 워마드 사이트의 일부 유저, 레딧으로 이동

워마드 사이트의 일부 유저들이 레딧이라는 미국 애플리케이션(소셜 뉴스 웹사이트)으로 이동했다. 1월 26일 레딧에서 워마드 게시판을 일방적으로 삭제 조치했다.

2018 - 1 January

13 제천 화재 진상촉구 시위 (홍대입역)

제천 화재 당시 여성들이 무더기로 희생된 것에 대해, 재난 발생과 대처시 여성 차별의 구조
적인 문제를 지적하고 이에 대해 제대로 된 조사를 촉구했다.

사진 트위터 @jcfemicide

2018 - 5 May

01 워마드에 홍대 누드 크로키 모델남 사진 유출
(이중잣대)

경찰은 사건 발생 4일 후인 6월 5일 정식 수사에 돌입, 12
일에 가해자를 구속한 후 포토라인에 세웠고 언론은 지역,
서울, 공영, 케이블 할 것 없이 속보 등의 뉴스로 보도했다.

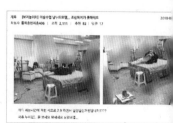

19 불법촬영 편파수사 규탄 1차 시위 (혜화역)

위 사건의 흐름을 지켜보고 공분한 약 1만5,000 명의 생물학적 여성들이 참여. "동일범죄,
동일수사, 동일인권"을 주장하며 "유좆무죄, 무좆유죄", "여성이 피해자면 야동 1위, 남성이
피해자면 포털 1위" 등의 구호 사용.

2018 - 6 June

06 불법촬영 편파수사 규탄 2차 시위 (혜화역)

시위 참여자는 약 3만여 명으로 퍼포먼스, 삭발식, 성명서 발표 등
의 프로그램이 있었다.

모든 것은 고소로 시작되었다

김익명

메갈리아에서 워마드까지

여성임을 숨겨야 말할 수 있었던
온라인의 여자들

내가 인터넷 커뮤니티에 본격적으로 참여하게 된 건 내 전공인 디자인과 관련 있었다. 온오프 플랫폼에 대한 공부는 필수적이었기 때문에 나는 몇 개의 유명한 온라인 커뮤니티에 가입한 뒤 글들을 보기 시작했다. 다양한 커뮤니티의 각기 다른 생태계는 낯설고도 호기심을 불러일으켰고, 회원 간 대화가 이루어지는 방식은 흥미진진했다. 나는 금세 적응했다. 하지만 나는 주로 관찰자였다. 어쩌면 소심했다. 종종 온라인 커뮤니티를 뜨겁게 달구는 각종 논쟁들을 지켜보며 행여 내 글이 그런 논쟁을 일으킬까 봐 두려워 글을 자주 쓰지 않았다.

소심한 관찰자로서 나는 온라인에서 여성들이 공격받고 움츠러드는 모습을 목격했다. 남성들은 여성들의 커뮤니티에 몰래 숨어들어 그곳에서 일어나는 대화들을 음침하게 지켜봤다. 자신들이 생각하는 여성상과 다른 태노로 작성된 글들을 찾아내 유포하고, 조롱하고, 때로는 신상을 털었다. 나도 언제든지 신상이 털리고 일상생활까지 공격받을 수 있었다. 아마 온라인의 모든 여성들이 나와 같은 두려움을 느꼈을 것이다. 여성들은 온라인에서의 활동으로만 신상이 털리는 것이 아니었다. 오프라인 공간에서 여성 개인의 말과 행동은 누군가의 악의로 인해 얼마든지 온라인 공간에서 유포되고 신상 공개와 조롱으로 연결될 수 있었다. '개똥녀(2005년 지하철에서 반려견의 변을 치우지 않았다고 온라인에 사진이 유포된 여성)'라 낙인찍히고 비난받은 그 여성처럼 말이다. 여성들은 온라인뿐만 아니라 오프라인에서도 언제나 남의 시선을 의식하며 자기검열을 해야 했다.

남성들의 잠입이나 위장에 대비해 여성 커뮤니티에 가입하는 방법은 시간이 갈수록 까다로워졌다. 여성임을 증명해야 하는 것은 물론, 대리 가입과 인증 위조를 방지하기 위해 주민등록증을 들고 닉네임을 적은 포스트잇과 얼굴이 동시에 보이도록 사진을 찍어야 했다. 심지어 대리 가입을 막기 위해 가입을 신청한 정확한 시간이 보이도록 모니터 화면을 캡처해서 보낼 것을 요구하는 곳도 있었다. 이 밖에도 복잡하기 이를 데 없는 다양한 방법들이 개발되었다. 사이트 접속 시 필요한 암호를 주기적으로 바꿨고, 그 암호를 여성들만이 볼 수 있는 곳에 게시해 이중 인증을 하도록 요구한 커뮤니티도 있었다. 간혹 사용자의 실수로 비밀글로 지정해놓지 않은 글들이, 이를 눈팅하던 남초 사이트(남성들이 회원들의 대다수인 사이트) 회원들에 의해 다른 사이트에 박제되기도 했다. 이 같은 복잡한 방법에도 불구하고 남성들은 새로운 방법들을 찾아내 여성 커뮤니티에 들어왔다. 그리고 섹스와 피임, 낙태와 관련된 글들을 유포하며 문란하고 난잡한 커뮤니티라고 비난했다.

여성들이 자신의 몸과 섹스에 대해 이야기를 나눌 수 있는 안전한 공간을 만들도록, 남성들은 내버려두지 않았다. 점차 여성 커뮤니티의 여성 회원들도 여성의 몸에 대해 여성으로서의 주체적인 시각을 담은 글들에 대해 남성의 논리로 비난하기 시작했다. 왜 문란하게 행동했는가, 그것은 너의 책임이다, 우리 커뮤니티를 욕먹게 하지 마라, 당장 글을 지워라…. 비난이 거세지면서 글을 쓴 회원이 강제탈퇴(강퇴)를 당하기도 했다. 여성들이 온라인 공간에서 활동하기 시작한 지 십여 년 동안 보이지 않는 감옥이 서서히 만들어지고 있었던 것이다. 온라인에서 여성으로서의 해방감은 없었다.

이런 이야기를 이렇게 길게 쓰는 이유는, 내가 왜, 과격하고 거친 '메갈리아'를 단번에 이해했고 그곳에서 활동하게 되었는지를 말하기 위해서다. 메갈리아는 온라인에서의 여성혐오가 극단으로 치닫고 있었던 시점에서 남성들의 언어를 사용해 여혐에 대한 분노를 표현했고 이것을 기자나 학자들이 '미러링(여성혐오적인 말이나 글, 사상, 행태, 행동을 등장인물이나 화자의 성별만 반대로 바꾸어 보여줌으로써 여성혐오를 선명하게 드러내기 위한 전략)'이라 이름 붙였다. 사실 나는 메갈리아가 미러링을 했다고 생각하지 않는다. 물론 누군가에게는 미러링일 수도 있다. 그런데 초기 메갈리아의 유저들은 온라인에서 여성임을 숨기며 남성의 언어를 썼기 때문에, 여성의 언어라고 해서 남성의 그것과 특별히 다르지 않았다. 메갈리안들이 한 것은 남성의 언어를 쓰는 그들 스스로가 여성임을 드러낸 것이다. 이렇듯 미러링은 온라인 공간에서 여성들이 사라지기 시작하고 여성들이 안전하게 제 목소리를 낼 수 없게 된 현상과 함께 나타났다.

여성시대 카페와
옹달샘 사건

미러링하는 여자들이 등장하기 시작한 '메르스 갤러리(메갤, 디시인사이드의 여러 게시판 중 하나로 2015년 메르스 발병 후 생성되었고 여성혐오적인 표현에 대해 처음으로 집단적인 대응을 시작한 곳)'에서 내가 활동하기까지, 계기가 된 두 개의 직접적인 사건이 먼저 일어났다. 첫 번째는, 2015년 6월에 발생한 '여성시대 카페 사건'이다. 온라인에서 자기가 누구인지 드러내는 자아표출(셀프털기, 셀털)은 금기시되지만, 이 사건은 말해야겠다. 사건의 발단은 여성시대 카페에 연결된 비공개 소모임에서 카페 회원들이 야동을 공유했다는 주장이 다른 사이트에서 나왔고 해당 글들이 유출된 일이었다. 마치 그런 일을 기다렸다는 듯, 야동을 공유했다는 회원과 카페를 비난하는 글들이 쏟아지기 시작했다. 여성시대 카페는 복잡한 회원 가입을 해야 하는 비공개 카페이고 글 유출은 금지임에도 불구하고 순식간에 글들이 퍼져나갔다. 글을 유출하는 주체가 남성인지 여성인지는 알 수 없었다. 아마 둘 다였을 것이다. 온라인에서만 나눌 수 있는 섹스와 관련된 고민이나 자위, 낙태에 관한 글들이 자극적으로 유포되었다. '마약 같은 김밥이다'라는 글이 '마약하는 여성시대 카페 회원들'이라는 글로 변해 온라인 이곳저곳에 떠돌아다녔고, 어떤 글은 쓰리섬이나 그룹 섹스파티를 했다는 글로 왜곡되어 퍼져나갔다. 남초 커뮤니티뿐만 아니라 여초 커뮤니티들까지 나서 해당 카페를 비난했고 뉴스 기사까지 나게 되었다.

여성시대 카페 회원들은 애초 야동 관련 글을 쓴 회원들을 비난하려는 의도였지만, 이후 비난받을 만한 글이 아닌 것까지 싸잡아 매도당하는 것을 지켜보았다. 카페 게시판에는 일부 회원의 잘못을 대신 사과한다는 사과문과, 다른 왜곡된 글은 오해라는 해명글이 올라왔고, 일부 회원들은 카페 자정을 하지 못한 책임을 지겠다며 탈퇴하기까지 했다. 회원들은 오프라인에서 "나는 여성시대 카페 활동을 하지 않는다"라고 말해야만 했다. 해명글은 전혀 소용이 없었다. 애초에 남성들은 진실을 알고 싶은 마음이 없었다. 그들은 이화여대를 욕하듯 여성 최대 커뮤니티인 여성시대 카페를 공격하고 혼쭐을 내주고 싶었던 것이다. 그렇게 그 사건은 어느 정도 시간이 지나고 사람들의 기억 속에서 지워졌다. 남은 여성시대 카페 회원들은 더욱 몸을 사리게 되었다. 이 카페를 탈퇴하고 갈 만한 다른 카페가 없었기 때문에 탈퇴보다 얌전해지는 방식을 택한 것이다. 온라인 커뮤니티는 각각의 문화가 다르고 대부분 회원들은 자신의 커뮤니티에 강한 소속감을 갖고 있다. 이 카페의 회원들 또한 여전히 그 곳을 좋아했고 언젠가는 다른 이들이 진실을 알아주리라 생각하며 숨죽여 활동했다.

여성시대 카페 사건이 일어난 지 얼마 지나지 않아 개그맨 장동민, 유세윤, 유상무가 팟캐스트 '옹달샘의 꿈꾸는 라디오'에서 한 발언이 화제가 되었다. "여자들은 멍청해서 과거의 성경험을 이야기한다", "참을 수 없는 건 처녀가 아닌 여자", "개보년(개 같은 보지년)", "창녀" 등 극도의 여성비하 발언이었다(이것보다 더 심한 대화들이 있으나 쓰고 싶지 않다). 그들의 대화는 정말이지 충격적이었다. 나의 언니는 그 대화를 보고 잠을 이룰 수가 없었다고 했다. 나 또한 어디서도 그런 대화를 들어본 적 없었다. 모든 여성 커뮤니티는 그들을 비난했다. 그리고 남성들도 당연히 같은 입장이라 생각했다.

그 생각은 완벽하게 틀렸다. 보수와 진보의 스펙트럼에서 가장 극단에 있다는 '일간베스트(일베)'와 '오늘의 유머(오유)'는 정신적 동반자가 되어 옹달샘을 두둔하기 시작했다. 그 정도의 발언은 큰 문제가 아니며 일반적인 남성들의 술자리 대화에 불과하다는 것이라고 했다. 모든 남성 커뮤니티들은 같은 입장을 내걸었다. "옹달샘의 대화는 아무 문제없다." 나는 그것이 더 충격적이었다. 그런 대화가 일반적인 남성들의 것이라고?

나는 오유에서 활동했지만 옹달샘 사건으로 오유의 실체를 보았고 탈퇴했다. 자칭 선비의 모습이라는 오유는 그 실체를 보여주었다. 어쩌면 선비라는 표현이 맞는지도 모르겠다. 조선시대 선비들은 여성을 인간으로 보지 않았으니까. 몇 달 동안 여성 커뮤니티들이 웅달샘을 비난했고 여성계까지 나섰지만 정작 그들은 단 한번의 기자회견에서 "개그로 보답하겠다"는 사과의 말만 남기고 그 어떤 타격 없이 활동을 지속했다. 그 사건의 여파로 장동민은 무한도전에서 하차한다고 발표하긴 했다. 하지만 그는 무한도전의 정식 멤버가 아니라 멤버가 될 가능성이 있는 후보 중 한명일 뿐이었다. 장동민의 하차 발표는, 마치 서울대에 원서를 낸 어느 수험생이 서울대를 자퇴하겠다고 말하는 것처럼 주제넘은 짓이었다.

이전에 없던 새로운 땅, 메갈리아

이처럼 여성시대 카페 사건과 웅달샘 사건은 거의 연달아 일어나면서 여초 커뮤니티를 강타했다. 온라인의 다른 많은 여성들과 마찬가지로 내 마음의 분노는 사그러지지 않은 채 그대로 남았다. 어디서부터 잘못된 건지, 내 머릿속에선 당연한 것이 왜 세상엔 받아들여지지 않는 것인지 도통 알 수 없었다. 그때 즈음 한국은 메르스 전염병으로 뒤숭숭했고 모두가 알고 있듯 메르스 갤러리에서 역사적인 미러링이 시작되었다.(타임라인 참조) 나는 '디시인사이드(디씨)'에서 활동하지 않았기 때문에 내가 활동하던 다른 카페에서 소식을 들었다. "야, 어제 디씨 메갤에서 진짜 웃긴 일이 생겼어. 이거 봐봐." 많은 회원들이 메갤의 미러링을 보고 즐거워했고 후련해했다. 그렇게 여성으로서 해방감을 느낀 것은 처음인 것 같았다. 좀 오글거리지만 난 정말 그 시간이 고맙고 그립다. 그 순간이 꿈 같이, 기적같이 느껴진다.

보통 여자들은 여자 성기를 '소중이'나 '라라', 혹은 '그곳'이라 불렀지만 메르스 갤러리에서는 '보지'라 당당히 말했다. 그리고 여성 자신의 욕구를 소리쳐 말했다. 이를 본 사람들은 여자들이 남자 언어를 그대로 돌려준다는 의미에서 미러링이라 했지만 그 안에는 진실이 담겨 있었다. 여성들도 욕구와 욕망을 가졌고 남성을 성적으로 소비한다는 진실. 여성으로서 우리들은 분노할 줄 안다는 진실. 나는 매일 메갤을 보았고, 메갤이 디시인사이드의 억압을 피해 독립해서 만든 메갈리아에 정착했다. 그곳에서 수많은 글들과 논쟁을 보면서 내 생각을 만들어갔다. 무엇이 맞는 것인지, 이것은 정말 그릇된 생각인지, 스스로에게 묻고 답을 구하면서 나만의 여성주의를 만들어나갔다. 이곳에서 나와 같은 이들은 여성중심의 생각으로 한계 없이 논의를 확장시켜 나갔고, 이전에는 없던 새로운 세계, '메갈리아의 땅'을 만들었다.

메갈리아의 6개월은 가히 폭발적으로 글들이 올라오면서 이야기의 깊이가 깊어지는 새로운 시간이었다. 여성주의의 다양한 이슈가 논의되었고 각각의 이슈에 대한 입장이 좁혀졌다. 메갈리아에서 새로 만들어진 언어와 행동이 다른 커뮤니티로 흘러갔고 남초나 여초 사이트 할 것 없이 논란이 되었다. 남초 커뮤니티의 회원들은 메갈리아를 '메퇘지'라 조롱하고 비하하려 애썼고, 여초 커뮤니티 회원들은 일베와 다름없으니 언급을 금지하자는 논의가 계속되었다. "미러링이 너무 간 거 아니야?" 라든가 "우리는 우리 카페만의 페미니즘을 하면 되지, 굳이 메갈리아가 필요해?"라는 의견들이 쏟아졌다. 그러다 몇몇 여초사이트에서 메갈에 게시된 글이나 메갈에서 쓰는 언어들을 금지(언금, 온라인 커뮤니티 규칙 중 하나)하게 되었다.

주위의 비난에도 아랑곳하지 않고 우리는 여성의 '유리바닥(여성에게 부여된 보이지 않는 도덕 하한선)'을 부셔나갔다. 우리는 메갈리아에서 닉네임 없이 평등하게 의견을 교환하고 서로를 독려하며, 장소와 시간에 상관없이 활동하였다. 회원들은 여성혐오에 대해 항의하기, 여성 해방 캠페인, 여성중심의 언어 생산, 개인 여성 차별 경험 말하기, 여성단체 기부하기 등 다섯 가지 행동을 중심으로 활동했다(이것은 내가 어느 행사에서 메갈의 활동을 발표하기 위해 정리한 개인적인 분류이다). 우리는 화장실에 여성해방을 적은 포스트잇을 붙였고, 여성을 임신시키고 도망간 남자를 '싸튀충'이라 부르며 낙태의 책임을 여성에게만 전가하는 현실에 저항했다. 또한 트위터 해시태그 프로불편러(상대방을 불편하게 하더라도 언제나 자신의 입장을 당당하게 밝히는 사람) 운동, '개념녀' 대회를 만들었다.(타임라인 참조) 여성혐오를 폭로하면서 우리는 정신적으로 힘들었지만 풍자와 해학을 잃지 않으며 서로의 아픔을 보듬어주었다. 우리의 모토는 '남혐은 스포츠다'였다. 남자들이 이것저것 따지면서 여혐하지 않듯이 우리도 논리와 도덕, 이유를 모두 버리고 남혐하자는 의미이다.

이렇게 남혐을 스포츠로 삼으며 온라인 공간을 누볐으나 곧 온라인의 이중잣대에 부딪혔다. '김치녀'는 10년 동안 써도 금지어가 되지 않았는데 '한남충(한국남자는 벌레라는 뜻)'은 금지어가 되었고, 메갈리안의 글들은 '클린'한 온라인 공간을 더럽힌다는 이유로 삭제되었다. 메갈들은 점차 사회적, 구조적인 여성 차별에 맞서는 행동을 하게 되었다. 온라인 플랫폼들의 규칙에 난 틈 사이를 찾아 한남, 한남충, 국산남 등의 언어를 계속 만들어나갔다. 경찰과 식약청이 온라인 데이트 약물 판매를 금지하지 않아도 우리는 좌절하지 않고 남자가 남자에게 사용한 척 글을 써서 대응했다. 그렇게 하면 그 즉시 문제의 약물 판매가 중단되곤 했다. 플랫폼마다 대응하는 방식이 모두 달랐고, 나는 그것이 놀랍고 재미있었다. 예를 들면 인스타그램의 성상품화 사진작가에게 항의하는 목소리가 먹히지 않자, 그 작가를 조롱하는 사진이나 성상품화된 남자의 이미지에 그 작가 이름을 태그 거는 식이었다. 그렇게 하면 문제의 그 작가는 사진이 검색되지 않고 존재감이 사라진다(이런 방식을 온라인에서는 '밀어내기'라고 하는데, 워마드 시기에 활성화되었던 것 같다). 메갈들은 온라인뿐만 아니라 오프라인에서도 영향을 미치기 위한 방법을 찾아나갔다. 온라인 서명을 하고, 여러 기관에 민원을 넣고 정치인들에게 후원을 했다. 남자들이 어떻게 영향력을 확대하는지 방법을 알아내고 우리도 똑같이 했다. 여성들은 자신의 권익을 지키는 방법을 잘 몰랐고 움직이지 않았으나 메갈은 방법을 찾았고 움직였다. 그렇게 우리는 행동하는 메갈리안이 되었다. 단순히 온라인에서 과격한 언어를 쓰는 여성이 아니라, 한국사회를 뒤흔드는 메갈련이 된 것이다.

미러링 논쟁과
워마드의 탄생

메갈리아를 위태롭게 만든 두 사건이 있었다. 남초 커뮤니티의 실상을 파헤치고 미러링을 위해 그들의 언어를 가져오는 와중이었다. 故 노무현 대통령을 비하하는 일베의 언어를 미러링한 단어를 쓰자는 글이 올라왔다. 그것은 너무 심한 미러링이라며 고인모독이라는 반대 의견이 나타났고 논의의 장이 열렸다. 당시 메갈리아가 온라인 폭풍을 일으킨 후 트위터나 페이스북에 메갈리아 콘텐츠를 올리는 계정들이 여럿 생겼다. 그중 한 메갈리아 관련 페이스북 페이지 관리자가 그 말을 쓰지 말자며 본인 닉네임으로 글을 올렸다. 일부 회원들은 그 사람을 추종하며 여론을 뒤집으려고 했다. 메갈리아는 모든 게시글에 익명을 원칙으로 하고 있었으므로 실명이 출현한 것에 곧 역풍이 일었다(온라인 커뮤니티는 유명인-네임드가 영향력을 발휘하는 것을 지양한다.

유명인의 등장은 친목을 유도하고 커뮤니티의 자생력을 훼방 놓기 때문이다). 그날 새벽 즈음, 단어를 사용하는데 찬성하는 사람들이 커뮤니티를 탈퇴하겠다고 나서면서 어디로 가야할지 이야기 나눴다. 그 중 어떤 이가 새로 커뮤니티를 만들었다며 사이트 주소를 올렸는데, 그 사이트가 '우리보지끼리(우보끼)'였다. 찬성파 회원들이 그곳으로 대거 이동해 며칠 동안 재미있게 활동했고 메갈 사이트에 남은 회원들은 그제서야 그 단어를 사용해야한다고 의견을 정리했다. 하지만 우보끼로 이동한 회원들은 돌아오지 않으려 했다. 며칠 후 우보끼 사이트 개설자가 남자라는 소문이 돌았다. 우보끼 회원들이 개설자이자 운영자에게 해명을 요청하려고 할 때, 운영자는 디시인사이드에 남성인 자신이 운영자임을 인증했다. 우보끼 회원들과 메갈리아에 남아있던 회원들 모두 분노했고 사이트는 며칠 후 폭파되었다. 우보끼 회원들은 다시 메갈리아로 돌아왔고 우보끼 사이트의 글들은 사라졌다.

여성들이 안전하게 목소리를 낼 곳은 역시 녹색의 땅 메갈리아 밖에 없었다. 나를 포함해 우보끼로 이동했던 회원들은 메갈리아로 돌아왔고 다시 열심히 한국남자와 자트릭스(남성이 여성을 착취하기 위해 만든 사회구조를 의미하는 용어로, 자지와 매트릭스의 합성어)를 비판했다. 메갈리아에서 여성들은 한국사회 모든 분야에서 발생하는 여성억압과 피해를 고백했다. 고백의 물결은 거칠 것이 없었고, 그동안 사회운동 내에서도 비판이나 이의제기를 쉬이 할 수 없어 금단의 영역으로 인식되던 장애인과 성소수자 내의 피해까지 폭로되었다. 남성장애인을 위한 봉사 과정에서 발생한 성추행, 성봉사의 실체와, 성소수자 내에서 벌어진 이성애자 여성과 레즈비언 여성 비하 등 그동안 가려졌던 사실들이 폭로되었다. 특히 게이들에 대한 여성들의 우호적인 태도에 기대어 게이들이 여성혐오에 앞장섰다는 증거들은 메갈리아 회원들을 분노하게 만들었다. 메갈리아는 입장을 확실하게 정했다. 오로지 여성을 위한, 여성에 의한 행동만 하겠다고. 어디까지 여성이라 할지는 여전히 의견이 분분하다. 개개인마다 다르기 때문에 내가 '워마드는 이렇다'고 정답을 내릴 수 없는 부분들이 있다. 내가 이해한 바는 보통 FtT(Female-to-Trans, 즉 생물학적 여성에서 남성으로 성전환을 한 사람)까지 여성의 범주에 포함시킨다. 물론 이렇게 범주에 포함시키는 맥락은 퀴어이론과는 다르다.

두 번째 사건은 이러한 과정에서 만든 미러링 단어 사용으로 일어났다. 게이 사이트에서 여성을 '뽈록충'이라 부르기 시작했고 우리는 이에 대항해 게이들을 '똥꼬충'(부록 참조)이라 부르기로 했다. 우보끼 사건처럼 반발이 일었다. 특이할만한 점은 다른 여초 커뮤니티에서 메갈리아가 이 용어를 사용하는데 이견이 없다는 여론이 대부분이었다는 것이다. 여초 커뮤니티의 회원들은 자신들의 커뮤니티가 아니라 메갈리아라면 그런 용어를 쓰는 것이 당연한 거 아니냐는 의견을 냈고, 그들 또한 게이들의 여혐 실태에 대한 분노를 공유하게 되었기 때문이다.

며칠 공방을 벌인 끝에 회원들은 그 단어를 사용하는 것으로 의견을 모았다. 복병은 운영자와 사이트 운영비 기부자였다. 그들은 성소수자 혐오는 메갈리아에서 용납할 수 없다며 똥꼬충이란 단어를 금지시키고 글을 삭제했으며, 이에 반대하는 회원들을 강제탈퇴시켰다. 메갈리아는 특정 개인이 그 성격을 규정해서 만들어진 사이트가 아님에도 불구하고 갑자기 운영자가 선을 그어 버린 것이다. 온라인에서 운영자의 갑질은 그 커뮤니티를 망친다는 것을 모르는 행동이었다. 일베나 디시인사이드가 유지되는 이유는 회원들에게 많은 자유를 허용하기 때문이지 않은가. 운영자가 독단적으로 운영할 때 회원들은 그 커뮤니티를 떠나 새로운 파생 커뮤니티를 만드는 것이 온라인 플랫폼 역사의 반복이다. 회원들은 운영자의 방침을 강하게 비판했고 회원들이 한둘씩 활동정지를 먹게 되었다. 상황이 이 지경이 되자 회원들은 운영자와 함께 온라인 여성운동을 지속하지 못할 것임을 알았다. 운영자와 기부자에 대한 의심도 들었다. 남자인가? 정당인가? 결국 사이트를 버리는 것으로 의견이 정해졌다. 회원들이 다음 카페로 이동해 '메갈리아 대피소'를 열어 새로운 둥지를 찾았다. 이 사태로 많은 회원들은 글을 삭제하고 탈퇴했다. 누군가는 베스트글의 삭제가 아까워 열심히 대피소로 퍼갔다. 온라인 피난민 같은 풍경이었다. 누군가는 흔적을 지우고 누군가는 기록하려 애쓰며 메갈리아 당시의 좋은 글과 논의들이 그렇게 사라졌다.

메갈리아 대피소는 새로운 이름과 방향을 구상하면서 안정을 찾아갔다. 메갈리아 운영자에 학을 뗀 회원들은 그 이름과 색깔을 버리기로 했다. 회원들의 투표 결과, 워먼woman과 노마드nomad를 합쳐 '여성은 떠돌아다닌다'는 의미를 가진 '워마드'가 선정되었다. 당시에 그 이름은 인기가 없는 듯 보였는데 투표 결과 가장 많은 표를 얻은 것으로 드러났다. 아마도 제일 무난해서였던 것 같다. 무미건조하고 재미없어 보이는 그 이름이 지금은 가장 악랄한 여자를 상징하게 되었다는 점이 재미있다.

워마드 대피소로 이름은 정해졌지만 사이트 제작은 계속 늦어졌다. 운영자들이 돈을 개인적으로 유용했던 것이 드러나 새 운영자를 선발한 다음 사이트를 개설했지만 남성들의 공격에 금방 폭파되고 말았다. 이렇게 지난한 과정을 거쳐 오랜 기다림에 사이트를 포기할 때쯤 워마드 사이트는 탄생했다. 메르스 갤러리에서 메갈리아로, 메갈리아 대피소와 워마드 대피소를 거쳐 워마드, 워마드 사이트1, 워마드 사이트2로 변해왔다. 그 과정에서 회원들은 흩어졌고 수많은 글들과 논의들이 사라졌다. 맥락은 사라지고 혐오처럼 보이는 사이트만 지금 남게 된 것이다(그리고 이 글을 쓰고 있는 지금 개발자와 운영자간 갈등으로 워마드 사이트는 또다시 분리되었다).

나는 고소당했다

'좆뱀'이라는 단어와
벌금 백만 원

워마드 대피소 시기는 2015년에서 2016년으로 넘어가던 겨울이었다. 나는 새로운 해를 맞아 현실 생활에 집중하려고 카페를 탈퇴했다. 어느 날 메갈리아 회원들을 대상으로 고소가 진행되고 있다는 소식을 여성주의자 친구들에게서 전해 들었다. 화나고 분했지만 개인 생활에 집중하고 싶었다. 어느 날 내집을 방문한 어머니가 우편물을 한 움큼 들고 오셨다. "왜 우편물을 제때 챙기지 않니? 우편함에 그대로 있더라. 뭐가 이렇게 많이 왔니?" 어머니는 우편물을 하나씩 보시다가 말씀하셨다. "경찰서에서 왔네. 너 뭔 일 했니?" 어머니가 건네준 우편물을 황급히 뜯어보았다. 그것은 고소장이었다. 메갈리아에서 어느 웹툰을 비판했던 나의 댓글을 웹툰 작가가 모욕죄로 고소했으니 경찰서에 와서 조사를 받아야 한다는 내용이었다. 나는 당황스러웠지만 어머니에게 말했다.

"이런 건 고소꺼리도 안돼요, 걱정하지 마세요. 별거 아니니깐."

어머니를 배웅하고 우편물을 다시 찬찬히 읽었다. 그리곤 워마드 카페에 다시 가입했다. "나 고소당했는데 어떻게 해야 하냐"는 글을 썼다. 글을 올리자마자 댓글이 달렸다. "이런 글을 쓰면 고소에 유리하지 않으니 일단 얼른 지워라. 이 사건을 도와주는 워마드 회원 A가 있으니 그 사람에게 댓글 달아놓으라"는 내용이었다. A의 닉네임을 검색하니 고소와 관련된 글이 꽤 나왔고 나는 A에게 비밀 댓글로 상황을 설명하고 도움을 요청했다. A는 흔

쾌히 응했고 나는 그 사람을 덜컥 믿었다. 그러나 그 일은 두고두고 내게 많은 상처를 남겼다. 온라인 공간에서 사람을 쉽게 믿은 대가를 톡톡히 치렀다고나 할까. 그 사연을 이 글에 다 쓸 수는 없고, 이것 하나만은 말하고 싶다. 온라인 공간에서 낯선 이로부터 도움을 받거나 함께 활동할 때 한시도 경계를 늦추지 말아야 한다고 말이다.

경찰 조사를 받으러 간 첫 날, 나는 당당했다. '모든 것을 말하자. 메갈리아는 미러링 사이트이고 남성들의 언어에 비하면 이것은 아무 것도 아니다. 나는 잘못하지 않았다. 이 운동은 누구나 이해할만한 것이므로 천천히 설명하면 당연히 이해할거다.' 나는 순진했다. 사이버 수사팀의 수사관이 조사를 시작하자 나는 다음의 이야기를 그에게 했다.

내가 웹툰의 여성 캐릭터에게 경제적으로 의존하는 남성 캐릭터를 가리켜 '좆뱀'이라는 댓글을 단 건 사실이다. 그것은 미러링이다. 미러링은 남성들의 언어를 전복해서 사용하는 것이다. 메갈리아 사이트는 여성인권을 위해 이런 운동을 한다. '좆뱀'은 '꽃뱀'을 여성의 언어로 바꾼 것뿐이다. 남성들의 돈을 쉽게 얻는 여성을 '꽃뱀'이라 칭한다면, 여성의 돈을 쉽게 얻는 남성도 '좆뱀'이라 불러야하지 않은가? '꽃뱀'이라는 단어를 쓰는 남자들에게도 모욕죄를 적용해 수사를 하는가?

웹툰 작가의 책임의식에 대해서도 나는 문제를 제기했다.

수십만 명의 독자가 보는 창작물로 수익을 창출하는 작가가 창작에 대한 비판을 모욕죄로 고소하는 것은 부당하다. 작가에게 표현의 자유가 있다면 독자에게도 창작물을 비판할 표현의 자유가 있다. 예술이란 이름으로 모든 것이 용서되지 않는다. 작가라면 독자들의 비판을 들어야 한다. 게다가 이 작가는 이미 여러 인터뷰에서 자신과 자신의 만화는 동일하지 않다고 말했다. 나는 작가가 아니라 작가의 작품에 등장하는 캐릭터를 비판했을 뿐이다.

거의 두 시간 정도 수사관에게 이야기를 했다. 그는 다행히 내 이야기를 잘 이해했다며 무혐의로 송치할 테니 걱정하지 말라고 했다. 나는 추가 진술서를 제출하기로 하고 조사를 마쳤다. 여성주의에 관심이 있는 한 친구가 추가 진술서 작성을 도와주기 위해 찾아왔다. 우리는 내가 한 행동이 모욕죄에 해당하지 않는다는 반박 주장을 준비했다. 그러던 중 여성학 수업 때 만나 메갈리아에 대해 이야기 나누며 친해진 선배로부터 우연히 전화가 왔다. 자초지종을 전해들은 선배는 이 사건이 여성의 입을 틀어막으려는 것이라며, 피고소인들을 도와줄 사람을 모으고 추가 진술서와 사건을 검토해줄 변호사를 찾아보겠다고 했다. 그렇게 나는 몇 분의 변호사들과 사건을 도와줄 페미니스트들을 알게 되었다. 그렇게 고소당한 메갈리아를 도와주는 '우리팀'이 결성되었다.

조사 일주일 후 '벌금 백만 원'이라는 문자 메시지가 왔다. 나는 내 눈을 믿지 못했다. '좆뱀이라는 단어가 형사사건 벌금 백만 원이라고? 내가 무슨 짓을 했다고? 남자들의 모욕적인 댓글은 신고조차 받아주지 않으면서 여자인 내게는 백만 원을 내라고? 내가 경찰서에서 난동을 부렸어, 누굴 때렸어?' 기가 막혔다. 당장 수사관에게 전화했다. "분명 수사관님이 무혐의로 송치하지 않았나요? 벌금 백만 원이 나왔어요. 일주일 만에 벌금 백만 원이라는 판결이 나온 게 일반적인가요?" 수사관은 본인도 이해할 수 없다며 당황했다. 일주일 만에 결과가 나온 것도, 벌금이 백만 원인 것도 일반적이지 않다며 사실을 확인해보겠다고 했지만 결과를 바꿀 순 없었다. 여성의 유리바닥은 너무나도 견고했다. 그 후 법원에서 오십만 원으로 벌금이 조정되었다. 나는 재판과 벌금을 선택해야 했다. 영화 〈해리포터〉의 덤블도어 교장은 말했다. 옳은 길과 쉬운 길 중에 선택해야 할 때가 온다고. 당시의 내게 쉬운 길은 벌금을 내는 것이었고 옳은 길은 재판이었지만 그 길은 결코 쉽지 않을 것이었다. 나는 옳은 길을 가겠다고 마음먹었다. '사건이 대법원까지 가든, 내 신상이 털리든, 끝까지 가겠다. 어떤 일이 생겨도, 여성이 남성과 동등한 언어를 사용할 수 있는 권리를 지키기 위해 끝까지 가겠다. 만약 결과가 좋지 않더라도 이 억압을 세상에 알릴 것이다.' 그렇게 결심한 순간부터 나는 내 안과 밖에서 직면하는 모든 편견과 싸우게 되었다.

어려운 길,
재판을 선택하다

나를 고소한 이는 두 명의 웹툰 작가 중 한 명으로 그들은 각각 30여 명을 고소했다. 우리팀은 앞서 말한 A의 횡포로 공개 활동을 중단하기 전까지 피고소인들을 모았다. 그 중 10여 명이 우리팀을 찾아 메일을 보내왔다. 우리는 피고소인들의 메일을 검토하면서 고소인 별로 사건을 분류하고 현재 진행되는 단계를 파악해 앞으로의 대책을 세웠다. 고소인으로부터 고소장을 접수하면, 수사관 조사와 검찰 송치를 거쳐 검찰 결과와 최종 법원 결과 순으로 고소는 진행된다. 우리는 단계별로 사람들이 취할 수 있는 조처에 대해 조언했다. 다행히 우리를 찾은 대부분의 피고소인들 사건은 고소 접수 거부와 무혐의 등의 결과가 나왔다. 우리는 법원에서 벌금형을 선고받은 사람들을 급히 지원하기로 결정했다. 벌금형을 받은 사람들은 벌금을 내거나 일주일 안에 재판을 신청해야 한다.

피고소인들은 대부분 재판을 원했지만 현실의 벽에 부딪혀 포기했다. 신입사원이라 재판일에 휴가를 낼 수 없는 사람, 부모님이 반대하는 청소년, 신상에 대한 두려움으로 포기하는 사람, 진즉 합의금을 내버린 사람 등. 그중 한 사람이 보낸 메일이 기억난다. 그 사람은 정말 억울하지만 자신은 재판을 할 수 없는 상황이라면서, 재판을 진행하는 사람이 있다면 자신도 돕겠다는 의사와 함께 그동안 모은 고소인의 여성혐오 증거자료들을 우리팀에 전했다. 피고소인들의 메일들 속에는 경찰 수사 과정에서 받은 부당한 대우들도 포함되어 있었다. 어떤 경찰관은 피고소인의 부모에게 전화하여 "따님이 살인을 도모하는 사이트의 회원인 것을 알고 있습니까?"라고 말하고는, "합의하는 게 빠를 거예요. 합의하세요"라며 합의를 종용했다. 심지어 우리가 제보 받은 피고소인 사례 중에서는 1심 재판 중 판사가 "여성이 이런 상스러운 말을 해서 되겠느냐"고 따지듯 물었던 경우도 있었다. 그들은 이후에 이것이 위법임을 알고 분개했지만 증거를 남기지 못해 항의하지 못했다.

대부분 포기했던 일이었지만, 피고소인 중 네 명은 재판을 하기로 결심했다. 우리팀은 본격적으로 변호사를 구하기 시작했는데 그것은 생각보다 어려웠다. 디시인사이드의 남성 유저들은 우리팀이 '민주사회를 위한 변호사모임(민변)'이나 여성학 교수, 여성운동계의 지원을 받고 있다고 추측했지만 현실은 그 반대였다. 우리가 손을 내민 모든 사람들이 메갈리아 사건은 도와줄 수 없다고 답했다. 메갈리아는 최악의 남성보다 더 최악인 여성이 됨으로써 세상의 불평등함을 보여주려는 전략으로 일관되게 행동했지만, 대부분 사람들은 이런 전략을 이해하지 못했고 겉으로 드러나는 모습만으로 일베와 같은 집단이라고 판단했다. 우리는 돈이 얼마가 들더라도 재판에 이길 수 있는 여성 변호사를 찾았지만 쉽지 않았다.

몇 분의 변호사들과 연락을 취하고 그 중 한 변호사를 만나러 갔다. 그날 재판을 하기로 결정한 피고소인들도 오기로 했는데 그들을 만날 생각에 마음이 떨렸다. 페미니스트 친구 외에 메갈리아의 다른 이를 만나는 건 처음이었다. 나는 그들이 남자일지도 모른다는 의심과 기대를 동시에 품고서 약속 장소에 나갔다. 다행히 여성이었고 우리는 서로 어색한 인사를 나눈 후 변호사를 만나 사건과 메갈리아를 설명하기 시작했다. 변호사는 성폭력 피해여성을 위해 일했던 전문가로 메갈리아에 대해 전혀 몰랐다. 변호사는 모르는 분야의 사건을 담당하게 된 것을 부담스러워 했지만 우리의 절실한 이야기를 듣고 변호하겠다고 말했다.

재판 과정은 나의 상상과 많이 달랐다. 텔레비전 드라마에서 변호사와 로펌 조수들이 모든 사건 자료를 찾고 준비하는 모습이 아니었다. 우리팀이 발로 뛰어야 하는 것이 현실이었다. 변호사는 우리가 준비한 자료들을 검토한 후 이길 수 있는 논리들을 만들었다. 우리팀은 작가들의 과거 인터뷰와 작품 내용, 문화예술계의 입장, 유사 사례들을 찾았다. 또한 전문가들의 소견서를 받긴 했지만 그들은 메갈리아 사건을 부담스러워했기 때문에 소견서를 익명으로 제출해줄 것을 요청했다. 하지만 재판에서 익명 전문가의 소견서는 전혀 효력이 없었다. 변호사는 전문가 소견서를 직접 사용하지 못하고 변호 논리를 만드는데 보탰다.

재판은 더디게 진행 되었다. 재판 신청서를 접수한 지 몇 달이 지나서야 공판 날짜가 정해졌다. 그 기간 동안 나는 불행해지지 않도록 노력했다. 내가 불행해지는 것은 고소인과 한국남자들이 원하는 것이니까. 나는 내가 하고 있는 재판의 의미와 가치를 생각했고 더 어려운 상황에 있을 여성들을 떠올렸다. 이 정도로 힘들어하지 말자. 나는 행복하게 내 일상을 누리자. 지지 말자. 매일 매일 다짐했다. 하지만 행복은 쉽게 얻어지지 않았다. 나는 온 갖 노력과 실패를 반복했다.

나는 가족에게 사건이 끝났다고 거짓말했다. 있는 그대로 진행상황을 전달해서 가족에게 불필요한 슬픔과 걱정을 주고 싶지 않았다. 현실에선 밝은 척했지만, 마음속으로는 예비 죄인이 되어 우울감이 커졌다. 그냥 한국이 싫고 세상이 다 싫었다. 그 당시 나를 지배하던 감정은 분노와 절망이었다. 말도 안 되는 현실에서 내가 할 수 있는 것은 아무것도 없는 것처럼 느껴졌다. 희망이 보이지 않았다. 페미니즘을 공부하고 여성의 현실을 알면 알수록 한국도, 해외도, 그 어떤 곳도 여성이 당당하게 존재할 곳은 없었다. 굳이 이런 세상에 살 필요가 있을까, 여성으로서 행복해지려면 그냥 죽는 게 빠르지 않을까, 그런 생각이 끊임없이 들었다.

변호사는 온라인 활동으로 덜미를 잡히지 않기 위해 모든 기록을 삭제하고 계정을 탈퇴하고 앞으로 2년 동안 사용하지 말라고 했다. 나는 메갈리아의 글들을 하나씩 지웠고, 뉴스 기사의 댓글들과 트위터, 페이스북에 게시한 글마저 삭제했다. 그렇게 온라인에서 내 활동의 흔적은 사라졌다. 나는 온라인에서 죽음을 맞이하게 된 것이다. 이제 내 이야기를 할 수 있는 곳은 오프라인도, 온라인도 없었다. 그것은 재판과 함께 온 고통이었다. 가끔 온라인 커뮤니티에 메갈리아 고소에 대한 기사가 올라오면 댓글들이 달렸다. 고소당할 만하니까 당하지, 벌을 받아야 한다, 그들은 부끄러워해야 한다, 이런 내용이었다. 피고소인들이 온라인에서 스스로를 변호할 수 없었으니, 사람들은 고소된 댓글이 어떤 내용인지, 어느 정도의 수위였는지 알지 못한 채 무작정 비난을 하고 있었다. 고소당한 이들의 댓글은 현재 여성커뮤니티에서 흔히 쓰이는 말이 되었을 정도로 센 표현들이 아니다. 피고소인들의 댓글은 '개든보잡', '병신', '머리에 똥 든 놈의 똥 작품', '상폐남(주식시장에서 상장이 폐지될 정도로 늙은 남자)', '붕신', '밥줘충(혼자서는 밥조차 챙겨먹을 줄 몰라 늘 밥 달라고 외치는 남자)', 한남충', '씹치남(뉴스에서 'XX녀'라고 성별을 부각시키듯 남성을 부각시킨 단어)' 등의 단어가 포함된 것뿐이었다. 이런 댓글들에 대해서 법원은 무혐의와 승소를 판결내렸다.

어떤 때는 그런 댓글을 보면서 답답한 마음에 비밀 댓글을 달았다. "사실 내가 고소당한 사람이다. 하지만 내가 달았던 댓글은 좆뱀이라는 말밖에 없었다. 정말 억울하다. 나는 이것을 공개적으로 말할 수 없으니 당신이 어딘가에 말해 달라." 그렇게 댓글을 달고 나면 원글쓴이가 위로와 용기를 주고 함께 분노해주었다. 온라인에 정체성의 근거를 둔 나로서는 온라인의 누군가가 그렇게 나를 이해해주는 것이 큰 위안이 되었다. 마치 대나무 숲에 "임금님 귀는 당나귀 귀"라고 외치는 사람처럼, 나는 가끔 위험을 감수하고 외쳤다. "나는 억울하다"라고. 변호사가 펄쩍 뛸 만큼 위험한 행동이었겠지만, 그렇게라도 하지 않으면 나는 정말 미칠 것 같았다.

재판을 겪으면서 점차 나는 혼자서 청소도, 샤워도 하지 않고 커튼을 걷지 않은 어둠 속에 누워 잠만 잤다. 잠을 자면 잊을 수 있었다. 취소할 수 없는 약속이 있을 때만 씻고 외출했다. 그렇게 지내던 내가 일상생활을 지속할 수 있었던 것은, 처음부터 고민을 털어놓은 유일한 친구의 도움 덕분이었다. 그 친구는 페미니스트가 아니고 메갈리아의 언어도 싫어하지만 그 모든 걸 떠나 나 자체를 믿어주고 지지해주었다. 우리팀도 나에게 용기를 주고 자긍심을 주고 포기하지 않도록 도와주었다. 내가 무엇을 위해 재판을 하는지, 이것이 어떤 의미인지, 얼마나 중요한 일인지, 늘 일깨워주었다. 친구와 팀원들이 없었으면 나는 끝까지 버티지 못했을 것이다.

나를 지지해주는 타인과의 연대 속에서 용기와 행복을 찾아나가면서, 나는 다른 피고소인들을 떠올렸다. '그들도 분명 나처럼 힘들겠지. 비밀을 간

직한 채 일상을 버티다가 혼자 남은 순간 불안과 공포가 밀려오면서 삶의 한 부분이 파괴되었다고 생각하겠지.' 나는 그들이 진심으로 걱정되었다. 소위 '운동권 시민단체 활동가'의 경험이 있는 나는 시위에도 나가고 고소사건을 겪은 분들을 곁에서 지켜보며 직간접적으로 단련이 되어 있었다. 그래서 메갈리아를 시작하면서 닥쳐올 한남들의 공격에 대해 어느 정도 각오를 했었다. 더구나 애초 한국에서는 사회적으로 인정받는 정상적인 삶을 살 계획이 없고 시민활동가가 되고 싶었기에, 메갈리아가 내 삶을 완전히 엉망진창으로 만들거라고는 생각하지 않았다. 늘 죽고 싶다는 우울감은 있었지만 마음의 어느 끄트머리에는 희망이란 걸 품고 있기도 했다.

하지만 내가 만난 피고소인들은 달랐다. 그들 대부분은 메갈리아를 사회운동으로 여기지 않았을 뿐만 아니라, 운동가라는 정체성을 갖지 않은 보통의 대학생들이었다. 그들은 단지 여성으로서 억압된 현실을 깨닫고 토로한 것 뿐이었다. "당신들을 이해하고 도우려는 사람들이 있다"는 것을 알려주고 힘을 주고 싶어 나는 가끔씩 그들을 만났다. 같은 고통을 짊어진 피고소인인 나를, 그들은 경계를 허물고 만나주었다. 나도 그들을 만나면 혼자가 아님을 느꼈다. 고소사건이 하나씩 차례로 마무리될 즈음 그들과의 연락은 뜸해졌다. 재판이 끝난 뒤 그들은 연락을 하지 말아달라고 내게 말했다. 고소도, 페미니즘도 모든 것을 잊고 싶다고 했다. 메갈리아에서 지냈던 시간이 그들에게는 상처로 끝이 나버리는 것 같았다. 어떤 이는 메갈리아 페이지에서 지원받은 변호비를 갚기 위해 알바를 한다고 했고, 너무 바빠 만날 수 없다고 말했다. 그 돈은 함께 갚아나가면 된다고 나는 말했지만 그 사람은 더 이상 폐 끼치고 싶지 않다며 결국 만나고 싶지 않은 것이라 털어놓았다. 마지막 메시지를 읽고선 더 이상 설득할 수 없었다. 나는 엎드려서 한참 울었다.

피고인

참석했습니까

변호사는 매우 신중하고 사법부에 믿음이 있는 분이었다. 그는 내가 잘못한 부분에 대해서 인정하고 재판에 임하는 게 좋다고 했다. 변호사는 재판에 앞서 내게 두 가지를 요구했다. 첫 번째는 이 사건을 여성운동의 맥락으로 밀고가면 재판부를 이해시키기 어렵기 때문에, 내가 여성운동가가 아니라 한 개인으로서 작품에 대해 의견을 피력하여 잘못을 뉘우치고 있는 여대생이 되어야 한다는 것이었다. 법원에 출석할 때는, 어깨를 수그리고 얌전한 옷을 입으며 과격한 언어는 사용하지 말라고 조언했다. 그 전략은 나를 힘들게 했다. 나는 설령 패소해 벌금을 내더라도 당당히 맞서 싸우고 싶었다. 변호사는 우리가 이 사건을 이겨야 다음 여성들이 보다 쉽게 재판을 이길 수 있게 될 것이라며 나를 설득했다. 우리팀은 승소가 최우선이라는 말에 동의했다. 두 번째로, 내가 삶을 몽땅 내던지면서 재판에 임하기를 바라지 않기 때문에 지금이라도 재판을 취소해도 된다고 말했다. 나는 끝까지 하겠다고 답했다. 내가 여기서 포기하면, 이 고통은 뒤의 누군가에게 미뤄지는 것이라 생각했다. 이미 많은 이들이 포기했는데 나까지 포기할 순 없었다. 나는 나와 메갈리아의 의미를 알리고 싶었다. 그리고 나를 고소한 그 남자들에게 경고하고 싶었다. 고소는 쉽게 했지만 끝나는 건 쉽지 않을 거라고. 온라인 활동을 하는 여성을 고소하려는 남자들에게도 메시지를 전해주고 싶었다. 온라인 여성유저들을 만만하게 보지 말라고. 애초에 마음먹었던 이런 태도로 재판에 임했다면 나는 덜 괴로웠을 것 같다.

첫 공판일. 변호사의 신신당부에 나는 새벽부터 머리를 만지고 화장을 했다. 내가 가진 옷 중에서 가장 단정한 옷을 고르다보니 장례식장을 방문할만한 옷차림이 되었다. 법원 앞에서 변호사를 만나 숙지해야할 내용을 한 번 더 듣고 나서 형사 재판장에 들어섰다. 내 생에 이런 일이 있을 거라고는 상상도 못했다. 두려움에 가슴이 뛰었다. 내가 피고인이라니! 죄수복을 입고 포승줄에 묶인, 누군가를 집단폭행한 남성들 다음으로 내가 피고인 자리에 섰다. 첫 재판의 판사는 여성이었고 앞선 사건들의 판결로 미루어보아 부드럽지만 단호한 사람인 듯 했다. 나는 그 모습에 조금 희망을 가졌다. 첫 공판은 나의 이름을 확인하고, 준비할 시간을 더 달라는 변호사의 요청으로 끝났다. 5분도 채 걸리지 않았다.

두어 번의 공판도 비슷했다. 모든 자료는 이미 서면으로 제출된 상태였기 때문에, 재판에서 내가 한 일은 내 이름과 생년월일을 말하는 것뿐이었다. 시간은 흘러 가을로 접어들었고 마지막 공판일 아침이 밝았다. 변호사와 나는 최후 변론을 준비하려고 미리 커피숍에서 만나 글을 써내려갔다.

'존경하는 판사님…' 하고 나자 쓸 말이 떠오르지 않았다. 변호사는 뉘우치는 마음을 담으라 했지만 나는 뉘우치고 싶지 않았다. 내가 뭘 했다고? 하지만 변호사를 걱정시키고 싶지 않아서 나는 순순히 뉘우친다고 썼다. 그날 판사는 변호사 진술보다 피고인 최후변론을 먼저 하라고 요구했다. 특이한 일이었다. 원래는 변호사 진술 후 피고인 변론을 하는 것으로 알고 있었으니까. 검사와 방청객 모두가 나를 쳐다보는 것이 느껴졌다. 나는 준비했던 말들을 떠올리며 입을 열었다. "존경하는 판사님. 저는…." 그때 갑자기 울음이 터졌다. 그런 적은 처음이었다. 그 울음은 그 동안 마음속에 쌓인 울분이었는지도 몰랐다. 울음을 삼키고 준비한 말을 하려고 몇 번이나 노력했지만 그럴수록 더한 서러움이 복받쳐 눈물만 흘렸다. 나는 당황했다. 판사는 한참을 기다린 후 차분한 목소리로 말했다. "그 마음 알겠어요. 이렇게까지

될 거라 생각 못했다는거죠? 충분히 알겠습니다. 이만 마치겠습니다." 이제
와 생각해보면 그때의 눈물은 울분이라기보다는, 진심이 아닌 말을 하고 싶
지 않은 심정 때문이었던 것 같다. 현실에 굴복했고 내 신념을 전하지 못한
것이 서러웠는지도 모른다.

　나와 함께 재판을 진행하던 이들의 선고가 하나 둘 나기 시작했다. 모두
승소나 집행유예로 끝이 났고, 나도 승소할지 모른다는 기대가 생겼다. 하
지만 막상 선고날 법원에 공판장에 앉아 앞선 피고인들의 징역 2년, 벌금 5
백만 원 같은 부정적인 결과를 줄줄이 듣고 있으려니 승소에 대한 기대도
어느덧 사그러들었다. 이윽고 판사님은 내 이름을 부르며 "피고인 참석했습
니까?"라며 나를 찾았다. 내 심장은 미친 듯 뛰었다. 숨을 쉬고 있지 않은 것
같았다. 어떤 결과가 나와도 정신이 무너지지 않겠다고 다짐했다. 판사님은
담담하게 판결문을 읽었다.

　　검사 측 주장은 인정할 수 없다. 캐릭터를 실존인물로 볼 수 없다. 모욕의
　　의도로 볼 수 없다. 피고인에게 무죄를 선고한다.

　그 순간, 가슴의 돌덩어리가 사라진 느낌이었다. 내 머리, 어깨를 짓누르
던 바위들이 사라졌다. 나는 침착하게 법원을 빠져나온 후 환호성을 질렀다.
대학입시 발표 이후 가장 극적인 날이었다. 날아갈 것 같다는 마음이란 이
런 거구나 실감했다. 하늘이 맑아 보이고 대한민국도 희망으로 가득 차 보
였다. 나는 변호사와 우리팀 팀원들과 함께 승소 축하 커피를 마셨고 그 동
안 애써준 고마운 사람들과 기쁨을 나눴다. 1심 재판이 끝난 다른 피고인들
에게 항소장이 왔다는 것을 알고 있었기에 다음 재판이 또 있을 거라 예상
했지만, 그 순간만큼은 '정의'를 즐겼다. 일주일 뒤 항소장은 어김없이 등기

배달되었고 우리는 항소 준비를 시작했다. 몇 달을 기다린 후 한 번의 공판 이후 판사는 1심을 그대로 인정, 검사 측 항소를 기각한다고 판결했다. 다시 승소한 것이다! 상고는 없었다. 기다림과 인내의 연속이었던 재판이 모두 끝났다. 정말, 모든 게 끝났다. 해가 지나 다시 꽃이 피고 여름이 다가오는 시기에 나는 자유가 되었다. 다시 당당하게 페미니즘을 외쳐도 되고 온라인 에서 페미니스트로서 살아가도 된다는 사실이 무엇보다 기뻤다.

웹툰작가가 쏘아올린 작은 공

여성주의는 왜
메갈리아를 외면하는가

재판의 우울 속에서도 나는 활동을 멈추지 않았다. 마냥 넋 놓고 집에 갇혀 울고만 있기에 한국의 현실은 바꿀 것이 너무 많았다. 나는 워마드에서 주관하는 넥슨 성우 부당 교체 시위에 참석했다. 폭염의 날씨에 보도블럭에 앉아 목이 터져라 외쳤다. 행여 재판에 불리하게 작용할까봐 얼굴을 칭칭 감고 시위에 참여했다. 부당한 일에 맞서 싸워야만 내가 겪은 일들이 반복 되지 않을 거라는 마음이었다. 피고인 신분이라는 것을 들킬까봐 두려웠지 만 다행히 아무 일도 일어나지 않았고 이후 생리대 가격 인상 반대 시위, 이 중잣대 수사 반대 시위에 계속 참가했다.

그러던 중 우리팀의 한 사람이 '한국여성재단'에서 주최하는 캠프를 제 안했다. 여성주의 학자와 활동가 또는 여성주의에 관심 있는 사람들이 2년 마다 모이는 행사라 했다. 나는 캠프에 참가해 온라인에서 삭제된 사람들을 알리고 싶었다. 캠프의 주제는 메갈리아와 강남역 살인사건 이후 폭발적으로 일어난 페미니스트들의 움직임이었다. 나 또한 여성폭력 분과에 발제를 하게 되었다. 몇 개의 강의와 발표가 지나고 쉬는 시간이 되자, 나의 상황을 알고 있는 한 분이 제안했다. 이곳은 안전하니 모두 앞에서 내가 겪은 일을 말해보라는 것이었다. 나는 조심스러웠지만 이 자리에 있는 사람들 아니면 누가 우리를 이해할까 싶은 마음이 들었고 질의응답 시간에 손을 들어 말했다.

"나는 고소당한 메갈리아 유저입니다. 여러분들은 메갈리아 세대들의 성과를 이야기하지만 지금 많은 메갈리안들은 온라인에서 죽음을 경험하고 있습니다. 실제 활동하는 메갈리안은 몇백 명에 불과한데 그 중 백여 명이 고소를 당했습니다. 우리는 여성단체들이 메갈리아를 도와주지 않을 것이라 생각합니다. 그래서 피고소인들은 개인적으로 합의금을 마련하고 벌금을 내거나 재판을 진행하고 있습니다. 실제로 도움을 요청했는데 단체에서 거절당한 분도 있었습니다. 고소당한 사람들은 일상이 파괴되고 온라인을 떠났습니다. 고소는 계속되고 초기에 활동하던 사람들이 사라질 것입니다. 나는 메갈리아의 현재 상황을 전하고 싶습니다."

페미니즘 붐을 이야기하며 축제 같았던 캠프가 찬물을 뿌린 듯 조용해졌다. 내 발언 뒤에 활동가들의 이야기가 이어졌다. 그들은 전혀 몰랐다며 입을 열고는 "이전에 활동가들은 대부분 단체에 소속되었기 때문에 고소를 당하면 단체가 재판을 지원했다. 그 과정을 이렇게 개인이 오롯이 견디는 것은 부당하다. 우리가 힘을 합쳐야 된다"고 말했다. 휴식시간이 되자 내 자리로 많은 사람들이 찾아왔다. 그들은 저마다 자신을 소개하며 도움이 필요하면 언제든 연락하라고 명함을 건네고 고생 많이 했다며 나를 안아주었다.

우리팀이 아닌 다른 페미니스트들과의 연결감은 얼떨떨하면서 기뻤다. 일면식 없는 사람들이 안아주고 지지해준 것만으로도 충분히 위로가 되었다. 캠프 마지막 날 나는 그들에게 온라인 피해에 대응하는 부서가 있는지 물었다. 대답은 "현재는 그런 부서가 없고 앞으로 만들어야 한다. 지금 세대가 만드는 것이 더 빠를 것이다"는 것이었다. 나는 그 역할이 아무 곳에도 없다면 우리 세대가 해야 한다고 생각했다.

캠프가 끝난 뒤 온라인 페미사이드(여성female과 대량학살genocide를 결합한 말. '여자'라는 이유로 남자들이 여자를 살해하는 것)와 고소 사건을 알리고 그 해결을 위한 비공개 강연을 만들자는 제안이 들어왔다. 나는 이왕 사람들이 모이는 자리에 내 사건만 발표하기에 아쉬워 '디지털성폭력아웃'의 온라인 성폭력 근절 활동과 신상공개로 피해 입은 여성의 사건을 발표하자고 제안했다. 두 번의 비공개 발표는 성공적으로 치러졌고 이를 계기로 다양한 여성주의 소모임에서 발표해달라는 요청이 이어졌고 나는 오프라인에서 온라인을 알리는 역할을 하게 되었다. 그들을 만나면서 나는 '왜 여성주의자들은 메갈리아를 외면하는가'에 대한 답을 알게 되었다. 온라인에 계정 한두 개만 갖고 있을 뿐인 그들로서는 온라인 공간에서 어떤 일이 일어나는지 알지 못했고, 메갈리아가 왜 미러링 전략을 쓰는지 이해하지 못했다. 특히 그들의 질문에 답을 하면서 나는 온라인과 오프라인 활동가들의 두뇌 자체가 다른 알고리즘으로 움직인다는 것을 알았다. 오프라인에 근거를 두고 있는 활동가들을 이해시키기 위해서는 나 자신도 생각을 많이 해야 했다. 나에겐 너무 당연한 것인데 그들에겐 전혀 아니었다. "왜 그렇게 과격한 언어를 쓰나요?"라는 질문은 늘 있었다.

1980~90년대의 언어와 21세기 온라인의 언어는 다르다. 우리는 21세기 온라인 남성들과 싸우며 그들과 같은 수위의 언어를 사용한다. 그러나 사람

들은 남성들의 언어는 보지 않은 채 우리의 언어만 보며 혐오세력이라 비난한다. 나는 우리세대를 이해해야한다고 말하곤 했다. 이외에도 "메갈리아는 무엇을 목적으로 행동하나요? 어떤 것을 지향하나요?", "그런 댓글을 쓴 것은 회원들을 향한 것인가요, 아니면 작가에게 영향을 미치는 행위인가요?"였다. 나는 온라인 플랫폼은 대략의 성격과 규칙이 있을 뿐, 모두가 같은 목적으로 행동하지 않는다는 것을 설명해야 했다. "제가 말하는 내용들은 온라인 페미니스트들에 대한 저의 해석일 뿐입니다. 이것이 메갈리아나 워마드의 전부를 설명하지 못합니다. 여러분들이 직접 사이트를 방문해 최소 일주일은 읽어보셔야 합니다. 현재 일어나고 있는 변화를 알아야 합니다." 그런 이야기를 주고받으면서 나는 온라인 여성운동의 대표자가 아닌 한 사람의 익명으로 활동하기 위해 내 활동명을 '김익명'으로 정했다.

그들은 발표가 끝나고 난 뒤 뒤풀이에서도 열띠게 질문했고 어떤 사람은 자신도 워마드를 하고 있다고 고백했다. 내가 어떤 말을 쓸 때마다 다들 스마트폰으로 검색하느라 바빴다. 어떤 분은 워마드 카페를 가입하려 했는데 6.9를 몰랐다며 그게 무엇이냐고 묻기도 했다. 인터넷 언어도 잘 모르고 워마드 언어는 더더욱 접해보지 않은 사람들은 내가 하나씩 단어 뜻을 설명해주면 즐거워했다. 자신들이 일찍 알지 못해 도움주지 못했다며 미안하다는 말과 함께 메갈리아를 이해하려고 노력하는 그들의 모습을 보며 나는 따뜻함을 느꼈다. 설사 메갈리아의 전략에 동의하지 않더라도, 메갈리안과 자신의 차이를 확인하면서 우리는 대화했다. 그들은 진심으로 메갈리아를 돕고 싶어 했다. 공개 모금이 불가능한 고소사건을 위해 비공개로 만난 대부분의 사람들이 선뜻 모금해주었고, 그 덕분에 충분진 않지만 변호사에게 선임비를 지급할 수 있었다.

온라인 여성들을 위한
플랫폼

2017년 한여름 어느 날, 친구가 기사를 보내왔다. 웹툰 작가에게 '한남충'이란 단어를 사용했다는 이유로 모욕죄 벌금 30만 원을 받은 학생에 대한 내용이었다. 내 사건이 모두 종결된 지 얼마 지나지 않아서였다. 나는 몸이 떨려왔다. 재판 중에 내가 느낀 두려움이 엄습했다. 고소당한 이의 참담한 심정이 그대로 전해졌다. 그 사람은 괜찮을까, 얼마나 슬플까, 얼마나 간절히 승소를 바랬을까.

나는 앞으로 이런 고소가 더 많아질 것이라 생각했다. 일단 고소인들은 합의금이란 재미를 보았다. 우리를 고소한 웹툰 작가는 형사와 민사 고소를 동시에 진행하면서 피고소인들에게 합의금을 받았다. 온라인에서는 당당히 정의를 위해 하는 일이고, 합의는 일체 없다고 말해놓고서는 수백만 원의 합의금을 받아낸 것이다. 물론 민사 재판에서도 법원은 메갈리아의 손을 들어주었고 그에게 재판비 전액을 지불하라 판결했다. 그렇다고 웹툰 작가가 완벽히 패배한 것은 아니다. 피고소인들은 재판에서 이겼다하더라도 추가 고소가 두려워 온라인에서 제 목소리를 내기 힘들었다. 그 웹툰 작가는 남성들의 열렬한 지지를 받으며 피해자 코스프레를 하면서 강연도 다니고 버젓이 잘 살고 있는데 말이다.

이처럼 고소사건은 여성들의 정신을 황폐하게 만들고 온라인에서 사라지게 만들었으니 남성들은 이 방법을 계속 사용할 것이다. 온라인 여성들을 위한 단체가 절실히 필요한 이유이다. 고소에 대응하는 것이 온전히 여성 개인의 책임이 되지 않도록, 피해자들이 신뢰를 갖고 도움을 청할 수 있도록, 피해자를 돕기 위해 안전하게 기부하도록. 그리고 사건을 해결하기 위해 연대와 모금을 추진할 어떤 정식 모임이 필요한 것이다. 또한 우리가 겪은 이중잣대 수사를 모니터링하고 이를 방지하기 위한 메뉴얼을 제작해 여성들을 도울 수 있어야 했다. 재판을 도와주웠던 우리팀은 언젠가는 유사한 사건을 도울 정식 모임으로 활동하자고 뜻을 모았다.

정식 모임을 고려한 다른 계기는 인스타그램의 '한남패치 계정 사건'이었다. 한남패치는 메갈패치를 미러링한 계정이었다. 어느 날부터인가 인스타그램 '메갈패치' 계정에서 남성들이 메갈리아 여성들의 신상을 박제하고 유포하고 있었다. 이 메갈패치의 피해 여성들이 경찰을 찾아 도움을 요청했지만 해외 사이트라는 이유로 수사하지 못한다는 답만 얻었다. 한남패치 계정에서는 성매수남과 지하철 임산부석에 앉은 남성들의 사진을 제보받아 공개했다. 경찰은 한남패치 계정 운영자를 기가 막힌 속도로 잡아들였다. 일개 SNS 계정 운영자를 잡으러 운영자의 집에 들이닥쳤고 마치 특종처럼 공개영상을 찍었다. 한남패치 운영자는 한 카페에 본인을 도와달라며 계좌번호를 공개했고 이 소식을 전해들은 여초 커뮤니티의 여성 유저들은 후원했지만 곧 그 사람이 당사자가 아니라는 추측이 쏟아졌다. 또한 그 운영자는 워마드가 아닌 카페에 글을 썼는데 그 카페의 규정은 모금을 금지하고 있어 한남패치 운영자를 위한 첫 번째 모금은 곧 중단 되었다. 그러자 모금 운동은 워마드에서 해야 하는 거 아니냐는 의견이 모아졌고 워마드 운영자는 모금을 하려 했으나, 워마드 운영자마저 신뢰할 수 없다는 의심이 퍼졌다. 워마드 운영자는 수습할 새 없이 퍼지는 의심과 해명 요구에 입장을 밝혔는데, 그 동안 워마드를 운영하면서 받았던 검찰의 압박과 회원들의 의심에 지쳐 운영자를 그만두겠다고 했다. 여성 유저들은 사과하고 운영자로 남아달라고 설득했지만 지친 워마드 운영자를 말리지 못했다.

그동안 한남패치 운영자는 수사과정을 카페에 계속 글을 올렸고 그 내용 중에는 수사에 불리하게 적용될만한 것들이 있었다. 또한 그 글들은 실시간 기사화가 되어 당사자와 여성 유저 모두를 혼란스럽게 하고 지치게 했다. 이틀쯤이 지나자 한남패치 운영자는 카페를 탈퇴해 아무도 모르게 행방을 감췄고 워마드 운영자마저 그만두어 모금은 흐지부지 되었다. 그날 이후 한남패치 운영자가 어떻게 되었는지 아무도 소식을 듣지 못했다. 당시에는 나 또한 고소 사건의 재판이 진행되고 있는 상황이었기 때문에 흐르는 게시글들을 지켜보기만 할 뿐 내가 도울 방법이 없었다. 한 가지 분명한 건 온라인 여성운동을 지원하는 공식적인 플랫폼은 반드시 필요하다는 것이었다.

1심에서 승소하고 시니어 페미니스트들의 지지에 힘입어 우리팀은 거창한 단체는 아니어도 온라인과 오프라인을 연결하는 다리가 되고자 모임을 지속하기로 했다. 온라인은 오프라인에 대한 불신으로 가득차 있고, 오프라인은 온라인을 돕고 싶지만 만날 수 있는 방법을 몰랐다. 우리팀은 한국여성재단의 지원사업으로 우리가 겪은 고소사건을 책으로 발간하고 북콘서트를 개최하는 지원서를 제출해 최종 선정되었다. 근본없는 페미니스트들이 활동할 기회가 그렇게 시작되었다.

익명의 김씨,
작은 이름으로 걷기 시작하다

댓글을 단 여성들을 고소한 웹툰 작가들과 그들을 지지하는 남성들은 메갈리아를 혼쭐냈으니 다시는 그런 짓을 못할 거라고 기뻐했다. 하지만 그들은 괜한 짓을 했다. 고소를 하지 않았다면 온라인 여성 유저들은 여전히 온라인에서 키보드만 두드리며 살고 있을 것이고, 기존의 페미니스트들은 워마드를 제대로 알지 못한 채 직접 만날 마음도 내지 못했을 것이다. 고소를 하지 않았다면, 남성들은 온라인의 메갈리아만 견디면 됐겠지만, 이제 그들은 더 강력하게 연결된 여자들을 상대해야 한다. 고소는 소심한 관찰자였던 나를 당사자로 만들었고, 수많은 여성주의자 선배, 선생님들, 활동가들이 메갈리아의 목소리에 귀 기울이고 돕기 위해 모이는 계기가 되었다. 또한 온라인 페미니스트들도 오프라인으로 나와 서로를 확인하게 만들었다. 남성들의 공격은 여자들을 구석으로 밀어 넣었지만, 도망칠 구석이란 없다는 걸 깨닫게 된 여자들은 더욱 강하게 다시 태어났다.

웹툰 작가들, 그들은 지금 무슨 생각을 할까? 자신이 고소한 메갈리아들에게서 합의금과 사과문을 챙기고, 몇명은 재판에서 지고, 일부는 이겼다는 결과를 가지고 본인들은 일상으로 돌아갔을까? 그 과정에서 그들은 무엇을 얻었을까? 합의금? 그들은 그깟 합의금을 챙기고 더 큰 것을 잃어버렸다. 그들은 여성혐오 콘텐츠를 제작하고 그것을 비판한 사람들을 고소했다는 불명예를 갖게 되었다. 물론 그들은 여성혐오 콘텐츠에 대해 어떤 사과와 반성도 하지 않았다. 한 웹툰 작가는 피고소인에게서 합의금을 받고 반성문을 인터넷에 올려 그들을 조롱거리로 만들었지만, 이제 그의 이름은 온라인 여성운동사에 영원히 남아 미래의 페미니스트들에게 조롱받을 것이다. 여성의 인권이 높아질수록 그들은 본인이 무슨 짓을 저질렀는지 두고두고 되짚어야 할 운명에 처한 것이다.

나는? 나는 여성혐오를 생산하는 그들에게 저항하고 여성의 목소리를 지키려 법에 맞선 용기있는 여성으로 남을 것이다. 한국여성운동사에 한 줄 귀한 족적을 남긴 여성들처럼, 나도 온라인과 오프라인으로 나뉜 여성주의자들의 다리가 된 계기를 만든 사람으로서 발자국을 남길 것이다. 이름이 없어도 하나의 계기가 된 것으로 충분하다! 웹툰 작가들에 비해 돈도 지위도 없지만 나에겐 많은 여성들이 생겼다. 그들의 고소 덕분에 나를 지켜주는 여성들을 만났고, 그것은 돈보다 값진 것이다. 메갈리안이라는 이유로 모든 사회적 지위가 사라질지 모르지만 나에겐 새로운 직함이 생겼다. '온라인 여성주의 활동가 김익명'. 게다가 신원보장은 언제든 확실하다. 메갈리아가 사이트마저 사라져 너도 나도 "메갈리아 했다"고 적통성을 주장하는데 나만큼 증거가 확실한 사람은 없으니까!

여성 참정권 운동을 다룬 영화 〈서프러제트〉에서 운동하다 옥에 갇힌 여성들이 감옥에서 나올 때 다른 활동가들이 그들에게 훈장을 주었다. 나도 나 자신과 피고소인들에게 훈장을 주고 싶다. 피고소인들은 온라인에서 여성 억압을 견뎠고 가장 먼저 그 부조리함을 알아채고 여성운동을 만들었고 그래서 가장 먼저 아팠다. 우리는 그들에게 빚을 졌다. 그들은 여성으로서 남성들만 전유해야 하는 언어를 썼다는 이유로 공격을 받았다. 각종 추측에 휩싸이며 온라인 세계를 포기했다. 난 그들의 명예를 되살리고 싶다. '명예'라는 단어를 누군가는, 특히 한남들은 비웃을지 모른다. 난 그들에게 명예로움이 있다고 생각한다. 나는 떠나간 그들이 다시 돌아오길 바란다. 나는 그들의 명예로움을 되살리는 일을 할 것이고 여기에서 그들을 기다릴 것이다. 함께 고소를 겪었던 메갈리안들에게, 이 글을 바친다.

'초대남 모집'을 들어보셨습니까

강유

"나 고소당했어."

"뭐라고?"

태어나 처음 듣는 얘기였다. 범죄를 저지른 것도 아닐 테고, 달리 불법적인 일에 연루될 리도 없는데 내 친구가 고소를 당했다니! 누구로부터? 도대체 왜? 머릿속에 쉴 새 없이 의문이 떠오르며 골이 찡하게 울렸다. 햇살이 이렇게 눈부신 걸 보니 술에 취한 것도 아닐 테다. 그럼 진짜? 이게 실제 상황이란 말인가?

당장 만나야 했다. 하던 일을 모두 미루어 두고 친구와 바로 약속을 잡았다. 보아하니 누구한테도 말하지 못하고 혼자서 끙끙 앓다가 경찰 조사까지 마치고 나서야 울음이 터져서 나에게 전화한 모양이었다. 카디건을 대충 꿰어 입으며 이를 갈았다. 친구는 내가 아는 한 누구보다 따뜻한 사람이다. 누군가로부터 고소당할 만큼 나쁜 사람이 아니란 말이다! 나는 친구의 선행과 장점을 머릿속으로 늘어놓으며 누군지도 모를 이를 욕했다.

"당신이 잘못 알았어. 내 친구는 그런 사람이 아니란 말이야."

친구를 만나러 가는 길에 친구와의 추억이 두서없이 떠올랐다. 졸업하기 직전 마지막으로 수강한 여성학 강좌에서 친구를 만난 일, 맨 앞줄에 나란히 앉아 수업시간 내내 웃고 울고 분노하기를 반복했던 여름날. 오전엔 강의를, 오후엔 여성의 삶에 대한 토론을, 밤에는 메갈리아를 했던 그 시간들. 24시간 내내 여성의 삶이란 무엇인가에 대해 고민하던 나날들. 그 중에 도대체 무엇이 문제였을까? 아무리 과거를 곱씹고 곱씹어보아도 친구가 고소당할 만한 이유가 떠오르지 않았다. 온라인에서 친구가 저지를만한 '잘못'이라는 게 뭘까?

집단 강간과
댓글 하나

2015년 한 해 동안 나를 가장 괴롭게 했던 것은 뭐니 뭐니 해도 '소라넷'이었다. 소라넷을 단순한 포르노 공유사이트로 알았다는 게 믿기지 않을 만큼, 16년 동안 100만 명의 이용자들은 소라넷에서 성범죄를 모의하고 공유하고 장려하고 있었다. 몰래카메라(몰카)는 화장실부터 길거리까지 여성의 일상생활 전반을 침해하고 있었고, 여성이 촬영 혹은 유포에 동의한 적 없는 성관계 영상들은 '리벤지 포르노'라는 이름으로 유통되고 있었다. 그중에서도 가장 끔찍했던 건 여러 명의 남자들이 한 여성을 무참히 짓밟는 '갱뱅'과 술에 취해 의식 없는 여성을 강간하는 '골뱅이'였다.

나를 가장 절망으로 몰아넣었던 것도 바로 이 골뱅이 사건이었다. 아침에 일어나보니 전날(2015년 11월 14일) 새벽 2시경 서울 왕십리의 한 모텔에서 실시간으로 강간이 중계되었다는 글이 올라와 있었다.(타임라인 참조) 그때 느꼈던 참담함이란…. 어떻게 말로 설명할 수가 없다. 글을 읽는 내내 온몸이 바들바들 떨렸고, 솜털이 모조리 곤두서서 살갗이 찢기는 것 같았다. 입에서는 알 수 없는 신음만 새어나왔고, 눈가는 분노로 붉게 달아올라 눈물조차 나오지 않았다. 어떻게 이런 일이 생겼던 걸까? 소라넷의 실체가 알려진 뒤부터 메갈리아에는 소라넷 모니터링 전담팀이 신설되었다. 소라넷에서 일어나는 범죄를 조금이나마 막아보겠다고 모인 봉사자들로 꾸려진 팀이었다. 그런데도 그날 서울 왕십리 한 모텔에서는 한 여성이 몇 명인지 모를 '초대남'에게 강간당했다. 여성들이 사건의 심각성을 서로 공유하고, 경찰에 밤새 신고를 해도 경찰은 조작일지 모른다는 이유로 사건의 조사를 거부했다.

11월 14일 하루 동안 절망과 분노에 찬 글들이 얼마나 많이 올라왔는지 모른다. 새벽에 신고전화를 하며 밤새 울었다는 사람부터 또 다른 골뱅이 사건의 피해자였던 사람까지. 모두가 피해를 알고도 막지 못했다는 것에 좌절했고, 모두가 언제든 '또 다른 피해자'가 될 수 있다는 것에 분노했다. 하지만 당국의 방임은 소라넷이란 괴물을 점점 더 크게 키우고 있었다. 소라넷 모니터링 팀은, 여성안전을 심각하게 위협하는 '초대남 모집'이 최소한 하루 4~5건은 된다며, 어제 뿐만 아니라 매일같이 이런 일이 발생하고 있다는 끔찍한 사실을 자유게시판에 공지했다. 공지를 보자마자 메갈리아 유저들은 당국이 방관한다면 우리가 소라넷을 폐쇄시키자고 입을 모아 말했다. 어디서부터 어떻게 해야 하는지 아무도 몰랐지만, 소라넷이란 괴물을 더 이상 가만히 두고 볼 수 없었다. 살아남은 자의 죄책감을 조금이나마 덜기 위해서 무슨 일이 됐건 행동을 취해야 했다. 어떤 이는 소라넷이 해외사이트라 절대 폐쇄할 수 없을거라 비관했고, 어떤 이는 소라넷의 역사성을 들먹이며 폐쇄할 수 있었으면 진즉에 했을거라 고개를 저었지만, 그런 비관조차 더 이상 우리를 막을 수 없었다.

소라넷 폐쇄를 향한 노력은 다각도로 이뤄졌다. 여성시대나 레몬테라스 등 거대 여성커뮤니티에 소라넷의 실태를 알려 여성들의 관심을 환기하고, 이걸 다시 다국어로 번역하여 해외사이트에도 공유했다. 또한, 각국의 영사관에 소라넷 이용자들이 해외에서 벌이는 범죄들을 수집하여 메일로 제보했다. 특히 아동성범죄를 엄격하게 처벌하는 캐나다와 미국에 미성년을 대상으로 하는 성범죄들을 고발했다. 그리고 여성혐오를 근절하는데 많은 노력을 기울이고 있는 국회의원들에게 성범죄의 온상인 소라넷을 폐쇄시켜달라고 지속적으로 청원하기도 했다. 이런 수많은 노력들이 쌓이고 쌓여 결국 진선미 의원이 2015년 11월 23일 국회 행정안전위에서 강신명 경찰청장에게 소라넷 폐쇄를 촉구하게 되었고, 이를 계기로 경찰은 조사에 착수한지 6개월도 채 되지 않은 시점에서 소라넷 메인서버를 폐쇄했다.(타임라인 참조)

나는 '소라넷 폐쇄 프로젝트' 중에서 소라넷의 실태를 영어로 번역하는 일을 맡았는데, 모니터링 팀으로부터 매일같이 소라넷 이야기를 전달받다 보니 노이로제에 걸릴 지경이었다. 하필 내가 맡은 일이 왕십리 사건과 같은 골뱅이 사건들인지라, 힐끗 스치듯이 봐도 힘든 이야기들을 영어로 번역하고 검수하면서 반복적으로 보다보니 제정신을 유지하기가 힘들었다. 어느 정도였냐 하면, 길에 지나가는 남자들만 봐도 곧바로 소라넷이 떠올랐다. '소라넷 이용자가 100만 명이라고 하니까, 지금 여기 있는 남자들 중 누군가는 소라넷을 하겠지. 그리고 그들 중 누군가는 심신미약 상태인 여자를 강간하거나 성기에 위험한 물건을 넣고 낄낄거릴 거야.' 옷깃에 닿는 모두가 역겹고 무서웠다. 결국 나는 일주일도 안 되어 메일계정을 삭제하고 소라넷 폐쇄 프로젝트에서 하차했다.

내 친구는
그런 사람 아냐

친구를 만나러 가는 길에, 나는 여성을 향해 폭력을 행사하고 살인까지 모의하는 숱한 소라넷 유저들을 생각했다. 그런데도 고소를 당한 사람은 내 친구였다. 소라넷에서 버젓이 범죄를 저지른 이들이 아니라. 나는 카페에 우두커니 앉아 있는 친구에게 인사를 건네며, 그녀의 붉게 물든 눈가를 애써 모른 척했다. 그리고 앉자마자 친구에게 고소장을 건네받아 서둘러 원인을 찾았다. 도대체 무엇 때문이었을까? 친구에게 날아든 고소장에 쓰인 고소사유는 단 한 줄, 친구가 인터넷 게시물에 남긴 댓글 한 줄이었다. 게다가 댓글의 수위가 과했냐? 그런 것도 아니었다. "뭐야. 이 남자. 완전 여자 등골브레이커네. 좆뱀 새끼." 솔직히 이 정도는 친구들끼리 사석에서 뒷담화로 할 만한 수준이었다. 차마 입에 담을 수도 없는 욕설을 퍼부은 것도 아니었고. 나는 실소를 멈추지 못했다. 소라넷은 물론, 그동안 온라인에서 뉴스를 볼 때마다 반강제적으로 읽게 됐던 성희롱 댓글들이 생각났다. 게임이나 커뮤니티 등지에서 여자란 게 밝혀질 때마다 뒤따라오는 성적인 모욕들이 떠올랐다. 그런 댓글들 때문에 그동안 내가 온라인에서 정체성을 드러내는 것에 얼마나 소극적이 되었던가! 여성이 현실에서 느끼는 생존의 위협이 온라인으로 확장된지 오래였다. 온라인이 여성에게 안전한 공간이 될 거라 믿었던 수많은 여성들의 소박한 희망이 배반당한지도 오래였다.

혹자는 의문을 표할 것이다. 고작해야 온라인인데 왜 거기에서 위협을 느끼냐고. 나는 도리어 그들에게 묻고 싶다. 불필요하고 불합리한 모욕들이 도처에 널려있었는데, 어떻게 거기서 나를 지킬 수 있겠냐고. 남자인양 남성의 거죽을 뒤집어써도 느껴지는 모멸감, 수치감은 오갈 데 없이 나를 찔러댔다. 나는 온라인에서조차 약자였다. 내가 행한 최선의 방어이자 공격은 오로지 여성정체성을 숨기는 것뿐이었다. 그런데 이렇게 내가 온라인 공간을 포기할 동안 친구는 그 위험한 곳에서 여성의 자유의지와 목소리를 온몸으로 발언하고 있었다. 친구는 나보다 용기 있고 대담한 사람이었다. 나는 무력한 목덜미를 길게 쓸어내렸다. 억울함을 넘어 섬뜩함이 고소장에 드리워져 있었다.

나는 떨리는 손끝을 애써 가다듬으며 고소장을 찬찬히 살폈다. 고소장은 그 두꺼운 두께만큼이나 절망으로 가득했다. 법만큼 정치적인 것도 없다지만 정당방위에 대한 이중잣대는 숨이 막힐 정도였다. "여자도 똑같이 말할 수 있어. 입 조심해"란 경고는 친구에게 곧장 되돌아왔다. 사회는 나긋나긋하고 조신하지 않은 여자를 원하지 않는다. 여자는 인간이기보다 여자이므로, 혐오에 맞서 싸우기 위한 욕조차 허락받지 못한 것이다. 나는 오만 곳에서 벌어지는 무분별한 여성혐오에 진력이 났지만, 그렇다고 친구가 여성혐오에 대응하는 선봉장이 되길 바라지 않았다. 친구가 이 일로 다치지 않길 원했다. 친구의 미래가 이 일로 인해 망가지지 않기를 바랐다. 이건 그냥 댓글 한줄이었고 친구의 창창한 인생을 걸만한 일이 아니었다.

친구에게 일을 최대한 축소해서 마무리 짓자고 설득하는 동안, 친구는 나의 눈을 물끄러미 바라보며 다른 피해여성들에 대해 얘기하기 시작했다. "고작 '한남충'이라고 한마디 적은 사람도 고소당했어. 고소당한 사람이 50명이 넘는대. 이번 일로 다들 숨죽여 살면 어떻게 하지?" 친구는 수많은 여성들이 자기와 똑같은 처지에 놓였다며 '내'가 아닌 '우리'를 걱정했다. 결국 친구는 여성학 선배님들에게 문자를 보냈고 나는 그걸 조마조마하면서 지켜봤다.

친구가 얽힌 고소사건은 온라인에서 큰 논란을 불러일으켰다. 자신의 자유발언을 책임지는 것은 당연하다는 근본적인 얘기를 하는 사람도 많았고, 어떻게 그런 말을 할 수 있냐며 피고소인들 일체를 쓰레기 취급하는 사람도 많았다. 댓글을 단 여성들에 대한 도를 넘어선 비난을 지켜보면서 나는 "이건 또 하나의 여성혐오가 아닐까?"라고 생각했다. 내게는 너무나 당연했고, 많은 수의 여성들이 직면해있는 이 문제가, 논란이 될 만한 사안이었다는 게 나로서는 놀라웠다. 선배님들은 친구의 얘기를 듣자마자 두 팔을 걷어붙이고 도와줬지만, 나는 시일이 지날수록 심적으로 지쳐갔다. 우리를 둘러싸고 너무나 많은 사람들이 이 사안에 대해 단정적인 말들을 내뱉고 있었고, 나는 수많은 사람들을 향해 같은 말을 하느라 목이 쉴 정도였다. 여성혐오 콘텐츠를 생산하는 사람을 향해 어떻게 정치적으로 올바른 말만 하겠는가! 앞뒤 내용이 어떻든 간에 혐오는 또 다른 혐오를 낳을 뿐이라는 말도 안 되는 이야기는 매번 나를 폭발시켰다. 기울어진 운동장에서 양비론을 주장하는 건 기울어짐을 찬성하는 것과 다름이 없었다. 게다가 그즈음 벌어진 참담하리만치 끔찍한 '강남역 살인사건(2016년 5월 17일)' 때문에 나는 고소사건과 모든 여성혐오사건들을 뒤엉켜 생각하기 시작했다. 반쯤은 이성을 놓은 나날이었다.

우리에게 틀렸다고 말하는
사회가 틀렸다

법적분쟁이 이렇게 개인의 삶에 깊숙이 관여하게 될 거란 걸 누가 알았겠는가? 아마 내가 무지한만큼 친구도 몰랐으리라. 설령 대충 주워들어 알

앉다고 한들 그때의 나와 친구는 그 모든 걸 피상적으로 느꼈을 것이다. 선뜻 재판하겠다고 용기를 낸 데에는 무지가 한몫 했을지도 모른다. 법적분쟁, 그 중에서도 재판은 하고 있다는 것은 생각보다 삶에 어마어마한 영향을 가져왔다. 친구는 삶의 모든 계획을 1년 이상 뒤로 미뤄야했고, 평일에 진행되는 재판에 참석하느라 일도 할 수 없었다. 나이는 먹어 가는데, 가진 것도 별로 없는데, 모든 게 유예되는 상황에서 친구는 슬프게 웃었고, 나는 말을 잊었다. 상황을 파악하려 할수록 마음은 갑갑해졌고 모든 게 불공평하게만 느껴졌다.

친구와 함께 변호사 면담을 마치고 돌아오는 어느 날 저녁, 술에 취해 담벼락에 노상 방뇨하는 남자를 보았다. 친구는 무례한 사람이라며 질색팔색 했고, 나는 그 사람이 혹시 우리에게 해코지를 할까봐 친구의 팔을 잡아끌었다. 그러다 걸음이 잦아들면서 불현듯 내 안의 내가 비명을 질렀다. 언제까지 이렇게 숨죽여 살 건가! 누군가 해칠까봐 조심하고 또 조심하면서 사는 게 사람의 삶인가? 나는 그제야 친구가 재판을 선택한 이유를 진정으로 이해할 수 있었다. 누구나 자신의 의견을 말할 권리가 있다. 더군다나 출판된 인쇄물이라면 그에 대한 비평은 더더욱 자유로워야한다. 그렇다면 왜 친구는 이런 고통을 겪어야하는가? 무수히 많은 다른 피고소인들은? 이게 정말 정의라면 왜 유독 정의의 철퇴가 여성에게만 가해지는 것인가? 이거야말로 여성의 자유를 박탈하는 사회적 강제가 아닌가? 강남역에서 살해당한 그 여성이 맞닥뜨린 것처럼, 혹시 모를 '정신이상자'를 화장실 구석에서 마주칠까봐 늘 집에 일찍 들어가는 것과 뭐가 다른가?

물론 번개 같은 깨달음이 찾아왔다고 해서 내가 이 모든 일련의 과정들을 좋게 받아들인 건 아니었다. 재판은 계속해서 삶을 지연시켰다. 잊을만하면 찾아오는 법정공방은 친구의 신경을 칼끝처럼 뾰족하게 만들었다. 친구도 나도 삶의 고달픔을 굳이 토로하진 않았지만, 말하지 않아도 우울은 언제든 우리를 찾아왔다. 친구와 함께 있으면 공기는 무거웠고 생각은 안으로 침잠해갔다. 우리는 때때로 말이 끊길 때마다 어색한 공백을 메우려 영화나 연극 같은 가벼운 유희로 도피했다. 물론 이건 궁극적인 해결은 아니었다.

결국 우리가 이 우울을 극복하기 위해 선택한 방법은 정면승부였다. 다른 피해자들과 함께 이 사태를 정면으로 해결해나가는 것. 나는 처음에 친구가 그들과 한데 묶여 법적불이익이 증대될까봐 우려했지만, 시간이 지나자 친구의 판단이 옳았음을 알 수 있었다. '나'에서 '우리'가 되는 순간, 피해는 개인적 문제가 아니라 사회적 문제로 치환됐다. 고소당한 이들은, 어쩌다 불운이 찾아온 개인이 아니라 조직적으로 가해지고 있는 여성혐오의 피해자들로 자리매김 될 수 있었다. 우리는 피고소인들을 만날 때마다 강해졌다. 자신이 틀린 게 아니라 자신을 둘러싼 사회가 틀렸다는 확신, 어쩌면 그때 우리에게 가장 절실했던 건 그러한 확신이었을지도 모른다. 제정신인 사람도 모두에게 손가락질 당한다면 진짜로 미쳐버리기 십상이니까.

우울이 잦아들자 상황도 조금 다르게 보이기 시작했다. 나는 그간 아무런 도움을 받지 못한 채 혈혈단신으로 폐허에 살고 있다고 생각했다. 나의 문제는 언제나 나만의 문제였다. 실패한 가부장제, 불투명한 미래, 가혹한 경제 환경, 여성을 향한 조직적인 범죄, 그 모든 것들은 칼날같이 꽂혀 나의 발치 아래 놓여있었다. 때때로 한 발짝 한 발짝 디디는 것조차 너무나 두려웠다. 실수라는 게 허용되지 않는 삶이었으니까. 그런데 이 사건에서만큼 우리는 더 이상 혼자가 아니었다. 더 이상 사람들은 내 곁을 그저 바람처럼 스쳐 지나가지 않았다. 때때로 우리는 손을 잡았고, 체온을 나눴고, 다정히 서로의 곁을 지켰다. 그 느낌을 나는 이렇게 부르고 싶다. '절대적인 연결감.' 나는 생애 처음으로 모든 여성들을 절대적으로 믿고 사랑하게 되었다. 그리고 더욱 확신을 갖게 되었다. 나의 고민과 어려움은 여자로 살아가야 하기 때문에 겪는 것이라고. 친구의 얼토당토않은 고소건 또한 마찬가지였다.

불꽃으로 타올라
산화하라고?

그러나 이 얼마나 순진한 생각이었던가! 내 인생의 적은 오직 '남자'뿐이라는 생각은 몹시도 위험했다. 여성이라는 이유만으로 우리는 결코 모두를 포용할 수 없다. 과거의 경험을 통해 그걸 너무나 잘 알면서도 그때는 그렇게 생각했고 믿었다. 우리는 커뮤니티에서 피고소인들에게 도움을 주려는 한 여성을 만났다. 그녀는 자신의 과거경험을 토대로 피고소인들에게 도움을 주려는 학생활동가였다. 그녀 앞에서 우리는 순진하게 우리의 신상을 줄줄이 늘어놓았고, 그녀의 조언과 도움을 통해 피고소인들을 규합하려고 했다. 온라인에서 익명의 누군가를 만나 완벽히 같은 뜻을 실현한다? 우습지만 당시에 나는 여자라는 이유만으로 그게 가능할 거라 믿었다. 그러나 맹목적인 기대는 당연하게도 쉬이 배신당했고, 우리는 그녀가 우리의 신상을 온라인상에 유포할까봐 벌벌 떨었다. 그녀는 계속해서 우리의 신상을 빌미로 대의를 위해 과감하게 앞장서라고 억지로 등을 떠밀었다. 그녀가 그리려는 큰 그림 앞에서 두려움은 완전히 무시당했고 뜻은 쉽사리 짓밟혔다.

그녀가 어마어마한 혼란을 야기하면서까지 그토록 원했던 것은 '헌법소원을 통한 모욕죄 철폐'였다. 당연히 모욕죄를 없애는 건 좋은 일이다. 모욕죄가 없다면 여성혐오에 대응하는 여성들의 공격적 발언들이 더 이상 처벌받지 않을 테니까. 하지만 이게 실현가능한 일인가? 나는 허황되리만큼 정치적인 그녀의 목적에 분노했다. 그녀의 얘기를 듣자마자 그녀가 친구의 미래를 저당잡고 도박을 하고 있다는 생각만 들었다. 물론 나도 잘 알고 있다. 내가 한 개인이자 여성이라는 집단의 일원이라는 거. 나의 삶을 충실히 사는 것과 동시에 여성 집단 전체에 기여할 수 있는 가치를 지지해야한다는 거. 그런데 그게 꼭 삶의 많은 부분을 위험에 빠뜨려야만 이룰 수 있는 것인가? 매일같이 쏟아지는 그녀의 황당무계한 카톡 메시지를 읽으면서 나는 혼란의 도가니에 빠졌다. '내 안의 여성'과 '여성에 속한 나'가 첨예하게 대립하면서 비명을 지르는 기분이었다. 내 안에 여성이 있는 건가, 아니면 여성이란 거대한 집단에 내가 그저 속할 뿐인 건가. 전자라면 나는 여성의 열등한 사회적 지위를 인정하고, 여성이기에 억압당했던 나의 자유와 권리를 확대하는 것에만 신경을 쓰면 되었다. 후자라면 그것만으로는 부족하겠지만 말이다. 하지만 설령 후자라고 한들 뭘 어디까지 희생해야한단 말인가? 나라는 개인을 완전히 삭제하고 집단의 파편으로 살면 되는 건가? 아니면, 선각자였던 나혜석처럼 불꽃으로 타올라 한줌의 재로 화하면 되는 건가? 그럴만한 깜냥도 의지도 없으면서?

카톡을 통해 매일같이 쏟아지는 그녀의 주장은 내게 폭언일 뿐이었다. 다행히 다른 피고소인들도 그녀의 정치적인 목적을 눈치 챘는지 점차 그녀의 조언을 거부했고, 한 달쯤 후엔 모두가 그녀로부터 해방되었다. 정말 다행이었다. 그녀가 남긴 피해는 결코 다행스럽지 못했지만, 그래도 그녀의 카톡으로부터 벗어난 것만으로 숨통이 트이는 기분이었다. 일단 우리는 부가적인 피해를 조금이라도 줄이고자 피고소인을 돕는 범위를 축소했다. 그녀가 사방팔방 퍼트린 유언비어는 몇 마디 말로 수습될 사안이 아니었다. 그러다 괜스레 불필요한 분쟁을 야기할 가능성이 매우 높았다. 지금 맡은 사안에 집중하는 것, 그것만이 당시 우리에게 최선이었다. 게다가 이 문제는 신문지상에 나오는 피해자 누구의 이야기가 아니었다. 내 친구의 문제였다. 우리는 어떤 장애물과 맞닥뜨리든 결단코 실패해서는 안 되었다. 자연스레 결론은 내실을 공고히 다지는 걸로 흘렀다.

20대, 대학졸업장 하나,
비정규직, 그리고 여자

그 일을 겪으면서 불특정 여성 다수를 향한 나의 절대적인 유대감이 순간의 불꽃처럼 사그라졌다. 지금 생각해보면 과한 방어기제였을지도 모른다. 그렇지만 그 순간에 나는 누군지 모를 여성의 실루엣보다는 나를, 그리고 친구를 지켜야만 했다. 그러다보니 저절로 친구와 함께 재판을 진행하게 된 또 다른 사람에 대한 관심도가 급격히 감소했다. 타인에게 따뜻한 관심을 보낼 만한 여유가 없었다. 어쩌면 그 당시 나는 모욕죄 폐지를 위해 피해자들의 두려움을 외면했던 그 괴상한 학생활동가와 비슷했을지도 모른다. 하지만 그때에는 친구 말고 다른 사람의 승소까지 진심으로 챙길 여력이 전혀 없었다. 결국 나는 한동안 그 사람을 친구의 승소를 보강하기 위한 사례 1로 데면데면하게 대했다. 물론 사람을 앞에 두고 헛소리를 지껄이진 않았지만, 몇 개월 동안 우리 사이엔 그 어떤 사적인 대화도 존재하지 않았다. 내가 아는 건 그녀의 이름, 나이, 직업 같은 아주 기본적인 신상 몇 가지 뿐이었다. 여성학에 왜 빠져들게 되었는지, 요즘 관심 있는 일은 어떤 것인지, 좋아하는 음료나 음식은 무엇인지, 마지막으로 이 사안을 어떻게 견디고 있는지, 응당 함께 어려움을 나누기로 한 동지라면 알아야할 것들이 배제되고 소거됐다. 우리는 언제나 의무감만 남은 건조한 대화를 나눴고, 얘기를 나누는 대신 서로에 대한 단편적인 이미지들을 이리저리 꿰맞췄다.

그러던 내가 그 사람을 내 안으로 받아들이게 된 계기는 별거 아니었다. 뻔한 클리셰이지만 '다정'이었다. 다정이 다시금 나를 구원했다. 햇살이 얼음을 녹이듯 그렇게 눈부시게. 선배님들과 친구는 지속적으로 그 사람의 이야기를 내게 알려줬다. 내가 관심을 보이든 냉담하게 굴든 간에 친구와 선배님들은 차분히 나를 기다렸고, 자연스레 나의 성벽도 하나씩 허물어져갔다. 단편적인 정보가 쌓이고 쌓이자 어느 순간 그 사람은 내 안에서 사례1이 아니라 입체적인 한 명의 인간이 되었다. 그리고 나는 드디어 한 명의 인간에게 늦었지만 인사를 건넸다. 시간 괜찮으면 밥 먹겠냐고.

놀랍게도 우리는 많은 면에서 비슷했다. 특히 취향 면에서. 우린 때때로 밤늦게까지 얘기를 나눴고, 미래에 관해 이야기했다. 미래! 이 얼마나 아름다운 단어인가! 특히 고소로 인해 지속적으로 법정에 끌려 다녀야하는 사람에게는 더더욱 매혹적인 단어였다. 여성혐오에 굴복할 수 없다며 법정공방을 시작하긴 했지만, 미래를 알 수 없는 이상, 이 고소사건으로 인해 얼룩질 미지의 무언가에 대해 걱정이 안 될 리가 없었다. 그래서 우리는 강박관념처럼 핑크빛 미래에 관해 얘기하고 또 얘기했다. 20대 후반, 가진 건 대학졸업장 하나, 돈도 없고 비정규직인데다 하필 여자로 태어났고, 여성학 때문에 여자의 삶에 대해 너무 잘 아는 여자 둘. 고소장의 소유 여부는 다르지만 시시때때로 신경을 깔짝이는 불안감은 동일했다.

불안이 엄습할 때면 그녀는 자연에 관해 얘기했다. 인간과 치대는 게 너무 힘드니 자연으로 돌아가서 치유받고 싶다고. 그렇다고 해서 그녀가 '자급의 삶'이나 '에코페미니즘'을 실천하겠다는 건 아니었다. 자연을 포용할 만큼 심적 여유도 없었고, 농부의 삶에 대해 심도 깊게 아는 것도 아니었다. 그녀가 원하는 건 '산촌 자본주의'였다. 여자가 착취할 수 있는 유일한 대상인 자연을 동반자로 삼아 산촌을 일구어 부자가 되는 것. 뭐, 방법은 다르지만 내가 꿈꾸는 것도 같았다. 부자가 되는 것. 잘 살고 싶어서 그런 것도 있지만, 재판을 쭉 지켜보며 절실히 필요하다고 느낀 게 있었기 때문이기도 했다. 나는 신체적 위협을 받지 않는 안전한 공간에 거주하고 싶었고, 불필요한 재판에 휘말렸을 때 언제든 내 신념을 보호하고 싶었다. 또한, 신념을 가진 여성들을 지원하고 싶었고, 같은 처지에 놓여있는 여성들을 도울 수 있도록 경제적 여유가 있으면 했다. 그랬다. 나는 이제야 어렸을 적 들었던 마더 테레사의 말을 진정으로 이해했다. 어려운 사람을 돕고 싶다면 성공하라는 말. 여자가 자본주의 사회에서 신념을 지킬 수 있는 유일한 방법은 '성공'이었다.

더 강력한 코르셋 속으로
숨어들다

반드시 이루어야 하는 지상명제를 받은 것처럼, 나는 성공할 수 있는 방법을 모색했다. 일확천금을 꿈꾸며 매주 로또를 사기도 했고, 자본도 없으면서 재테크 책을 몇 권이고 읽어댔다. 평생직장을 가지는데 도움이 될 법해보이는 온갖 자격증 수험서를 탐독했다. 이 상태로는 조금도 안전할 수 없다는 불안이 시시각각 엄습했기에, 나는 성공이라는 당근을 쫓아 어디로 가는지도 모른 채 표류했다. 물론 그러한 노력들이 삶에 도움이 안 된 건 아니었다. 하지만 성공과 안전을 동일시하는 건 별로 좋은 생각이 아니었다. 성범죄와 옷차림이 무관한 것처럼 성공과 안전은 별개의 문제였다. 개인의 성취여부에 따라 안전이 결정되다니! 당연하게도 나의 비틀린 가치관은 문제를 일으켰다.

한참 성공에 목을 매고 있을 즈음 친한 친구로부터 파혼했다는 이야기를 들었다. 친구는 결혼준비하면서 터져 나온 문제들로 인해 결혼을 뒤집을 수밖에 없었다고 얘기했다. 사실 친구의 급작스러운 결혼결정에는 커리어 실패가 크게 작용했다. 친구는 금융업계에서 일하고 있었는데, 금융업계는 옛날부터 승진할 때 남성보다 여성에게 훨씬 더 엄격한 기준을 요구하는 걸로 유명했다. 친구는 높은 문턱 때문에 몇 년간 좌절을 반복하다가, 여자팔자는 뒤웅박 팔자아니겠냐며 결혼으로 방향을 선회했다. 하지만 느닷없이 결정된 도피성 결혼인지라 어마어마한 양의 결혼준비가 결국 친구의 발목을 잡았고, 친구는 맞지 않는 결혼을 물리게 되었다. 요새 들어 꽤나 흔하게 들리는 이야기인데도 불구하고, 내 친구의 문제다보니 나는 울컥하는 마음에 되레 친구에게 그럴 줄 알았다며 다다다다 궤변을 쏘아붙였다. 여성에게 직업적 성공만큼 안전한 선택이 없다는 것도 모르는 너는 바보 멍청이라면서. 당연히 나의 궤변은 안 그래도 칼끝같이 뾰족하게 서있던 친구의 신경을 건드렸고, 우리는 10여 년 만에 처음으로 싸우게 되었다.

집으로 돌아오는 길에 길게 늘어진 가로등 그림자를 보며, 오늘 내가 페미니스트라는 미명 하에 지껄인 '올바른 여성의 삶'에 대한 헛소리를 하나하나 꼽아보았다. 첫째로 안전을 성공과 동일시하는 건 진짜로 옳지 않다. 이건 성공하지 못하면 안전할 수 없다는 소리나 마찬가지다. 둘째로 직업적 성공과 결혼은 반대개념이 아니다. 결혼해도 아이를 가져도 당연히 직업적으로 성공할 수 있다. 여성의 경력단절은 미비한 제도로 인한 사회문제지, 개인의 잘못이 아니다. 셋째로 가치관은 절대로 강요할 일이 아니다. 인생의 목표를 뭘로 잡든 그건 친구의 선택이다. 내가 종용할 문제가 아니다. 이외에도 실수한 게 손가락이 부족할 만큼 잔뜩 꼽아지자, 나는 그제야 내가 불안감을 못 이겨 꽤나 뒤틀린 사고를 하고 있었던 걸 깨달았다.

나는 고작해야 댓글 한 줄에 쏟아지는 어마어마한 비난을 지켜보았다. 여성혐오 콘텐츠 생산자들이 선량한 피해자 행세를 하며 언론에 회자되는 동안, 고소당한 내 친구는 우울증 약을 먹어가며 재판정에 출석했다. 여성주의 행사에 참석했다는 기록도 남길 수 없었고, 혹시라도 어딘가에 기록될까봐 몇몇 사람들을 제외하면 자기 얘기를 토로할 곳도 없었다. 엄청난 불안감과 공포가 시시각각 엄습했지만 그 모든 걸 홀로 삭혀야 했다. 나중에 민사재판까지 이어질 걸 고려하면 어떤 기록이든 부메랑처럼 되돌아와 친구를 위협할 수 있었다. 그걸 보며 나는 조금씩 안전제일주의에 빠져 들어갔다. 조금만 삐끗하면 나도 직접적으로 폭력을 당할까봐 초조했고 불안했다. 괜스레 손끝, 발끝이 다 저려올 정도였다. 앞으로도 모욕죄를 빙자한 제2의, 제 3의 단체고소가 없으리라는 보장이 없었다. '강남패치'와 '한남패치' 사건에서 보다시피 법과 제도는 결코 내 편이 아니었다. 비슷한 일을 해도 여자라는 이유만으로 훨씬 엄격한 잣대를 적용받았다. 결국 불이익을 피하려면 사회에서 원하는 여성이 되어야만 했다.

결국 나는 왜 성공하고 싶었는지 그 이유를 잊은 채, 불안감을 지우려 더 강력하게 코르셋을 조여 맸다. 불안감이 모든 걸 뒤덮어 본말이 전도되는 형국이었지만, 안전은 타협의 문제가 아닌지라 나는 어떻게든 코르셋을 더 조이고 싶어 안달이었다. 물론 내가 자가당착에 빠져있었던 걸 깨닫는다고 해서 이 모든 불안감이 싹 다 날아간 건 아니었다. 아니, 오히려 새로운 불안이 명치 위에 더 얹어졌다. 성공도 답이 아니란 걸 깨닫고 나자, 여성의 정치·경제·사회적 안전은 어디에 있는가 싶었다. 다시 태어난다면 남자로 태어나길 간절히 바랐다. 그 순간 그것만이 유일한 해답인 것처럼 느껴졌다.

여성간의 유대가
우리를 구원하리라

이렇게 꼬리에 꼬리를 물고 이어져, 도무지 끝날 기미가 보이지 않던 불안을 종식시켜준 건 예상치 못한 순간에 참석하게 된 여성회의였다. 한국여성재단에서 주최한 '2016 페미니즘 이어달리기'에는 백여 명이 넘는 1~3세대 페미니스트들이 참가했다. 선배님들의 강력추천에 의해 이끌리듯 참가한 회의였지만, 수많은 페미니스트들이 우여곡절을 겪으며 활동했던 경험을 들으면서 나는 위안 받았다. 그곳엔 모욕죄는 물론, 그보다 더 말도 안 되는 죄목으로 경찰서에 죄인처럼 끌려갔던 활동가들이 많았다. 모두가 신념이란 칼 한 자루에 기대어 세상의 거센 풍파에 맞서 싸우고 있었다. 결코 우리뿐이 아니었다. 페미니스트란 이유만으로 말도 안 되는 법의 굴레에 목이 조인 건.

글로리아 스타이넘은 『일상의 반란』이란 책에서 여성들은 '네트워크(Network)'를 '네트워킹(Networking)'으로 인식하는 경험을 통해 상처를 극복한다고 얘기 했다. 나는 그걸 선배 페미니스트들의 경험을 들으면서도 느꼈지만, 자유발언 시간에 친구가 손을 들고 자신의 처지를 고백했을 때에 가장 많이 느꼈다. 친구를 향해 쏟아지던 수많은 시선들은 결코 질타나 동정이 아니었다. 그건 유대감이었다. 한 줄의 댓글로나마 여성혐오에 저항하려 했던 한 명의 페미니스트가 겪고 있는 고난을 진정으로 이해하고 돕고 싶어 하는 마음. 시선 하나하나에 온정이 묻어있다면 바로 이런 것이었을까? 넓은 홀을 먹먹하게 채우는 친구의 음성과 그 뒤에 이어지는 따뜻한 위로. 나는 지금도 그 순간을 떠올리면 눈시울이 시큰해진다. 마치 그 순간이 무지

갯빛으로 찬연히 빛나는 것만 같다. 두 손 가득 쥐어진 명함을 바라보며 친구는 목이 메어 말을 잊었고, 나는 그저 감사하다는 말만 주억거렸다. 별다른 말을 하지 않아도 모두가 같은 마음인 걸 알 수 있었다. 그간 고생 많았다며 손을 마주잡아오는 온기에, 도움이 필요하면 연락하라며 몇 번이고 다짐받던 말에 무슨 설명이 더 필요할까? 그저 넘칠 듯이 찰랑이는 따뜻한 마음만으로도 모든 불안과 슬픔이 녹아내리는 기분이었다.

그날 두 손 가득 쥐어진 명함이 반증하듯 결국 유대만이 모든 문제의 답이었다. 유대는 그 자체만으로도 치유였고, 여성운동의 시발점이었으며 유일한 해결책이었다. 여성회의에서 환기된 온라인 페미사이드 문제는 그 후로도 여러 방향으로 도움을 많이 받았다. 변호사비 모금부터 책 발행, 여러 행사기획까지 굵직굵직한 계획들 모두가 유대의 힘이었다. 우리의 간절한 마음이 전해졌는지 재판도 순조롭게 진행되었다. 1차 재판은 모두 승소했고, 곧이어 이어진 2차 재판도 꽤나 전망이 밝아보였다. 양측 모두 추가할 증거가 없어 법원이 1차 판결을 존중할 가능성이 높았기 때문이다. 하지만 우리의 작은 승리가 현재 진행 중인 온라인 페미사이드를 해결한 건 아니었다. 우리는 무수히 많은 온라인 페미사이드 중 단지 하나의 사례일 뿐이었다. 우리가 악전고투를 펼치고 있는 와중에도 페미니스트들은 온라인에서의 발언으로 오프라인에서 처벌받았다. 대표적인 예가 고려대학교 여성주의 소모임 '난파사건'이었다.

불공정한 처벌로 피해를 입은 페미니스트들의 절규가 메일함에 하나씩 쌓여갈 때마다 우리의 한숨도 다시 늘어갔다. 처음 시작할 때만 해도 재판만 종결되면 끝일 줄 알았는데, 산 넘어 산이라는 옛말처럼 끝이 보이지 않는 싸움을 앞둔 기분이었다. 재판이라는 큰 산을 넘어도 제도가 정비되지 않은 이상 싸움은 끝난 게 아니었다. 아니, 제도가 정비된다하더라도 법리를 해석하는 사람의 대대수가 남성이라면 공정한 법적용은 없을 터였다. 2등 시민으로 차별받고 있는 것도 모자라, 여성의 분노에 찬 발언조차 통제되고 걸러지다니! 참다 참다 간신히 내뱉은 한마디조차 허락받지 못하는 사회에 진저리가 났다. 고작해야 '한남충'이란 한 마디에 벌금을 때리는 법정이 미친 것 같았다. 된장녀, 김치녀, 그 외에도 무수한 'XX녀'라는 단어에는 그토록 무관심했으면서! 소라넷은 16년이나 방치했으면서! 몰카나 성추행 등 유구한 여성 대상 범죄에는 그토록 관대했으면서!

메일함에 차곡차곡 담긴 여러 온라인 페미사이드 사례들을 마주하면서 우리는 '페미니즘 플랫폼'에 대한 절실함을 깨달았다. 답답한 세상, 그래도 말은 하고 살아야하지 않겠냐며 동시다발적으로 터져 나온 이야기였다. 우선, 언제라도 온라인 페미사이드에 휘말릴 수 있는 사람들을 위하여 제대로 된 법률대응 매뉴얼과 집단지성을 제공할 수 있는 공간이 필요했다. 그 공간은, 재판을 진행 중인 사람들도 안전하게 말할 수 있는, 신상노출의 위협을 느끼지 않고 속내를 털어놓을 수 있는 곳이어야 했다. 또한, 그 곳은 시급한 여성문제에 대한 화력을 모으고 자유로이 생각을 개진해나가는 근거지이어야 했다. 고소나 신상유포를 빌미로 여성의 의견을 묵살하는 일이 더는 없어야했다. 드넓은 온라인 공간 어디에도 우리가 꿈꾸는 여성을 위한 공간이 없다는 게 기막혔지만, 그렇기에 이제라도 그러한 공간이 생겨나야했다. 매일같이 온라인에서 각자의 전투를 전개하는 페미니스트들에게 기댈 곳이 한군데 정도는 있어야했다. 지속가능한 활동을 위해서라도 절대로 모든 전투가 배수의 진이어서는 안 됐다.

그런 의미에서 우리는 현실적인 벽에도 불구하고, 페미니즘 플랫폼이 실현되는 그날까지 이 논의를 계속해서 끌고 가기로 했다. 어떠한 플랫폼 형식으로 만들 건지, 서버 비용은 어떻게 충당할 건지, 기존의 여러 온라인 플랫폼들과 어떻게 연결되고 확장할 건지 등등, 풀어야할 문제는 산적해있지만 그래도 온라인 '보토피아(여성을 나타내는 보지와 유토피아의 합성어)'를 놓을 순 없었다. 그리고 이 결심은 온라인 활동가들을 만나면 만날수록 단단해져갔다. 왜냐하면 안전은 결코 타협의 문제가 아니기 때문이다. 사회적 안전망에 대한 부재 때문에 내가 개인적 성공을 중요시한 것처럼, 안전한 공간이 없는 이 상태가 지속되다간 수많은 페미니스트들이 뿔뿔이 흩어져 각자 고군분투할 게 뻔했다. 어떻게 만든 여성인권에 관한 논의의 장인데 이대로 흐지부지될 순 없었다. 그래서 우리는 매년 소소하게라도 나에게서 우리로, 온라인에서 오프라인으로 유대를 확장해나갈 수 있도록, 페미니즘 플랫폼이 나오는 그날까지 할 수 있는 작은 일들을 하기로 했다. 지금 당장 온라인 상에 완벽한 대안을 마련할 순 없기에, 온라인과 오프라인 중간지점에서라도 힘들어하고 있는 자매들의 손을 마주잡고 싶었다. 2017년에 실천여성학 활동가 선생님들 모임인 '젠더고물상'과 함께 여러 온라인 페미니스트들이 모여 한 달에 한 번 스터디를 가졌던 것도 그 일환이었다.

다가올 2018년에는 '지적 대화를 위한 넓고 얕은 지식'처럼, 미디어, 과학, 역사 등 여러 주제를 아우르며 그 안에 녹아있는 여성혐오와 페미니즘을 이야기하는 팟캐스트를 진행하고자 한다. 나의 작은 노력이 페미니스트들의 안전을 만들 순 없겠지만, 조금이나마 내가 다른 페미니스트들로부터 받았던 유대의 힘을 다시 전달할 수 있다면, 이건 분명 의미 있는 일이 될 것이다.

분노는 나의 힘, 온라인 마녀사냥에 맞서다

이원윤

메갈리아, 그것은 언어이자 용기

이제
침묵하지 않는다

오늘날 대한민국의 20대 여성들에게 여성인권에 대해 눈을 뜨게 된 계기가 무엇이었는지 물어 본다면, 상당수가 메갈리아 혹은 메갈리아로부터 생겨난 여러 담론들을 접한 것이라고 답할 것이다. 나도 마찬가지였다. 언제인지 정확히 기억나진 않지만 이따금씩 뉴스를 통해 메갈리아라는 곳에서 굉장한 일들이 일어나고 있다는 것은 알고 있었다. 그러다 내가 관심을 가질 것 같다며 친구가 보여준 주간지 〈시사IN〉의 메갈리아 관련 기사를 읽어 보고, 호기심에 접속하게 되었다.

물론 메갈리아라는 구체적인 장場이 생겨나기 전에도 무언가 잘못되었다는 생각을 한 적은 수없이 많았다. 나와 다른 여자동료들의 외모에 순위를 매겨가며 주위 여성들을 평가하는 남자 선배와 동기 그리고 후배들, 내 앞에서 본인의 성매매 경험을 아무렇지도 않게 안줏거리 삼는 남자들, 고통 받는 성폭력 피해자들을 향해 손가락질하고 조롱하는 인터넷상의 댓글 등 일일이 열거하기에 숨이 찰 정도였다. 그러나 그 불편함을 표현할 언어가 마땅히 없었다. 대다수의 여성들이 불편함을 감내하고 침묵하는 한국사회 에서, 감히 부당하다고 말할 용기도 내지 못했다.

내가 본 메갈리아는 언어였고, 용기였다. 여성들이 똑똑히 보고 있으면 서도, 생생히 느끼고 있으면서도, 명확하게 존재한다고 말하지 못했던 일들 에 이름을 부여했다. 혼자 유난떠는 것으로 치부되어 버리지나 않을까 차마 발언하지 못하던 나에게, 고통 받는 사람이 나 혼자가 아님을, 분노하는 이 가 나 혼자가 아님을 알려주고 용기를 준 고마운 존재였다.

그러나 메갈리아가 생긴 지 2년이 지난 지금, 사이트는 껍데기만 남기고 사라져 버렸고, 그곳에서 발언하던 용감한 여성들 또한 하나 둘 스러져갔 다. 우리들의 가장 큰 무기였던 '미러링'이라는 전략은 부메랑처럼 우리에 게 되돌아왔다. 우리가 패러디하며 풍자하고자 했던 사람들이, 오히려 풍자 극을 보며 손가락질했고 우리 얼굴에 주홍글씨를 새겼다.

미러링은 부메랑이 되어
돌아왔다

지난 십여 년 동안 온라인에서 수많은 여성들의 몸은 일반인 성관계 동 영상과 화장실 몰카, 일반인 도촬 등의 이름으로 상품화 되어왔다. 그럼에 도 불구하고, 누구도 그에 대해 이야기하지 않았고, 누구도 그 심각성을 지적하지 않았다. 그런데 2016년, 한동안 인터넷에 남자들이 온라인 채팅을 하면서 올린 알몸 사진이나 영상을 누군가 대거 유포하고 있으며, 이 영상을 매개로 남성들을 협박한다는 기사로 들끓었다. 경찰은 알몸사진이 이렇게 대량으로 유통되고 유포되는 온라인 성범죄는 처음이라며 온라인 전담팀을 꾸렸고, 모든 미디어는 이런 극악무도한 범죄는 처음이라며 호들갑을 떨었다. "일반인 남성 수백 명의 '몸캠' 영상이 대량 유출돼 경찰이 수사에 나섰다. 경찰은 돈을 뜯어내기 위한 협박용으로 쓰이는 몸캠이 판매용으로 이용된 사례는 처음이라며 피해 상황을 예의 주시하고 있다. … 그동안 몸캠은 피해 남성들을 협박해 돈을 뜯기 위한 용도로 악용돼왔다. 돈을 주지 않으면 지인들에게 영상을 유포하겠다는 협박에 못이겨 자살한 사례도 있었다(《조선일보》 2016년 12월 20일자 기사 중 일부)"라는 기사를 본 나는 분을 삭이기가 어려웠다. 몸캠이 돈을 뜯어내는 협박용이나 판매용으로 악용된 사례가 처음이라고?

나는 아직도 소라넷의 존재에 대해 처음 들었을 때를 기억한다. 뭇 남성들이 자신의 여자친구나 아내와의 성관계 동영상을 몰래 촬영해 올리는 그곳, 여동생이 속옷만 입고 자고 있는 사진이나 학교의 여자 동기들이나 길거리 여성들의 치마 속을 몰래 찍어서 올리는 그곳, 사진과 동영상을 올리면서 다른 유저들에게 댓글로 성희롱을 해 달라고 부탁한다는 끔찍한 사이트, 술 혹은 약에 취한 여성의 알몸을 찍어 올리고, 강간하는 동영상을 공유하며, 함께 강간할 '초대남'을 구하는 글을 올리는 극악무도한 사이트. 모든 한국여성들에게 악몽이자 최악의 공포가 된 그 이름 소라넷. 그런 곳이 있다는 이야기를 처음 들었을 때 나는 혹시나 내 몸도 거기에 게시되어 있지는 않을까 하는 두려움을 느꼈다. 나의 가족, 남자친구, 남자인 친구들, 길거리의 남성들, 그 누구로부터도 나는 안전하지 않았다. 한 번은 남몰래 인터넷 음란 사이트들을 검색해보기까지 했다. 내 친구들도 모두 같은 공포를 느꼈다고 한다. 한국여성이라면, 10년도 더 된 소라넷이라는 사이트가 있다는 사실만으로도, 두려움과 공포를 떠안고 살아야만 한다. 그것에 대해 누구도 나서서 이야기하지 않았고, 피해자가 숨죽이는 동안 가해자는 '작가'라 칭송되며 떠받들어지고 있었다. 이런 디지털 성범죄가 난무하는 십여 년 동안 여성들의 공포는 알려지지 않았고, 누구도 말해주지 않았다. 온라인 성폭력 피해자들의 처절한 고통은 그들만의 것으로 끝이 났다.

화가 난 여성들은 반대로 남자들의 몸을 찍어 올리기 시작했다. 남성 동성애 사이트에 올라왔다는 남자 목욕탕 몰카 사진이 공유되었고, 임산부석에 앉은 남성들을 몰래 찍어 올리는 계정이 있었다. 이 이야기들은 신문에 대서특필이 되었고, 소라넷 유저들을 처벌해달라는 우리들의 요구에는 피해자가 없다며 꿈쩍도 하지 않던 경찰이 바로 수사에 착수했다(《동아일보》 2017년 2월 10일 기사). (타임라인 참조)

매일 같이 강간당하는 여성들의 동영상이 올라오고, 정신을 잃은 여성의 몸에 칼을 꽂고, 모욕적인 글을 적은 사진들이 올라오는 소라넷은 한번도 문제되지 않았다. 여성들의 몸을 매일 사고파는 남자들의 범죄에 대한 기사는 누구도 쓰지 않았고, 어느 경찰기관도 전담팀을 꾸려 범인을 잡아주지 않았다. 그런데 남성이 피해자가 되는 순간 마녀사냥이 시작되었다. 익명의 인터넷 사이트라 10년이 걸려도 잡지 못했던 범죄자는 단 며칠 만에 체포되었고, 그동안 숱하게 여성의 몸을 사고판 남성들은 단 한 번의 동영상 유출로 손쉽게 피해자로 인정받았다. 나는 아직도 궁금하다. 여성들을 찍은 성범죄 동영상에서 여성들은 피해자가 아니라 음란물 동영상의 포르노스타 같은 존재인 걸까. 그래서 지금까지 그 동영상을 유포시킨 남자들을 잡을 생각을 하지 않은 걸까. 한국사회는 포르노 주인공이 아닌 온라인 성범죄의 피해자를 정말, 처음으로, 맞닥뜨렸던 것일까. 그 전까지 수많은 여성들의 눈물은 보이지 않았던 걸까. 정말이지, 메갈리아의 투쟁전략인 미러링의 효과가 명백하게 입증되는 순간이었다. 남성이 같은 일을 당하기 전까진, 그들에게 여성 피해자는 보이지도 존재하지도 않았다. 여성 피해자들은 그들에게 포르노였다. 너무나 극명하게 대비되는 경찰과 언론, 대중의 반응 앞에서 우리는 더욱 분노했다.

강남역 10번 출구,
여성혐오 사회의 출구로

결정적으로 사회를 향해 내가 발언하도록 만든 것은, '강남역 포스트잇 추모'에 참여했던 여성들에 대한 마녀사냥이었다. 2016년 5월 17일 강남 한복판에서 일어난 살인 사건.(타임라인 참조) 한 남성이 일면식도 없던 여자를, 단지 여자이기 때문에, 노래방 화장실 앞에서 흉기로 수차례 찔러 살해한 사건. 그 사건은 수많은 여성들을 공포에 떨게 했고, 공중화장실이라는 공간에 대한 두려움을 갖게 했다. 나 또한 지금까지도 공중화장실을 이용하는 도중 문 앞에 인기척이 느껴지면 식은땀이 난다.

더욱 공포스러운 것은 살인 이후에 일어난 일련의 사건들이었다. "강남역 10번 출구에서 살해당한 여성을 추모하는 포스트잇을 붙이자"는 글이 트위터에 올라왔을 때였다. 며칠 만에 강남역 10번 출구에 몇백 명이 모였다. 순식간에 강남역 10번 출구는 여성혐오와 여성에 대한 폭력을 규탄하는 여성들을 위한 광장이 되었다. 이제까지는 단 한 번도 이야기할 수 없었던 공포와 혐오에 대한 경험들이 폭로되었다. 그들은 메갈리아에서 활동하던 온라인 활동가도 아니었다. 그들은 심지어 그 무서운 '페미니스트'도 아니었다. 그들은 그저 여성이라는 이유만으로 강남역 한복판의 화장실 앞에서 살해된 여성에게 동질감을 느끼고, 여성이기 때문에 홀로 감당해야 했던 공포와 폭력에 지친 사람들이었다.

그리고 그녀들의 광장에 정체 모를 남자들이 나타났다. 그 시작은 일베 사이트였다. "강남역에 모인 여성들의 주장이 남성혐오를 부추기고 있으니 남성들이 반대 시위를 하고 이 여성들을 처단하자"는 주장이 시발점이 된 것으로 드러났다. 정말로 몇몇 남성들이 감히 강남역에 나왔다. 그들은 발언하는 여성들의 사진을 찍어 온라인에 유포했고, 그 결과는 참담했다. '개똥녀'나 '루저녀'와 같이 온라인에서 사람들의 도마 위에 오른 여성들이 당해왔듯, 그녀들의 신상은 철저하게 조사되어 모두가 볼 수 있도록 전시되었다. 그녀들의 얼굴과 몸은 말로 표현하기 힘든 저속한 표현들로 모욕당하고 조롱당했다. 혹자는 이 죄 없는 여성들을 향한 끔찍한 마녀사냥이 몇몇 일베 사용자들만의 짓이려니 쉽게 생각하겠지만, 그녀들의 사진은 일베가 아닌 페이스북에 유포되어, 대다수의 '평범한' 남성들에 의해 소비되었다.

이 모든 일이 단 이틀 안에 일어났다는 것은 더욱 놀랍다. 내가 강남역의 포스트잇 추모에 대한 기사를 처음 본 것이 5월 20일이었고, 이틀 뒤인 5월 22일, 강남역 10번 출구 관련 기사에서 여성들의 얼굴은 모두 마스크와 선글라스가 씌워져 있었다. 남성혐오를 조장하지 말라는 평범한 남자들로부터 스스로를 보호하기 위해서였다. 나는 무서웠다. 한국에서 자신의 목소리로 발언하는 여성의 말로였다. 여성혐오에 대항하는 마녀들이 치뤄야 할 대가이기도 했다. 성난 남자들은 자신들이 벌이고 있는 짓의 효과를 아주 잘 알고 있는 듯 했다. 아주 단단히 본때를 보여주어야 한국여자들이 정신 차릴 거라고 그들은 말했다.

일베와 맞짱 뜨다

**"네 얼굴이
일베에 떴어."**

그 즈음 나는, 한국에서 성폭력을 당한 호주의 어느 여성을 돕고 있었다. 그녀는 나에게 자신의 이야기를 다룬 호주 다큐멘터리에 출연해 인터뷰를 해달라고 부탁했다. 한국에서 성폭력을 당한 후 경찰에 신고하고 가해자를 고소하는 과정에서 어떤 어려움을 겪어야 했는지를 다룬 시사 다큐멘터리였고, 그 여성은 한국의 여성혐오와 강간문화에 대해 내가 한국여성으로서 발언해주길 바랬다.

나는 강남역에 모인 여성들에게 어떤 일들이 일어났는지를 설명하며 정중히 거절했다. 이미 여러 차례 목격해온 터였다. 이 사회가 여성혐오를 감히 말하는 여자들을 처단하고 침묵시키는 방식을. 한국사회의 몇몇 남성들은 이런 여성들을 본보기 삼아 마녀사냥을 감행했고, 다른 여성들에게 공포의 입막음을 했으며, 대다수의 남성들은 이를 암묵적으로 지지하거나 방관했다.

나는 호주여성에게 한국에서 페미니즘에 대해 공공연하게 말하는 여자들에게는 큰일이 난다고 답했다. 호주 방송사측에서 나를 설득했다. 이름도 가명을 쓰고, 변장도 시켜준다고 했다. 나는 모자이크와 음성 변조를 요구했으나, 그들은 방송의 신뢰성을 고려할 때 그건 안 된다고 했다. 나는 두려움에 인터뷰를 거절했고 며칠 간 강남역에서 벌어지는 일들을 지켜보았다. 그런데 나를 입막음하던 극심한 공포와 분노가 어느 순간 오히려 용기로 되돌아왔다. 방송사에서 다시 연락이 왔을 때 나는 싸울 준비가 되어 있었다.

"감히 떠들지 말고 입 닥치고 있으라"는 자들의 요구에, 보란 듯이 불복할 심산이었다. 떳떳하게 내 얼굴과 내 이름을 걸고, 하고 싶은 이야기를 하고 싶었다. 아무리 겁을 주고 협박을 해도, 절대 너희는 우리를 멈추게 할 수 없다는 메시지를 던지고 싶었다. 그래서 방송사측에 대답했다. 가명도 변장도 없이, 내 이름과 얼굴로 발언하겠다고. 인터뷰는 아침에 진행되었다. 인터뷰어는 내가 또박또박 말을 잘했고, 듣는 사람들이 쉽게 이해할 수 있게 조리 있고 설득력 있는 이야기를 해주었다고 용기를 주었다. 나는 카메라가 잘 받지 않는 내 얼굴이 못나게 나오지는 않을지 걱정했다.

한국에서 못생긴 여자의 페미니즘은 신념이 아닌 피해망상으로 받아들여질 뿐이다. 얼굴을 드러내는 인터뷰를 용기 있게 해놓고서, 아름답지 않은 여자이기 때문에 저런 이야기를 하는 것이라 손가락질 당하면 어쩌나 하고 노심초사하는 내 모습에, 문득 신물이 났다. 그리고 분노가 더욱 치밀어 올랐다. 누가 나를 이렇게 만든 것인가. 내가 두려워하는 남자들은, 거울을 보면서 내가 느낀 공포를 한 번이라도 느껴봤을까. 인터뷰를 마치고 며칠 동안, 나는 내 얼굴이 이름과 학교, 직장, 주소, 연락처 등과 함께 온라인에 게재되어 직장으로 협박 전화나 욕설 문자 등이 오는 상상을 멈출 수가 없었다. 사회적으로 매장당할 수도 있다는 생각이 들었다. 직장을 잃게 되지는 않을까 두려웠다. 그런 피해를 입고 더 이상 견디지 못해, 타국으로 도망치듯 이민갔다는 소문이 도는 여성들도 있었다.

아니나 다를까, 얼마 지나지 않아 친구에게 연락이 왔다. 친구는 걱정이 되어 전화했다고 했다. "일베에 너의 얼굴이 올라왔어." 나는 떨리는 손으로 일베에 들어가 '호주 인터뷰'라는 키워드로 검색해보았다. '호주에서 방송된 한국의 성문화', '호주에서 한국이미지 똥망 될 방송 탐' 등의 제목으로 글이 올라와 있었다.

너무나 명백한 의도를 가지고 있는 글들이었다. 내 인터뷰의 특정 부분만 번역해서 스크린샷으로 찍어 올리고 내 이름을 함께 게재하여, 한국남자를 매도하고 있는 여자로 설명했다. 내가 나라망신을 시키고 있다고 했고, '감히' 한국남성들을 일반화해 그들의 명예를 실추시키고 있다고 했다. 작성자는 분개한 댓글들에 일일이 동의해주고 말을 얹어가며, 내 신상을 어디서 알아낼 수 있는지 알려주고, 신상을 털어 마녀사냥을 해야 한다는 의견을 부추기고 있었다. 인터뷰의 일부분을 번역한 내용은 다음과 같았다.

나 제가 말씀드린 그 웹사이트(소라넷)는 그런 사람들이 피해자의 사진과 비디오를 올리는 곳이에요. 피해자의 대부분은 가해자의 여자친구들이나 아내들입니다.

인터뷰이 의식을 잃은 여자가 강간당한다고요?

나 네. 그 사람들은 다른 남자들을 초대해 자신의 여자친구를 강간하게 합니다. 많은 강간과 성폭행들이 잘 알려지지 않죠. 심지어 강간이 정당화되기까지 합니다. 예를 들자면, 유혹주(작업주)라는 말이 있어요. 이건 남자가 여자를 취하도록 하기 위해 일부러 도수 높은 센 술을 여자 모르게 타는 거죠. 굉장히 달기 때문에 여자는 본인이 마시는 술이 무엇인지 모릅니다. 남자들은 그것을 여자가 마시게 하고, 그녀가 취하면… 무슨 짓이든 마음대로 하는 거죠. 이것은 문화적으로 권장됩니다.

인터뷰이 어떻게 남자가 여자를 물건 취급하고 폭력을 휘둘러도 괜찮다는 생각이 정상이라고 받아들여질 수 있죠?

나 잘 모르겠네요. 어떻게 이렇게까지 될 수 있었는지. 모든 여자들이 어느 정도의 성추행에 대한 경험이 있어요. 한국에서는 하나의 문화규범인 것 같아요.(한국의 강간문화rape culture라고 말한 것을 이렇게 번역한 것 같다.)

앞뒤나 중간 중간 생략된 말이 많았지만, 소라넷이라는 사이트와 한국의 강간문화에 대해서 인터뷰한 내용이었다. 소라넷의 경우, 워낙 끔찍한 일들이 성행하는 곳임에도 불구하고 일베와 함께 한국의 가장 큰 웹사이트들 중 하나이기 때문에, 방송사측에서 매우 큰 관심을 보이며 질문했고 그에 대해 답변한 내용이었다. 작업주에 대한 이야기는 그 즈음 레몬소주나 복숭아소주 등 달달한 소주가 작업주라는 이름으로 유행하기 시작했는데 그에 대해 내 친구와 이야기하다 문제의식을 갖게 된 것이어서 언급하게 되었다. 왜 작업주라고 부르냐는 캐나다인 친구에게 나는 이렇게 말했다. "술이 달달해서 여자들이 취하는지도 모르고 계속 마시게 돼. 그럼 남자들이 여자들에게 '작업'하기 좋지. 그래서 붙여준 이름이야." 농담처럼 이야기하는 내게 그는 물었다. "여자가 자신이 취하는지도 모르게 일부러 취하게 만들어놓고, 제정신이 아닌 상태에서 '작업'한다, 그건 강간 아니야?" 그의 질문은 내게 엄청난 충격으로 다가왔다. 벙찐 얼굴로 아무 말도 하지 못했다. 나는 성폭력이 성폭력인지도 모르는 사회에서 살고 있었구나.

살아남을 것이고
이길 것이다

다시 며칠 후, 내 신상을 알아냈다는 글이 일베에 올라왔다. 이어 〈국민일보〉에서 다큐멘터리에 나오는 내 인터뷰를 다루는 기사를 올렸고, 나를 털었다며 고소해하는 글도 올라왔다. 머지않아 그 글들은 '개드립', '루리웹', '웃긴대학' 등 다른 사이트들로 유포되었다. 같은 내용의 글에, 욕설이나 모욕, 성희롱의 정도만 약간 희석된 비슷한 댓글들이 올라왔다. 사람들은 일베를 사회와 동떨어진 패배자들의 집합소로 알고 있지만, 일베에서 생산되고 소비되는 콘텐츠들은 그대로 다른 웹사이트들로 옮겨져 소비된다는 진실을 우리는 알아야 한다. 그리고 다른 웹사이트들에서 일베의 콘텐츠가 소비되는 행태 또한 일베의 그것과 크게 다르지 않다.

나는 댓글을 단 이들을 고소하기로 마음먹었고 그 준비를 위해 스크린샷을 따느라 댓글을 하나하나 읽어보아야 했다. 분에 못 이겨 펄펄 뛰는 그들의 댓글을 보면서, 그렇게까지 분개하는 그들의 행태가 우습기도 했고 두렵기도 했다. "김치년은 죽여야 한다"는 발상이 밈(meme)처럼 퍼져나가자, 강남역의 그 남자는 정말로 살인을 저질렀다. 만약 댓글을 달았던 많은 이들 중 한 명이라도 댓글 내용을 실제 행동으로 옮기려 한다면 내게 큰 위험이 닥칠 터였다. 그럼에도 불구하고 나는 내가 받은 폭력에 대해, 나처럼 침묵을 강요당했던 많은 여성들을 위해서라도 그들과 싸워야 한다고 생각했다. 그리고 반드시 이겨야겠다고 다짐했다.

몇 가지 대표적인 유형의 댓글들을 옮겨본다. 입에 담기도 싫은 구절을 여기에까지 쓰는 이유는, 일부 남성들이 얼마나 잔혹하게, 무차별적으로 공격하는지 보통의 여성들은 별로 아는 바가 없기 때문이고, 이런 댓글은 처벌받을 수 있다는 사실을 알았으면 해서다. 댓글들 중 가장 무서웠던 것은 내 신상을 털어서 마녀사냥 시키자는 이들이었다.

- 저 좆창년 신상 털어서 광화문 앞으로 끌어내서 죽창으로 찔러죽이자 저년 빨리 신상공개해서 찢어발겨라~!!!
- 이 씨발년 사냥해야 되는 거 아니냐? ㅇㅇㅇ가 아니라?
- 이건 여기저기 퍼트려서 많이 알려야 한다. 그래서 저 여자가 정정 보도 하게 해야 해

● 구라 안치고 면상 아스팔트에 찍어버리고 싶네. 미친년이 뚫린 입이라고 잡

아다가 모가지 도끼로 찍어서 죽여버리고 싶다

인터뷰 내용을 문제 삼아 국가가 나서서 나를 법적으로 처벌할 수 있다고 믿는 이들도 있었다. 1950년대에 머물러 있는 것만 같은 이들의 믿음은 안쓰러울 정도로 우스꽝스러웠다.

● 진지하게 국가차원에서 고소 검토하던가, 아예 국적 박탈해서 무국적 신분

으로 만들었으면 좋겠다.

● 저 정도면 한국관광공사에서 저 여자 소송 걸어도 되는 수준인데??

● 저 여자 상대로 손해배상 청구 못하냐?

● 걍 국가 시민권 박탈시켜버리고 국외 추방해버리면 안 되냐

● 이건 심각한 국가 모독 행위이자 명예훼손 문제다… 이슈화시켜서 저 여자

처단시켜야 한다

밑도 끝도 없이, 호주 성매매 여성들을 예로 들며, 한국여성들을 성적으로 비하하는 표현이 특히 많았다는 점은 흥미로웠다.

● 그래서 호주로 원정 창녀짓하는구나

● 챙녀 일위인건 쏙 빼놓노

● 호주면 김치창녀들 원정성매매 단골국인데

● 세계적으로 국제 창녀이미지는 지들이 만들어놓고 이젠 강간남으로 한국남

자들 이미지 지들이 하향시켜서 평준화?

● 김치년들은 호주가면 자동으로 보지 개방하는데 ㅎㅎ

- 보지팔기부터 나라 망신은 보지년들이 다 하네

- 호주에 1번이라도 간 여자는 무조건 ㄱㄹ(걸레)다. 그런년들이 감히

당연히 나의 외모를 거론하며, 내 발언의 가치 자체를 격하시키려는 시
도도 많았다.

- 남자에게 불만 많게 생긴 얼굴들이 하나같이 주작질쩌네 ㅋㅋㅋㅋㅋ

- 남혐 잘하게 생겼네

- 뭐 같이 생긴게 ㅋㅋㅋㅋㅋ

- 이런거 인터뷰하는 애들은 왜 얼굴이…

성적 모욕감을 주려는 의도로 쓰인 끔찍한 댓글들도 눈에 띄었다.

- 푸른눈 백형앞에서 들뜬 나머지 실신하는 장면이 교차된다.

- 그럼 저 여자도 한국여자면 그렇게 당한 겁니까? 판사 유노 왓 암 생?

- 저 개 ㅅ발년 제발 흑인한테 돌림빵 당해 뒤졌음 좋겠다

- 다음생에 김치로 태어나서 호주갔다 갱뱅당해서 호주경찰에 신고하고 호주
  경찰한테 한번 더 따먹힐년

그 와중에, 내가 인터뷰 중 거론한 문제적 행태들이 한국사회에 존재하
고 있음을 인정하나, 잘못되었다는 것을 인지하지 못하는 사람들도 있었다.

- 맞는말이라 ㅁㅈㅎ. 여자 술먹여서 안따먹어본사람이 어딨냐? 매주 금토에
  는 한번쯤 하는거 아니냐?

- 여자 술 먹이고 시작하는건 어느나라나 다 하는 관습 아니냐?
- 술먹고 술김에 섹스하는 건 학생, 직장인 불문하고 울나라 일상 아님? 여자들도 따먹힐려고 남자랑 술먹는거 아니냐? 솔직히 남자랑 술먹는 여자들의 9할은 아니 9할이 뭐냐… 95%는 술에 째려서 그 술힘으로 떡칠려는 여자들임
- 남자랑 술먹고 섹스거부하는 여자가 어디있음?

나는 변호사를 찾았다. 경찰에 그냥 신고하면 순순히 받아주지 않을 거란 것을 너무나 잘 알고 있었다. 강남역 포스트잇 사건의 피해 여성들로부터 익히 들어온 이야기였다. 여성 피해자들이 직접 고소장을 작성하여 가지고 갔을 때 겪게 되는 어려움은 귀에 박히도록 들었다. 이런 저런 이유를 들며 아예 고소장을 받아주지 않는 경우가 비일비재하고, 가해자들의 신상을 특정해 오라고 한다. 가해자들이 누구인지 수사하는 것은 피해자가 아닌 경찰의 몫임에도 불구하고 그 책임을 피해자들에게 떠안기려 하는 것이다. 그렇게 특정된 가해자가 실제 댓글을 쓴 장본인이라는 것을 증명하라고 요구한다거나, 가해자와 직접 대면하는 자리에서 피해자의 외모를 비하한다든지, 가해자에게 수사 협조 요청을 SNS 메신저로 하는 등("나 경찰인데, 해당 댓글을 단 가해자가 본인이 맞냐"고 가해자에게 페이스북 메시지로 물었다고 한다), 별의별 해괴망측한 일들이 일어났다는 소식들이 들렸다. 게다가 나는 어떻게 고소를 해야 하는지도 몰랐다. 길고 난해한 고소장을 작성해서 경찰서를 들락거리고, 가해자들과 대면할 자신이 내게는 없었다.

수소문한 끝에, 인터넷 모욕죄에 경험이 많은 능력 있는 변호사를 만날 수 있었다. 나는 변호사에게 단 한 가지만을 요구했다. 최대한 많은 가해자들을 특정하여, 직접 얼굴 보고 사과 받을 수 있도록 해줄 것. 합의금이나 처벌, 이외 다른 것들에 대해서 나는 관여하고 싶지도 않고 그럴 시간적 여유

도 없으니, 변호사가 적절히 처리해주라고 당부했다. 다행히 나는 운이 좋아 능력 있는 변호사를 만날 수 있었고 변호사 선임 비용을 충당할 여유가 있었지만, 대부분의 많은 피해자들은 그렇지 못했다. 내가 연락하고 지내는 강남역의 피해자 여성들은 거의 무혐의 처분을 받고서 아무런 사과도 보상도 받지 못한 채 끝나버렸다고 했다.

고소장을 내고 한 달 후에 전화가 한 통 왔다. 경찰서에서 온 전화였다. 다짜고짜 경찰에 출석하라고 했다. 나는 가해자들에 대해 아는 것이 없기에 진술할 것도 없는데, 왜 출석해야 하느냐고 물었다. 경찰관은 지금 고소 건이 너무 많아 정도가 심하지 않은 건은 다 취하해야 한다고 말했다. 그리고는 "글 지워지면 수사 못 해주는 것 알죠?"라고 덧붙였다. 고소장은 변호사가 작성했고 나는 댓글 내용 이외에는 아는 것이 일체 없으니 변호사와 상의하라고 대답했다. 꼭 출석해야 한다면 나는 변호사와 동행하겠다고 말하자, 경찰관은 갑자기 태도를 바꾸어 안 나와도 된다고 했다.

나는 통화내용을 변호사측에 전달하면서, 경찰이 내 고소에 대해 취하하느니 마느니 마음대로 해도 되는 건지 물었다. 지금 경찰이 자기 일을 제대로 하지 않고 있다고 문제제기 할 수 없겠냐고도 물었다. 변호사측에서는 경찰이 우리 고소 건을 수사하고 있는 시점이기 때문에, 지금 불만을 제기하면 나에게 불이익이 생길 수 있으니 고소가 끝날 때까지 기다려야 한다고 답을 주었다.

몇 주 후 다시 경찰서에서 전화가 왔다. 이번에는 나의 고소 사유를 알아야 하니 출석하라고 했다. 출석한 경찰서에서 내가 들은 질문의 요지는 이거였다. 돈 때문에 고소한 꽃뱀이 아닌지 나를 조사해야 한다는 것. 경찰은 글을 삭제해달라고 왜 요청하지 않았느냐며, 글 삭제 요청을 안 했을 경우 내가 일부러 욕을 먹고 합의금 장사를 하는 것으로 간주될 수 있다고 윽박

질렀다. 나는 따졌다. 경찰서에서 누군가 내게 전화해 글 지워지면 수사 안 해준다고 분명히 말했는데 웬 삭제 요청이냐고. 경찰서에서는 그런 이야기를 내게 한 적이 없다고 했다. 경찰은 또한 내 인터뷰 내용을 가리키며, 정말로 한국남자들에 대해서 그렇게 생각하느냐고, 혹시 번역이 잘못된 것은 아니냐고 물었다. 나는 번역은 잘못된 것이 없다고 했고, 피해사실이 아닌 인터뷰 내용에 대해 자꾸 질문하는 이유가 무엇이냐고 반문했다. 나를 조사하던 경찰관이 말하길, '욕먹을 만한 짓(가령 한국남성의 명예를 실추시키는 짓)'을 했으면 고소가 기각될 수도 있단다. 이 때, 나는 처음 알았다. 일베나 다른 온라인 커뮤니티의 치기어린 익명의 남성들이 아닌 경찰조차도, 나의 인터뷰가 '욕먹을 만한 짓'이라고 생각한다는 것을. 조사는 장장 세 시간에 걸쳐 이어졌다. 조사가 끝났을 때 나는 녹초가 되어 있었다. 나의 가해자들 또한 과연 이렇게 철저한 조사를 받았을까 싶었다.

**"나는 여성혐오자가
아니다"**

어쨌든 고소 사건은 진행되었고 나는 지금까지 열 명 정도의 가해자들을 만난 것 같다. 대학생쯤으로 보이는 남성들이 대다수였고, 고등학생도 있었다. 가해자들은 대부분 일베에 댓글을 달았던 남자들이었지만, 다른 유머 사이트에 댓글을 달았던 남자들도 더러 있었다. 나는 그들에게 한 가지를 요구했다. 본인이 온라인에서 나를 향해 적은 욕설을 내 앞에서 직접 소리 내어 읽을 것. 본인이 배설한 언어가 어떤 것인지 스스로 느끼기를 나는 바랐다. 그런 낯 뜨거운 욕설을 본인 입으로, 피해자를 앞에 두고, 직접 내뱉을 때의 감정을 기억하기를 바랐다.

대부분의 사람들은 차마 읽지 못하고 부끄럽다며 고개를 숙였다. 대학생이라던 한 남성은 잘못했다며 눈물을 흘렸다. 고등학생이라던 남자아이는 내 얼굴에 침을 뱉듯, 본인이 적은 욕을 당당하게 읊조렸다. 모두가 주장했다. 본인은 다른 일베 사용자들과 다르다고. 자신은 그냥 가끔 올라오는 글을 읽기만 하고 댓글은 거의 달지 않았다고. 일베의 저급한 댓글을 다는 '일베충'들과 자신은 다르다고. 내가 만난 일베 사용자 모두가 본인은 '일베충'이 아니라고 믿고 있었다. 희한한 일이었다.

어떤 남성은 내게 한국여자들이 얼마나 문제가 많은 김치녀인지 설명하기도 했다. 그리고 그들은, 호주여성들을 돕기 시작한 이래 수많은 강간 피해자들을 만나고 인터뷰해온 나에게, 한국의 성폭력 통계는 다른 나라들에 비해 아주 낮다며 열변을 토했다. 또 다른 남성은 자신이 단 댓글은 나를 향한 것이 아니라, 호주에 가서 성매매 하고 있는 수많은 한국여성들을 향한 욕설이었다고 변명하기도 했다. 다른 한 사람은 내가 남성혐오적인 발언을 했다며 비난했다. 여성들이 맞닥뜨린 현실에 대해 이야기하는 내게, "흑인에게 돌림빵 당해 뒈졌으면 좋겠다"는 댓글을 다는 남자가 그런 말을 할 자격이 있는지 모르겠다. 또 다른 사람은 그날 회사 면접에서 떨어지고 술을 마신 상태에서 댓글을 달았던 것이라고 호소했다. 굉장히 우울한 날이었고, 아직도 직장을 구하지 못했다며 선처를 호소했다. 그가 직장을 구하지 못했다는 이유로, 대체 몇 명의 여성들이 그의 욕설과 성희롱을 들어야 했을까.

고등학교 3학년이라는 한 남학생은 한국에 여성혐오는 없고 강간문화도 없다고 했다. 자신은 또래 이성 친구들을 좋아하고, 어머니와 할머니를 존경하므로 여성혐오자가 아니라고 했다. 나의 외모를 비하하는 댓글을 달았던 그는 자신 있게 스스로가 쓴 혐오발언을 읽었다. 그리고 나를 쳐다봤다. 수치스럽지 않냐고 내게 되레 묻는 듯한 표정으로. 한 시간 정도 그를 붙잡고 설득했던 것 같다. 그러나 집에 가서 적어 보낸 그의 반성문은 내 노력을 조롱하는 듯 했다.

"무슨 까닭이던 간에 모욕감을 주는 단어를 사용한 것은 변하지 않는 사실입니다. 따라서 항상 죄송하게 생각하고 있습니다. 그리고 5월13일 오늘 만남을 이후로 깨달은 것이 있습니다. 사람의 면전에서 하지 못할 말은 사용하면 안 된다는 것과 나의 생각과 다르다는 이유로 모욕적인 단어를 퍼붓는 것은 몰상식한 짓이라는 것, 그리고 제가 댓글에 쓴 외모를 비하하는 단어도 성적 수치심을 느낄 수 있으므로 성범죄라는 것입니다. 제 범죄 사실을 인정합니다. 죄송합니다. 하지만, 이것만큼은 변명이라도 말하고 싶습니다. 전 여성을 혐오하거나 차별하지 않습니다. 제 또래 이성친구들을 좋아하고 어머니이며 할머니 그리고 다른 여성 모두를 존중하고 사랑합니다."

자신은 여성혐오자가 아니며 자신이 미안한 이유는 면전에 대고 말할 수 없는 수치스러운 소리를 인터넷에 적어 나의 수치심을 유발했기 때문이라고 그는 말하고 있었다. 나는 그의 발언이 수치스럽지 않았는데, 그는 내가 성적 수치심을 느꼈을 것이라고 굳게 믿었다. 남성으로서, 여성에게 수치심을 유발할 수 있는 권력을 본인이 쥐고 있음을 조금도 의심하지 않았다. 그는 스스로 부끄러워하지 않았고, 다음 세대는 조금 나아질 거라 믿었던 나는 끝없이 좌절했다. 그리고 며칠 후 합의 거부 의사를 변호사에게 알렸다.

또 어떤 남자는, 그가 모욕한 것은 내가 아니라 강간 피해자인 호주여성이라고 하면서 나와의 면담을 거부했다. 그리고 서면으로 한국어로 된 반성문을 보내면서, 당연하다는 듯 내게 번역을 요구했다.

"안녕하세요. 저는 한국에 사는 아무개라는 사람입니다. 먼저 늦게 ○○○양에게 사과의 메일을 드리게 되어서 미안하게 생각합니다. 저도 해당 경찰서로부터 전화를 받은 게 그리 오래되지 않았고 아버지가 이번에 암으로 병원에 입원, 수술을 하셔서 더 늦어진 것이오니 용서하십시오. 저도 여동생이 있는 오빠의 입장에서 ㅇㅇㅇ양이 겪은 끔찍하고 불행한 일에 대해서 무척 많이 안타깝게 생각하고 있습니다. ㅇㅇㅇ양의 호칭에 대해 쌍년이라고 한 표현에 대해 깊이깊이 사과를 드립니다. 변명처럼 들리겠지만 한국 경찰이 모두 ㅇㅇㅇ양이 겪은 그런 경찰들은 아닙니다. 힘들게 시민들을 위해서 봉사하고 노력하는 분들도 많습니다. 제 친한 친구 역시 그런 경찰관들 중에 한명이구요. 제가 감정적인 부분이 지나쳐서 호주여성에게 어른으로써 좋지 못한 호칭을 한 것에 깊이 반성하고 사과드리구요. 또 이번 기회에 인터넷 예절에 대해 많이 공부하게 되었습니다."

이 글을 쓴 남자가 도대체 나이를 얼마나 먹었는지는 모르겠다. 그는 끝까지 권위적인 태도로 '어른'으로서 체통을 지키지 못한 것에 사과했고 본인의 여성혐오가 아닌 부족한 '인터넷 예절'을 반성했다. 나는 이 반성문인지 훈계인지 모를 편지에 엄청나게 분노했고, 변호사에게 합의는 없으니 반드시 형사처벌 해달라고 강력하게 요구했다. 가해자 모두에게 나는 반성문을 요구했다. 남성인권 단체에서 만든 수상한 통계를 들이밀지 말고, 정말 여성으로서의 삶을 살아가고 있는 주변인들에게 그들의 경험을 묻고 이야기를 나눠보고 그 느낌을 적어오라고 했다. 그들이 동등한 인간으로서 여성의 삶에 대해 한번이라도 진지하게 생각해 볼 기회를 갖기를 바랐다. 나와의 만남 이후에 그들이 보낸 몇 줄짜리 반성문은 거의 마음에 들지가 않았다. 그들은 대부분 내가 인터뷰한 사건의 전말을 알지 못하고 아무 생각 없이 댓글을 달았다고 했다. 그들은 마찬가지의 태도로, 소라넷에 올라오는 강간 동영상들에 성희롱적인 댓글을 달고, 강남역 피해 여성들의 사진에 모욕적인 댓글을 달며 낄낄거렸겠지. 진짜 강간인지 몰랐다고 변명하고, 피해자가 얼마나 고통 받았을지 생각해보지 않았다고 정당화했겠지. 자신은 비슷한 댓글들을 달고 있는 대부분의 다른 남성들과 다르다고 믿으면서.

어떤 남자는 손으로 직접 쓴 두 장짜리 반성문을 보내오면서, 우리나라에서 성폭력의 사후 수사처리 과정에 문제점이 있음을 느꼈다고 고백했다. 그리고 여성들이 일상적으로 겪는 폭력에 관해 전혀 모르고 있었으며, 이번 기회에 주변 여성들과 대화를 해보고 그들의 경험에 적잖은 충격을 받았음을 내게 알렸다. 나는 그의 조금 다른 반응에 눈물이 날 지경이었으나, 그는 이후에 문자로, 전화로, 합의금을 줄여달라며 나를 며칠 동안 괴롭혔다.

나를 기억하라,
복수를 위해 돌아온 화형 당한 마녀를

가해자들은 말했다. 한국남자들이 다 그렇게 문제가 있는 것은 아닌데, 내가 일반화시켜 말했기 때문에 한국남자의 명예가 실추되었다고 말이다. 내가 그들의 댓글 위 아래로 달린 욕설과 성폭력적인 폭언들을 보여주며, 이래도 대부분이 문제가 없다고 할 수 있냐고 물었을 때는 아무 말도 하지 못했다. 대다수의 문제가 아닌 일부의 문제라고 말하는 그들에게, 그런 말을 하고 있는 당신이 바로 그 일부라고 이야기 했을 때도 아무 말도 하지 못했다. 그들은 모두의 문제가 아니라면 최소한 본인은 문제의 일부라는 것은 알고 있었다.

그들은 공포에 질린 우리들에게 공감하고 우려를 표해주는 대신, "모든 한국남자가 그런 건 아냐"라고 일침을 가하는 명예로운 한국남성이었다. 내가 이야기하는 현실에 함께 분노하는 대신, 감히 여성혐오에 대해 발언하는 여자를 강간하고 죽여 버리자는 익명의 남성들에게 분노하는 대신, 한국남성의 명예를 실추시킨 이 여자를 본보기로 마녀사냥 하자는 의견에 동조하는 그들의 명예를 내가 존중해줘야 할까?

나와의 만남을 통해 그들의 세상이 하루아침에 바뀔 수 있다고 기대했던 건 아니었다. 다만, 그들의 완고하고 편협한 세계관에 아주 미약하게나마 균열이 생기기를 진심으로 기도한다. 그들이 내 얼굴을, 내 눈빛을 기억했으면 한다. 본인이 강간하겠다고 협박하고 신상을 털고 죽창으로 찔러 죽여 버리겠다고 위협했던 그 여자가 버젓이 존재하며, 그들 눈앞에서 본인 입으로 직접 뱉은 그 말들을 직접 듣고 있었다는 걸 잊지 말았으면 한다. 남자에게 빌붙어 사는 김치녀라고, 원정 성매매하는 걸레라고 모욕하고 무시하던 한국여자 중에는, 남자인 그들에게 실질적인 위협을 가할 수 있는 강인한 여성도 있다는 사실을 평생 기억하기 바란다. 그리고 많은 다른 여성들이, 무례하고 잔혹한 그들에게 충분히 복수할 수 있다는 사실에 두려움을 느끼기를 바란다. 익명이라는 가면 뒤에 편하게 앉아 다른 여성에게 폭언을 퍼붓기 전에, 내 앞에 앉아있던 스스로의 표정을 기억해 내기를 바란다. 모욕죄 피의자로 선처를 구하는 스스로가 얼마나 수치스럽고 비열한 존재처럼 느껴졌는지, 평생 상기할 수 있기를 간절히 바란다.

여성혐오와 싸우는 한국여성에게 주어진 선택지는, 그저 그 자리에서 버티거나 포기하거나 둘 중 하나다. 극복이란 없다. 나는 그것을 메갈리아를 통해 알았다. 메갈리아는 없어졌지만, 그 빈자리는 비어 있지 않았고 이미 목소리를 얻은 여성들이 자리했다. 나처럼 '가만히 있지 않을' 여성들이 점차 많아지고 있음을 나는 안다. 가만히 있지 않고 싸워줄 여성들이 있고, 그 싸움을 이겨줄 여성들이 많아지고 있음을 안다. 수많은 여성들의 용기에 힘입어 메갈리아가 시작한 전쟁은 이겼지만, 여성들이 자신의 자리에서 혼자 외롭게 치러낸 치열한 전투들은 대부분 졌다. 그리고 그녀들은 엄청난 대가를 다시 치러야 했다. 그녀들의 모습을 보면서, 내 바람은 소박해져 버렸다. 모든 일을 치르고 뒤돌아볼 때, 적어도 페미니즘 때문에 그녀들의 삶이 무너져 내렸다는 원망은 하지 않았으면 하는 것. 그리고 메갈리아를 둘러싸고 벌어졌던 여성혐오 전쟁이 가져다준 효과를 누리게 될 많은 여성들이, 그들 이전에 처절하게 싸우다 스러진 앞선 그녀들을 기억해주고 응원해주는 것.

호주여성의 성폭력 사건과 온라인 모욕 고소사건을 겪으면서 나는 너무도 지쳐버렸다. 내 곁에서 함께 싸워주던 강남역 피해자 여성들도 지쳐가면서 많은 이들이 발언하는 것을 포기해버렸다고 했다. 그럼에도 희망은 있다. 우리를 위해 싸워 줄 사람들이 조금씩 늘어나고 있다, 그리고 감사하게도 메갈리아의 미러링 전략 덕분에 "너만 김치녀가 아니면 됐지"라며, 여성을 침묵시키고 본인의 여성혐오를 정당화하는 남성들의 항변을 더 이상 듣지 않아도 되었다.

이 글을 쓰는 이유도 그런 것이다. 나는 감히 발언했다. 그 때문에 겪지 않아도 될 어려움을 겪어야 했다. 그럼에도 불구하고 나는 계속 발언할 것이다. 나를 말하게 만든 것은 분노였다. 그 많은 싸움에도 불구하고, 여성혐오는 계속되고 여성을 향한 차별과 폭력은 여전히 만연하다. 여성의 희생을 당연하게 여기는 뻔뻔한 남성들을 보면 나는 여전히 분노할 것이고, 그 분노는 나의 힘이자 용기가 될 것이다. 다른 여성들에게도 함께 분노해달라고, 용기를 내달라고 말하고 싶다. 주변의 남성들이 불합리한 요구를 한다면 거절하고, 잘못된 짓을 한다면 잘못되었다고 말할 수 있는 용기를 내주었으면 좋겠다. 여성혐오는 존재한다고, 차별을 멈추라고, 나와 함께 화를 내주었으면 좋겠다.

내 삶에서 여성혐오와의 전쟁은 잠시 휴전 상태이지만, 언젠가는 다시 일어나 싸우게 될 것임을 안다. 그 전쟁은 나를 지치게 만들었지만 페미니즘 때문에 얻은 것이 훨씬 많기 때문이다. 나의 가치를 격하시키고 제한하는 남성들을 과감히 내 삶에서 잘라낼 줄 알게 되었다. 더 이상 멍청한 남자들이 맥주 한 잔 들고서 내 외모가 몇 점인지 평가하는 자리에 굳이 앉아있지 않는다. 더 이상 나의 지성과 능력이 여성으로서의 매력을 떨어뜨린다고 맨스플레인(남자man와 설명하다explain의 합성어로, 남자가 여자에게 늘 설명하려는 태도를 꼬집는 단어) 하는, 나보다 못난 남자들을 상대하느라 시간 낭비하지 않는다. 그 대신 나의 지성과 유머에 감탄하고, 그런 점이 너무나 매력적이라고 말해주는 사람들을 만난다. 더 이상 나는 거울을 보며 내가 예쁘지 않다는 것에 좌절하지도 않고, 살이 찌진 않았는지 노심초사하지도 않는다. 역겨운 성적인 농담을 참아가며 억지로 미소를 띠우지도 않고, 헛소리를 지껄이는 남자들에게는 그냥 꺼져버리라고 말한다. 나를 사랑하고 내가 중요하게 여기는 가치를 소중히 하는 사람들과 좋은 시간을 보낸다. 내 삶은 더 행복해졌다.

나는 내가 누릴 수 있게 된 자유와 행복을 함께 나누고 싶다. 친구들에게는 내가 페미니즘을 만나 새롭게 볼 수 있게 된 것들과 할 수 있게 된 일들에 대해 이야기해주었다. 우리에게 외모 말고 다른 소중한 가치들이 너무도 많다는 것, 이기적인 남자들의 요구를 다 들어줄 필요가 없다는 것, 남자들은 허락하지 않는 자유와 행복을 마음껏 누려도 된다는 이야기를 했다. 처음에는 거부감을 가졌던 친구들도 하나 둘씩 변해갔다. "네 이야기를 듣고 일상이 조금은 달라졌어. 보이지 않던 것이 보이기 시작했어"라고 고마움을 표현해 주었다.

일전에 한 미국 여성과 한국의 여성혐오에 대해 이야기하고 있을 때, 그 자리에 있던 다른 한국여성이 내게 물었다. "Are you a feminist?" 한국사회에서 마치 낙인처럼 묵직하게 들려오는 그 질문에 대답하지 못하는 나를 대신해 친구가 말했다. "Are you NOT?" 페미니스트란 것이 더 이상 주홍 글씨가 아닌 날이 오기를 나는 소망한다. 그리고 모든 여성들이 자신을 자유롭게 하는 페미니즘에 대해 스스럼없이 이야기할 수 있는 날이 오기를 나는 간절히 기다린다. 그래서 비록 지금은 잠시 지쳐있지만, 나의 싸움, 우리의 싸움은 계속될 거라고 믿는다.

온라인 페미사이드, 이제 우리가 말할 차례다

국지혜

'흉자'로 살아온
나를 벗다

　내가 온라인에서 페미니스트 선언을 하고 본격적인 활동을 시작한 지는 이제 겨우 2년이 되어간다. 메갈리아 사이트에 처음 들어가 본 것은 2015년 8월쯤 페이스북을 통해 한 언론 기사를 읽은 후였다. 전설의 메르스 갤러리 시절은 이미 끝난 시점이었고, 메르스 갤러리에서 활동하던 이들이 옮겨가 만든 메갈리아가 새로운 터전으로 자리 잡고 있었다. 페미니스트가 된 다른 여성들이 고백하는 것처럼, 당시에 메갈리아는 한번 접속하면 쉽사리 빠져 나올 수 없었다. 일주일 혹은 열흘씩 잠을 잊으면서, 토씨 하나 댓글 한줄 놓 치지 않고 모두 읽었다. 중독성이 강한 글들을 읽으면서 나는 조금씩 '빨간 약을 먹었다(여성문제에 눈을 뜨고 각성하게 되는 것)'. 메갈리아에서 나는 내가 그 동안 여성으로 살아오면서 겪은 모든 것들이 단번에 설명되는 경험을 했다. 내 삶을 옥죄던 그것들이 바로 유리천장이었고 코르셋(여성에게 차별적으로 요구되는 각종 의무)이었으며, 맨스플레인, 시선강간(남성들이 여성들의 몸을 훑어보는 행위를 설명하는 단어), 후려치기(가부장제 사회에서 여성의 외모나 능력, 가치를 깎아내리는 행위)였고 강간문화였다. 그리고 많은 경우, 내가 바로 '흉자(흉내내는 자지를 줄인 말로 사회의 여성혐오에 무감각하며 가부장적 사고를 가진 여성들을 비하하는 표현)'였다. 메갈리아에서 연일 만들어지는 새로운 단어들은 나의 경험을 명쾌하게 설명했다. 미러링은 사이다 그 자체였다. 한국남자와의 섹스 경험, 가정폭력, 성폭력 등에 대한 적나라한 고발글들은 내 경험과 꼭 맞아 떨어졌다. 메갈리아는 말 그대로 '보지들의 놀이터'였고, '해방구'였다. 그리고 정말 재미있었다.

그 후 나는 수개월의 시간을 메갈리아 글들을 읽으며 보냈고, 간혹 재미삼아 보력(보지와 화력의 합성어. 인터넷 뉴스 등의 댓글창에 여성혐오성 글들을 내리기 위해 남성을 비판하는 댓글을 공격적으로 올리고 추천수를 높이는 것)을 나가기도 했지만 본격적인 활동을 한 것은 아니었다. 스스로 페미니스트라는 정체성을 갖고 온라인 운동에 뛰어들기까지는 다시 몇 달이 더 걸렸다. 두 돌짜리 아이를 키우면서 생계를 꾸리고 일을 하며 일상을 돌보는 동안, 메갈리아는 공중분해되었고 워마드가 파생되었다는 이야기를 들었다. 워마드만이 아니었다. 워마드보다 온건한 페미니즘 운동방식을 지향하는 레디즘과 페이스북의 메르스 갤러리 저장소, 메갈리아, 페미디아를 비롯한 페미니즘 페이지들이 우후죽순으로 생겨났고, 그 때쯤에는 굳이 메갈리아나 워마드 같은 커뮤니티 활동을 하지 않아도 SNS를 통해 소식을 들을 수 있었다. 이전까지 페이스북에서 몇몇 지인들과만 친구를 맺고 소소한 정치글이나 일상글을 주로 쓰던 나는 이런 분위기에 힘입어 페미니즘 페이지를 팔로우하고 유명 페미니스트들의 글들을 읽으며 가끔 댓글을 달기도 했다.

불과 얼마 전까지만 해도 남성이 여성을 살해했다는 기사에서조차도 댓글에서는 김치녀, 꽃뱀을 찾는 분위기였고 여성의 성기를 이용한 폭력적인 언어들도 난무했다. 그런 댓글에 문제제기를 하면 프로불편러, 프로예민러로 몰렸고 남성들의 공격을 받았다. 여성들은 공개된 온라인 공간에서 말하기를 멈추었고 여성들만의 공간을 만들어 그 안에서 소통하거나 불쾌감을 참아 넘겼다. PC통신 시절부터 온라인에서 여성의 목소리는 오랫동안 삭제되어 왔다. 여성들은 남성의 이름을 사용하거나 남성의 말투를 쓰고, 성별을 드러내지 않음으로써만 공론장에 참여할 수 있었다. 유저가 여성이라는 사실이 알려지는 순간부터 남성들은 폭력적으로 변했다. 많은 경우 여성들은 결국 사과문을 쓰고 글을 지우고 이름을 지운 후 그 커뮤니티를 떠났다. 포털과 같은 공개된 토론장에는 남성의 목소리만 남았고, 여성들은 여성들만의 커뮤니티를 만들어 진입장벽을 세운 후 그 안에서 소통했다. 그럼에도 여성 커뮤니티들은 남성들의 잠입과 신상털이로 때때로 몸살을 앓고 분산되었으며 결국 파괴되었다. 이처럼 '온라인 여성 삭제의 역사'에 대해 나는 나중에 논문과 책을 읽으며 알게 되었고, 이전까지 별 문제의식을 느끼지 않고 살아왔다. 메갈리아가 가져온 변화와 담론확장의 소용돌이 속에서, 나는 비로소 여성문제를 '문제'로 자각하며 페미니스트로서의 정체성을 만들어왔던 것이다.

그런데 이제 여성들은 더 이상 침묵하거나 숨어들지 않고, 광장에서 목소리를 내기 시작했다. 네이버 날씨 기사 등 많은 사람들이 매일 보는 페이지에 댓글을 달고 추천수를 올리면서 남성 권력을 폭로하고 조롱했다. 우리가, 우리 여성들이 여기 존재한다는 것을 알리는 운동이었다. 어느 날부터는 페이스북의 뉴스페이지 댓글에서 정상적인 말을 하는 사람들이 생겼다. 그런 댓글에 공감하며 좋아요를 누르고, 그 댓글 타래에서 벌어지는 논쟁을 지켜보다가 한 마디씩 거들다보니 나는 나도 모르게 전투에 참전하고 있었다. 그러다 마음이 답답해질 때면 장문의 글들을 써서 포스팅하기도 했는데 이를 읽은 많은 사람들이 친구 신청을 주었다. 나 역시 댓글 중에 공감이 가는 글을 보면 열심히 친구맺기를 하면서 일명 '페페미판(페이스북 페미니스트 진영)'이라고 불리는 페미니스트 네트워크 속으로 들어갔다. 결국 '나는 페미니스트다'라고 공식적으로 선언했고, 더 많은 페미니스트 친구들이 생겼다. 실친 위주의 작은 계정에서 소소한 일상들을 이야기하고 뉴스 정도만 가끔 공유하던 나에게 이것은 완전히 새로운 관계맺기의 경험이었다. 나는 열심히 키보드배틀을 뜨고 글을 썼다. 글을 쓸 때마다 많은 사람들의 공감을 얻고 글이 공유되면서, 나는 자연스럽게 이름이 드러난 온라인 페미니스트가 되었다. 그렇게 내 몫의 목소리를 얻은 것이 2016년 4월 즈음이다.

좌표 찍기, 댓글 정화,
키보드배틀, 그리고

페이스북에서는 많은 사람들이 뉴스 댓글 등을 공유하고 좌표를 찍으면서 '댓글 정화 운동'이라는 것을 한다. 페이스북의 시스템 상 내가 어떤 글에 좋아요를 누르면 그 게시물이 친구들에게도 보이고, 어딘가에서 키배를 뜨고 있으면 그 댓글들이 친구들에게 보인다. 그러면 구태여 보력요청을 하지 않아도 자연스럽게 사람들이 모여든다. 페미니즘 콘텐츠에 좋아요를 누르면 실친 남성들이 시비를 걸러 달려와 열심히 맨스플레인을 하고, 내가 실친 남성을 설득하거나 가르치고 있으면 페미니스트 친구들이 와서 도와주는 식이다. 나 역시도 내 뉴스피드에서 보이는 대로 페미 친구들의 실친들, 혹은 여혐러들과 설전을 벌인다.

SNS 공간에서 논쟁은 전시적인 성격을 갖는다. 항상 싸움을 지켜보는 사람들이 있다. 우리가 댓글 타래에서 일베와 같은 여성혐오자들과 논쟁을 할 때, 우리는 그 남성을 직접적으로 설득한다기보다 그 논쟁을 지켜보고 있는 여성들을 설득하고 있는 것이다. SNS에서 댓글달기 운동이 중요한 이유가 여기에 있다. 폐쇄적인 커뮤니티와 달리 SNS는 무제한적인 접근성과 확산성을 지니기 때문에 더 많은 사람들이 페미니즘을 쉽게 접하고 생각을 바꾼다.

나는 이 운동이 일종의 전쟁이라고 생각한다. 전쟁에서는 이기기 위한 싸움을 해야 하고, 싸움에는 전략과 전술이 필요하다. 미러링은 훌륭한 전략이며 거칠고 대담한 언어는 우리의 무기다. 메갈리아는 여성들이 모여서 이야기하고, 언어를 창조해 내고, 자기 서사를 설명할 수 있게 해 주었다. 그것은 우리 모두가 함께 해낸 일이었다. 우리는 드디어 입이 트이기 시작했고, 설치고 말하고 생각하기 시작했다. 사람마다 각자의 전술을 가지고 싸우면 된다. 어떤 사람은 설득력 있는 글을 쓰고, 어떤 사람은 공감 받는 그림을 그리고, 어떤 사람은 오프라인에서 시위를 하고, 어떤 사람은 거친 욕을 하면서, 어떤 사람은 논리적이고 설득력 있는 말로 싸운다. 목적이 같다면 어떤 방식이든 좋다. 수많은 뉴스와 게시물의 댓글 타래에서 매일 크고 작은 싸움이 벌어지고 있다. 더 많은 여성들이 빨간약을 먹었고, 동지들이 생겼다. 내 경험으로 봤을 때 이 싸움은 2016년 5월 17일 강남역 살인사건과 그 후 몇 주 뒤 신안군에서 일어난 교사 집단 성폭행 사건으로 가장 정점을 이루었는데, 나중에 페미 친구들의 이야기를 들으니 이 때 논쟁들을 지켜보면서 넷페미가 된 사람들도 꽤 많았다.

강남역 여성 살해 사건 때 나는 수많은 온라인 페미니스트들과 함께 며칠 밤을 새면서 댓글 논쟁을 했다. 남성들은 이것이 여성혐오 살인이라는 것을 인정하지 않으려고 했고, 한 명의 '정신병자'가 물리적인 힘으로 제압하기에 만만한 사람을 찾아 죽이려다보니 여성을 죽이게 된 것뿐이어서 '묻지마 살인'이라고 주장했다. 살해범이 처음부터 "여자들이 나를 무시해서 죽였나"고 한 말은 고려하지 않았다. 물리적인 힘으로 제압할 수 있는 만만한 상대로 여성을 골라 죽이는 것이 바로 여성혐오라 말해도 통하지 않았다. 이 사건을 수사하는 경찰들도, 보도하는 언론들도 마찬가지였다. 신안군 집단 성폭행 사건에서 남성들은 가해자들에 대한 엄정한 처벌을 요구하면서 가해자와 자신들을 분리했다. 어떤 식으로든 우겨볼 도리 없이 명백한 강간사건의 경우에만 남성들은 가해자와 자신을 명확히 분리하면서 여성들보다 더 큰 목소리로 그들을 정죄한다. 마치 자신들은 절대 '강간범'이 아니라는 듯이. 이는 일베발 여혐 컨텐츠를 보고 즐기면서도 일베를 욕하거나, 소라넷을 욕하면서도 스스로는 소라넷 유사 사이트를 즐겨 찾는 모순과도 관련이 있다.

여성으로서 얼마나 많은 범죄 위협에 시달리는지, 우리가 겪는 공포가 무엇인지에 대해 상대에 따라 고운 말로 설명하고 설득하기도 하고, 혹은 욕설과 거친 말을 동원해서 싸우기도 했다. 우리는 여성혐오가 무엇인지 열심히 설명하고 가르쳤다. 남성들은 "모든 남자가 그런 것은 아니다", "일반화하지 말라"고 주장했다. 그들은 특히 '여자라서 죽었다, 남자라서 살았다'는 구호에 대해 가장 강력하게 항의했다. 이 구호의 방점은 원래 피해자가 아무런 원한관계도 없이 그저 우연히 그 날, 그 시각, 거기에서, '여자라서 죽었다'는 것, 즉 모든 여성이 피해자가 될 수도 있었다는 것, 따라서 어떤 여성도 여성혐오 범죄에서 자유롭지 않은 '잠재적 피해자'라는 데에 있었다. 하지만 남성들은 "남자라서 살았다니 우리를 잠재적 가해자로 모느냐?"면서 논리를 비틀며 억지를 부렸다. 우리는 수많은 통계자료를 동원하고 이론과 논리를 갖추고 여성혐오를 증명하기 위해 싸웠지만 남성들은 "팩트를 가져와라, 논리적 근거를 대라, 여자들은 너무 감정적이다"라는 말을 하면서 성질을 긁었다.

나는 이 때 사실상 남성들이 잠재적 우군도 아니며, 아무리 친절하고 고운 말을 써서 설득해도 애초부터 들을 생각이 없는 존재들이라는 것을 깨달았다. 이전까지는 '인류의 절반인 남성들을 설득하지 않고는 페미니즘이 승리할 수 없다'는 생각을 갖고 있었는데 몇날 며칠 간의 설득과 논증으로 얻은 것은 짙은 분노와 패배감이었다. 그들은 말이 통하지 않는다. 그들은 '앞뒤를 따지지 않고 패야 한다.' 나는 이것을 너무 늦게 깨달았다. 메르스 갤러리가 탄생하던 즈음부터 이 사실을 알고 전략적으로 싸워온 똑똑한 여성들이 많다는 것도 알게 되었다.

나는 남성을 상대로 '이해시키는 것'을 우리의 운동 목적으로 삼아서는 안 된다는 확신을 갖게 되었다. 이것은 섣부른 판단이 아니라 무수히 많은 싸움과 언쟁 끝에 얻은 신중한 결론이다. 우리는 인류의 절반인 여성들만 설득해도 된다. 세계 여성들의 10%만 각성해도 세상은 반드시 바뀐다. 10%면 충분하다고? 메갈리아의 유명한 글 중에 이런 말이 있었다. 바닷물이 짠 것은 3%의 소금 때문이라고. 세상을 바꾸는 데는 단 3%의 각성한 여성들만 있어도 충분하다고. 이때부터 나는 남성을 향해 거칠고 격한 언어를 쓰는 운동방식에 대해 깊이 공감하게 되었고, 나 역시 필요할 때는 욕설이나 미러링을 서슴지 않았다.

**여험 앞에
좌우란 없다**

처음에 나는 페이스북 실친(실제 친구)들과 싸웠다. 그들은 나의 대학 남자 선후배였으며, 오랫동안 좌파적 세계관을 공유하면서 페이스북을 통해 진보적인 대화를 나눠왔던 친구들이었다. 가끔 그들과 사소한 일로 갈등하는 경우도 있었지만 그들을 나의 사상적 동지라고 생각하고 있었다. 우리는 함께 촛불집회를 공유했고, 정치와 환경, 교육, 복지, 동물권에 대해 이야기했고, 세월호 사건이 났을때 함께 울고 아파했다. 사소한 일이란 '나꼼수 비키니 사건' 때의 언쟁을 말한다. 그때 그들은 내게 전형적인 '진보씹치(씹치남은 뉴스에서 'XX녀'라고 성별을 부각시키듯 남성을 부각시킨 단어인데, 진보씹치는 자칭 진보주의자라는 남성들의 여성 차별적 언행을 비판하기 위해 만든 단어이다)'의 모습을 보여주었지만 당시에는 그것을 표현할 적절한 단어가 없었다. 메갈리아가 등장한 이후에 내가 '메갈발(發) 게시물'에 좋아요를 누르고 댓글을 달고 멘트를 달아 공유하기 시작하자, 실친이며 선후배였던 남성들은 나에게 사사건건 시비를 걸었다. "이건 좀 아닌 것 같은데요. 진정한 페미니즘은…" 이라거나, "무슨 말인지 알겠고 맞는 말이긴 한데 메갈글이라니 좀 그렇네요" 하는 식이었다. 메시지는 옳지만 메갈이라 안 된다니? 나는 지지 않고 더 많은 글들을 공유하면서 타임라인을 메갈글로 도배해버렸다. 후배 남성들의 맨스플레인에 대항해 댓글 싸움을 하고 있으면 최근에 페친이 된 페미니스트 친구들이 자연스럽게 합류하여 함께 싸워주었다. 그리고 나는 내가 메갈임을 선언해 버렸다.

'진보씹치'는 메갈리아 초기에 만들어진 단어다. 일반적으로 진보적이라면 성별이나 성적지향, 인종, 민족, 나이, 출신지역이나 빈부격차 등에 따른 차별을 인식하고 평등한 사회를 만들어 나가는 것을 목적으로 한다. 이를 좌파성향이라고도 부른다. 그런데 진보남성들은 정치적 좌파를 표방하며 계급투쟁을 한다면서 젠더감수성은 현격히 떨어진다. 우리는 1970~80년대

운동권시절부터 이러한 진보씹치들을 많이 보아왔다. 진보씹치, 그들은 여자를 갈아서 사회운동을 하고 밤에는 여성을 성적 대상으로 소비하며 집에서는 가부장적 권력을 휘두르는 남성들이었다. 메갈리아와 워마드의 유행어 중에는 '좌씹우치'라는 말도 있고, '보수는 나만 룸싸롱갈래, 진보는 나도 룸싸롱갈래'라는 우스갯소리도 있다. 여혐 앞에는 좌우가 없고 따라서 여성들이 진보 또는 보수라고 하는 정파적 프레임 안에서 운동할 필요가 전혀 없다는 것이 초기 메갈리아의 문제의식이었다.

당시 '진보씹치'와 '맨스플레인'은 내게 거의 동시에 다가온 단어들이었는데, 그 순간 얼마나 많은 것들이 해석되고 설명되었는지 모른다. 나에게는 이전에 없던 언어가 생겼고, 그것이 내 무기가 되었다. '해일이 오는데 조개를 줍는다'는 유명한 말을 남긴 정치인과, IS보다 무뇌아적 페미니즘이 더 위험하다던 칼럼니스트와, 나꼼수 비키니 사건을 전후해서 드러난 진보좌파 운동권 남성들의 지독한 여성혐오를 설명할 적절한 단어였다. 나꼼수 비키니 사태 때 다음의 여성 커뮤니티인 '쌍화차코코아(쌍코)' 카페에 올라온 '우리는 진보의 치어리더가 아니다'라는 글을 뒤늦게 읽고 눈이 번쩍 뜨이기도 했다. 내가 진보정치에 관심을 갖고 수많은 기부와 연대를 하며 촛불집회에 나가고 정당활동을 하면서도, 늘 주변인처럼 해소되지 않았던 찝찝한 기분들이 무엇이었는지 그 의문이 단박에 풀렸다.

메갈리아 초기 UN의 히포쉬(He for She) 선언에 큰 감명을 받았던 나는, 온라인에서 남성들을 상대로 우군이 되어줄 것을 설득하는 것을 최초의 운동 목적으로 삼았고, 주변 남성들과 특히 진보남성들을 향해 수없이 많은 글들을 썼다. 나는 그들이 최대한 우리 편이 되어야 한다고 생각했으며 될 수 있다고 생각했다. 그래서 그들을 향해 설득하고 질타하고 비판하고 비난하는 글을 많이 썼다. 내 글을 읽고 뭔가를 깨달았다며 나를 '선생님'이라 부르는 남성들도 종종 있었다. 나는 페미니스트로 스스로를 정체화하면서 함께 목소리를 내는 남성들을 응원하고 그들을 독려했다. 그래도 세상에는 정상적인 남자가 생각보다 많아서 정말 다행이라고, 당시의 나는 생각했다. 물론 지금은 완전히 다르게 생각하지만 그때는 그나마 말이 통하는 진보 남성들을 설득하는 것이 나의 사명, 내가 가장 잘할 수 있는 일이라고 생각했고, 그래서 전선을 넘어온 남성 페미니스트에게 친절하게 대했다. 페미니스트로 정체화한 젊은 남성들과 수많은 페이스북 메시지를 통해 개인적인 대화를 나누고 상담을 해주고 조력자가 되어 주었다. 나의 타임라인은 남페미들로 언제나 활기(?)가 넘쳤다.

그러나 지금의 나는 수많은 남성 페미니스트들과 적대관계 속에 있다. 페이스북에서 활동하는 남성들 중에 내가 갈등을 빚지 않은 남페미는 거의 없다. 온라인에서 내 악명의 대부분은 남성들이 만들어 낸 것이다. 나는 페이스북에서 신고가 누적되어 한동안 활동이 불가능했을 정도로 적(敵)들이 많았는데, 그중에는 물론 일베와 같이 노골적인 여성혐오자들이나 정치적 입장과 노선이 다른 페미니스트 여성들도 상당수 존재하지만, 한편에는 좌절당하고 거부당한 남성 페미니스트들이 포함되어 있다.

그들은 언제나 가장 앞장서서 '국지혜'를 성토하고 처단하고 낙인찍고 페미니즘으로부터 배제한다. 남성인 그들이 그럴 자격이 있는지 모르겠지만 그들은 그렇게 한다. 이글을 읽게 되면 그들은 말할 것이다. "그렇지 않다. '국지혜'가 먼저 남성들을 일반화하여 공격하고 처단하고 배제했다. 나는 피해자다." 내 이름은 페이스북 페미니스트들 사이에서 악명으로 여겨져 여기저기에서 소환된다. 나는 이제 온라인 어느 곳에서 조리돌림 당하고 있는 내 이름을 보아도 별 감정이 생기지 않을 정도로, 국지혜라는 내 이름이 낯설다. 그 이름이 의미하는 바는 진짜 나를 가리키는 것이 아니기 때문이다. 나 자신의 이름조차도 낙인이 되었다.

누가, 여성들에게,
잃어버린 언어를 줄 수 있나

그들의 인정투쟁은 눈물겹다. 그들이 어떤 실수를 하든 이해해주지 않으면, "남자가 실수할 때도 있지"하고 감싸주지 않으면, 진정한 페미니스트가 아니게 된다. 그들은 페미니스트들에게 메시지를 보내 구애를 하고, 싫다는데도 자꾸 연락을 하고, 데이트폭력을 가하고, 성희롱을 하고, 여성들 사이의 논쟁에 끼어들어 논점을 흐리고 한쪽을 악마화하고, 다른 한쪽을 피해자화하면서 성적 이중규범을 재생산한다. 그 남성들에 의해 페미니스트는 다시 악녀와 성녀, 김치녀와 개념녀로 나누어진다. 그들은 페미니스트라면 함부로 내세울 수 없는 비양심적인 주장을 하는데 거리낌이 없다. '로리타 콘셉트'는 여성의 표현의 자유니 보장하라고 말한다. 성매매 여성들의 인권을 위해 성노동론을 인정하고 시장에서 자유롭게 성판매와 구매가 이루어지도록 해야 한다고 목소리를 높인다. 포르노를 자발적으로 찍고 싶어 하는 여성들의 주체성을 인정하라고 말하며, 모든 기혼여성이며 아기를 낳은 엄마들은 죄책감을 가져야한다고 서슴없이 발언한다. 게이들의 사기결혼을 옹호하면서 사기결혼을 당하기 싫으면 여성들이 성소수자 운동에 연대하라고 협박하고, 심지어 강간과 성폭력, 가정폭력 생존자의 경험이나 우울증을 비웃고 조롱하는 말들을 한다.

온라인 페미니스트들 사이에서 매우 유명한 유모씨라는 남성은 평소 메갈리아와 워마드에서 여성들이 사용하는 '똥꼬충'이라는 단어가 성소수자를 혐오하는 발언이므로 잘못된 용어이며 이 용어를 쓰는 여성들을 잘못된 페미니즘에 경도되었다고 비난했다. 이후 그는 『메갈리아의 반란』이라는 자신의 저서에서 남성게이들이 사용하는 '뒷보지'나 '끼순이'는 여성혐오성 단어가 아니라 게이들의 여성성을 재전유하는 것이라고 주장했다. 그러면서 온라인에서는 워마드 계열 페미니스트들을 '웜베충'이라고 부르며, 일베와 같은 집단이고 혐오집단에 불과하다는 주장을 계속했다. 그남이 만든 웜베충이라는 단어는 일베들도 워마드를 공격하기 위해 즐겨 사용하는 단어가 되었다. 아마도 나를 겨냥한 것으로 보이는데, "나이 40에 애도 있고 학벌도 별로라 인생이 시궁창이지만 온라인에서는 머머님 소리를 듣는다"며 조롱하기도 했다. 그남에게 있어 40대에 아이를 키우는 학벌 별로인 여성은 '시궁창' 인생이며 여성운동가가 되기에 적합하지 않다는 뜻일까. 박사학위 정도는 있고 버틀러를 원문으로 술술 읽을 수 있어야 진정한 페미니스트라는 뜻일까. 이런 식으로 그남은 워마드를 가리켜 '못배운, 무식한, 이성애자 일색의 혐오종자'라는 식의 프레이밍을 계속하며 공격을 일삼았고, 믿기 힘들겠지만 그남의 조롱조의 글들은 페미니스트라는 사람들로부터 좋아요를 수십 개씩 받는다. 이런 식으로 그남은 '혐오발화 연구자'라는 이름이 무색하게 혐오발언과 분노발언, 미러링을 전혀 구분하지 못하는 태도를 보여주고 있으며, 게이의 여혐을 고발하는 워마드를 비난하기 위해서라면 어떤 여성혐오적 발언들이라도 서슴지 않아 빈축을 샀다.

미국에서 박사과정 중인 김모씨라는 남성은 페이스북에서 "워마드는 과격한 표현에도 불구하고 페미니즘의 한 갈래이며 여성운동이다", "자유지상주의자의 입장에서도 성매매는 옹호될 수 없다"는 당연하기 그지없는 말로 인기를 얻었다. 한국에 들어와 여성단체와 페미니즘 카페 등에서 개최한 강연의 강사로 나서면서, 그남은 페미니스트로 이름을 내세우고 활동했다. 물론 그남을 적극적으로 강단에 세운 페미니스트들이 존재했기에 가능한 일이었다. 그남은 이러한 여성들의 호의와 환대를 짓밟고 깡그리 무시하듯 미국으로 돌아가자마자 온라인상에서 페미니스트들의 데이트폭력 공론화를 비웃으며 피해자들을 2차 가해하는데 앞장섰다. 그남은 모든 남페미를 일반화하지 말 것, 여성들끼리 데이트폭력을 조심하라는 말도 하지 말 것, 설혹 데이트폭력을 당했더라도 공론화하지 말 것을 주장했다. "애초에 페미니스트라면 남성을 만날 때 잘 알아보고 만났어야하는 건데 뭘 잘했다고 공론화 하느냐"면서 피해여성들을 며칠간 공격하고 조롱하였다. 그남은 사적인 문제를 공론화하는 것 자체를 문제 삼았는데, '사적인 일'이란 남성이 여성을 강간하거나 폭행하거나 정서적·정신적 학대를 가하는 것이다. 그남이 누구의 이익을 위해 말하고 있는지 분명하다. 여성이 아니라 '가해자 남성'의 입장에서 말하고 있지 않은가. 또한 이 남성은 남성발화의 문제점을 제기하는 여성학자들을 공격하면서 "학회에서 만나면 빠큐(fuckyou)를 날려주겠다"면서 욕을 하기도 했다. 지금 이 두 남성은 힘을 합쳐 '여성'의 의미를 둘러싼 논쟁에서 트랜스젠더리즘에 저항하는 래디컬 페미니스트들을 악마화하면서 *'터프'로 몰고 있다.

또 다른 남성은 페미니즘 페이지를 운영하면서 "언어를 잃은 여성들에게 언어를 주겠다"고 말했고 팔로워와 친구를 공격적으로 늘려 페이스북 안에서 명성을 쌓았다. 그러나 이 남성은, 여성들이 개인적인 고민을 안전하

---

* **TERF** Trans-Exclusionary Radical Feminist 트랜스젠더를 배제하는 래디컬 페미니스트를 뜻한다. 중립적인 단어인 것처럼 보이지만 이 단어는 실제 래디컬 페미니스트들은 사용하지 않고, 트랜스젠더와 퀴어 진영이 페미니스트를 공격하기 위해 사용하는 단어이므로 멸칭이며 낙인이다. 트랜스젠더 정치학에 대한 가벼운 의문을 표시하기만 해도 혐오자로 간주되며 TERF로 찍힌다. 온라인에서 활동하는 래디컬 페미니스트들은 트랜스젠더들로부터 살해협박을 당하기도 한다.

게 주고받고 온라인 운동의 화력을 올리기 위해 존재했던 여성들만의 비밀
그룹이 폭파되는데 지대한 공헌을 했던 인물이다. 그남은 "여성에게 언어를
주겠다"며 얻은 인기로 페미니스트 여성과 사귀고 그 관계에서 데이트폭력
으로 구설에 올랐다. 또 다른 남성은 "온라인 운동판에서 국지혜를 끌어내
리고 다른 페미니스트 모모씨를 등극시켜야 한다"며 단톡방 뒷공작을 펼치
기도 했다. 이렇듯 어떤 남성들에게 페미니즘 운동은 하나의 구경거리이자
스포츠에 불과하며 페미니스트들은 그들이 즐기는 게임의 장기말(將棋馬)에
불과하다. 사례를 들자면 끝도 없다. 지면이 작아 모든 사건과 사례들을 신
지 못함을 애석하게 생각한다.

여성의 이름으로
여성을 지우는 그들

당신은 젠더 권력을 가진 남성이고, 따라서 지금 눈물겨운 생존투쟁을
하는 여성들과는 입장이 다르므로 함부로 운동의 깃발을 잡거나 방향을 제
시하고 목소리를 크게 내서는 안 된다고 말하면, 그남들은 격분해서 순식간
에 엄청나게 많은 여혐발언을 쏟아내고 여성들의 피해서사를 조롱하는 수
위까지 가게 된다. "내가 여성으로서 말한다. 내가 이런 일을 당했다!"고 주
장하는 여성들을 비웃으며, 감정적이고 히스테릭하며 무식하고 선동적인
발화나 일삼는 무지렁이로 취급한다. 나는 그런 사례를 무수히 보아왔다.
그남들은 유명한 외국 페미니스트들, 여성학자들과 이론가들을 들먹이며
여성들의 경험을 지운다. 나 역시 수없이 많이 당한 일이기도 하다. 밤새도
록 손을 꼽아가며 이야기할 수 있을 정도다. 나는 수없이 박제되고 실명으

로 조리돌림 당하고 욕설을 들었다. 일베충이 아니라 '스스로 페미니스트를 자처하는 남성들'로부터, 여혐판이 아니라 바로 페미니스트 진영에서 말이다. 그것은 내가 폭력을 당했거나 당할 수 있는 생존자 여성의 편에서 늘 말해왔고 남성에게는 조금의 이익도 주지 않는 주장들을 했기 때문이라고 생각한다. 강남역 살인 사건 때까지만 해도 우리의 동지인 것처럼, 여성들의 피해와 공포에 귀 기울여야 한다고 큰소리로 주장하던 남페미들에게 무슨 일이 생긴 것일까. 그들은 정말 우리 편이었을까.

많은 여성들이 '스스로 페미니스트임을 내세우는 남성들'을 경계하지만 한편으로 여전히 남성이 페미니즘적 발언을 하면 순식간에 인기를 얻고 관심을 받는다. 여성들이 같은 말을 하면 당연한 것이지만 남성이 똑같은 말을 하면 '개념남(개념녀에 대한 미러링으로 성평등한 관점을 가진 남성을 격려하기 위해 사용)'으로 칭송받고 언론 인터뷰를 하며 온라인 매체에서 글도 잘 실어준다. 여성학자들은 그들을 강단에 세우고 텔레비전에 출연시킨다. "여자친구와 섹스할 때는 콘돔을 써야 한다", "여성에게 소리 지르는 것은 폭력이다"는 수준의, 매우 당연하고 정상적인 발언을 하고도 남성은 뭇 남성들의 공공의 적이 되며(물론 살해나 강간의 위협을 당한다는 뜻이 아니다. 그냥 욕을 조금 먹을 뿐), 여성들에게 무한 칭찬을 받고 인기를 끈다. 이것은 한국남성 일반의 수준과 한국문화에서의 처참한 여성인권 수준을 그대로 증명한다. 저 정도의 발언으로 여성들에게 인기를 끌 수 있으리라고 생각하는 서양남자는 없을 것이다.

남페미들을 경계하는 여성들은 "영리하고 영악한 한남충이 '번식탈락(열등한 조건의 남자들이 여성을 사귀지 못하는 경우를 비꼬는 말)'을 면해보려고 페미니즘을 이용한다"고 농담처럼 말하는데, 정말 그런 것인지는 몰라도 수많은 온라인의 입페미(부록 참조) 남성들은 자신들의 진정성이 의심받는다고 느끼는 순간 극악무도한 여혐러로 되돌아가버리곤 했다. 페이스북에서 이런 일은 두세 달에 한번 꼴로 일어나는데, 그래도 그 남성의 편을 들어주는 여성들이 존재한다. 그래서 남페미를 비판하고 배제하는 페미니스트들은 일부 여성 페미니스트들과 남성 페미니스트들 양쪽에게 모두 비난을 듣는 것이다.

남성들이 이런 행태를 계속 보이더라도 우리는 그들을 어엿한 페미니스트로 인정해 주어야 하는가. 그들이 여성들보다 더 큰 목소리를 내고 전면에서 깃발을 날리며 운동의 방향성을 지정해주더라도 그것을 탓하면 안 되는가. 페미니스트들이 무엇을 공론화할지를 그들이 정해주어야 하는가. 그들이 여성들의 입을 막고 여성들을 다시 온라인상에서 삭제하고 있는 것이 아닌가? 남성들은 페미니스트라는 이름을 달고, 수많은 여성들의 경험을 지우는 데 앞장서고 있다. 아주 극소수의 남성을 제외하면 대부분의 남성 페미니스트들은 온라인 페미사이드의 가해자들이다. 그들은 유언비어를 퍼뜨려 조리돌림하고, 신상을 파헤쳐 광장에 효수하고 죽창을 들고 페미들을 찌르고 군중과 함께 낄낄댄다. 그들은 여전히 어떤 여자들은 죽어 마땅하다고 생각하는데, 그 여자들이란 바로 자기보다 목소리가 크거나, 자신의 말에 호응하지 않고 끝까지 설치고, 떠들고, 생각하는 사람들이다. 설치고 떠들고 생각하는 여자들이 싫다던 장동민과 그 '자칭 페미니스트 남성'들이 무엇이 다른지 나는 알 수 없다.

페미니스트 진영에서 남성의 발화권력이 존재함을 부정하는 사람들이 있다. 그들은 페미니스트 사이에서 남성은 숫자상 소수이고, 작은 실수라도 할 경우 크게 비난받기 때문에 오히려 소수자에 속한다는 황당한 주장까지 한다. 이것은 "여자도 군대 가라", "왜 남자만 생수통을 드냐"면서 이 세계에 실재하는 남성의 권력을 지우고, 여성들을 생각보다 강하고 힘있는 존재로 묘사하는 여성혐오자들의 논리와 비슷하다. 여성이 다수인 곳에서 소수의 남성이 약자가 되는가? 페이스북이나 트위터 같은 SNS 상에서 페미니스트로 스스로를 정체화하는 남성들은 정말 여성에 비해 권력이 없는 걸까? 그동안 우리 온라인 페미니스트들이 남성 페미니스트의 발화권력에 대해 수도 없이 이야기했음에도 불구하고, 남페미와 결을 같이하기 일쑤인 여성학자들은 남페미들의 발화권력을 축소하고 심지어 그런 것은 없다고 주장하는 경우가 종종 있다. 공개된 강연장에서 직접 그렇게 말하는 학자들도 존재한다. 이 유명 페미니스트들은 신생 온라인 페미니스트들에 비하면 이미 충분한 발화권력을 가지고 있다. 익명성 뒤에서 싸우는 온라인 활동가들과 달리 이들은 이미 유명하고, 공개강연을 하고, 책을 쓰고, 각종 인터뷰를 한다. 그들의 기준에서 남성 페미니스트가 발화권력이 없는 것은 사실일지 모른다. 그러나 이러한 남성 페미니스트들의 횡포와 폭압으로부터 언어를 빼앗기지 않고 생존하기 위해 싸우는 여성들의 악다구니를 함부로 지워서도 안 될 것이다. 만약 그럴 경우 유명 페미니스트들은 남페미와 공모하는 페미사이드의 가해자가 된다. 말의 길을 여러 갈래 갖고 있는 사람과 그렇지 않은 사람은 싸움의 방식 자체가 다르다. 전쟁터에서 우아하게 말하며, 치우치지 않을 수 있는 사람들은 특권을 가지고 있는 것이다. 이외에도 이슈의 휘발성이 강한 SNS의 특성상 자세한 정황이나 맥락을 알지 못한 채, 온라인 페미니스트들이 떼를 지어 몰려다니며 '죄 없는 남페미'를 몰아붙이는 것이라고 오해하는 사람들도 있다.

'한남충'이라 욕하니
그제야 '보지년'도 문제라 한다

워마드나 메갈리아 등에서 생산된 거친 언어를 앞세우는 여성들은 대부분 거대한 계정을 운영하지 못한다. 페이스북의 경우, 페미니스트들의 네트워크에서 팔로워 천여 명, 페친 천여 명, 도합 2천 명의 네트워크를 가지고 있다면 규모가 꽤 큰 계정에 속한다. 큰 계정을 가지고 있으면 목소리가 멀리멀리 퍼지고 더 많은 사람들에게 영향을 끼친다. 이보다 큰 계정을 갖고 있는 페미니스트들은 주로 남성이거나 온건한 언어를 쓰면서 과격한 논쟁에 참여하지 않는 여성들의 계정들이다. 일베 등의 여성혐오자에 맞서 씹치, 한남충, 재기해, 느개비, 실좆, 후장, 6.9(한국남자의 평균 성기 크기로서, 69의 성애적 의미를 전복시킨다), 자들자들(남자가 부들부들 화내는 모습을 비아냥거리는 표현) 하는 식의 거친 언어로 싸울 때, 여성들은 댓글이나 게시물, 혹은 계정 자체가 신고당해 삭제될 것을 각오해야 한다. 거친 입담과 미러링으로 싸우는 계정들은 그래서 매우 취약하다. 페이스북에서 계정이나 글이 삭제되는 것을 '썰린다'고 표현하는데, 남성들이 20년간 온라인 공간에서 김치녀, 된장녀, 보지년 등을 써오는 동안, 혐오표현이라는 이유로 계정이 썰리는 경우는 거의 없었다. 개보년, 씨발년, 에미창년 같은 표현을 보고 아무리 신고를 넣어도 규정을 위반하지 않는다는 답만 돌아온다. 여성들이 여성혐오 표현을 미러링 하면서 남성권력에 저항하기 시작한 건 근래 들어서다. 게다가 이런 표현들은 아주 쉽게 '썰린다'. 계정은 쉽게 정지되고 가계정 정책에 의해 삭제된다. 쓰던 계정이 삭제 당하면 새로운 계정을 파야하고, 친구를 다시 쓸어 모아야한다. 애초에 만들었던 소셜네트워크를 복원하고 새로운 관계의 알고리즘을 생성하기까지 시간이 걸린다. 복구가 완전히 이루어지기도 전에 여성혐오 현장에서 또 키배를 뜨고 그러다 계정이 삭제당하기 일쑤다. 소위 전문 키배러인 넷페미들은 아이피 자체가 막혀 새 계정을 만들려고 해도 어려운 경우가 있다. 여혐러들은 계속 판치고 목소리는 내야겠으니 온라인 페미니스트들은 의도치 않게 계정 전문가가 되어버렸다. 가계정을 여러 개 만들어 돌려가며 쓰는 것이다. 한 계정이 일주일 정지를 당하면 두 번째 계정으로, 그게 또 일주일 정지당하면 세 번째 계정으로, 세 번째 계정이 정지당하면 첫 번째 계정의 정지가 풀려 그 계정으로 활동하는 식이다. 과격파로 몰려있는 계정들이나 논쟁에 더 많이 참전(?)한 계정일수록 정지를 많이 당한다. 계정이 영원히 삭제되면 그가 쓴 글과 댓글들이 온라인에서 완전히 지워지기도 한다. 이것이 온라인 페미사이드다.

어떤 사람들은 이렇게 말할 것이다. "어휴, 그러게 왜 그렇게 거칠게 굴어. 신고 당하지 않게 적당하게 하면 되지." 아니, 아니다. 애초에 남성들의 여혐 단어가 20년이나 온라인 공간을 지배할 동안 혐오표현의 규제는 한 번도 제대로 작동하지 않았다. 여성들이 혐오 발화를 미러링하기 시작한 시점에서야 혐오적 표현에 대한 규제가 논의되고 있다. 그것이 미러링 전략의 의미이고 성과라는 것을 부정할 사람은 없을 것이다. 메갈리아 운동의 핵심은 바로 남성들의 언어를 빼앗아 되갚아주는 것이었다. 온건한 글을 쓰는 페미니스트들의 목소리가 널리 퍼지고 힘을 받은 것도 이러한 운동의 영향이라는 것 역시 부정하기 힘들다. 메갈리아가 생기고 나자 각종 뉴스에서는 '여혐, 남혐 모두 문제'라는 식의 기사가 올라왔다. 여성혐오 단어들이 온라인을 지배하는 동안 한 번도 된장녀나 김치녀라는 단어가 문제라는 보도가 없었는데, 여성들이 혐오발화를 미러링하는 순간부터 '혐오'가 사회적 문제가 된 것이다.

얼마 전 유명한 남배우가 갑작스러운 사고로 사망하는 사건이 일어났다. 언론은 이에 대한 워마드의 실시간 반응이라면서 일부 유저들이 올린 가장 자극적인 표현들 - 한남 해치워서 기분이 좋다, 전복요정, 자라니 - 을 뽑아 기사화했다. 유명한 여성연예인이 성상납을 강요받다가 자살한 사건에서 남성들이 어떤 댓글을 달았는지 우리는 기억한다. '자라니'는 '보라니'의 미러링 단어다. 보라니는 보지와 고라니의 합성어로 남초 커뮤니티에서 사용하는 여성멸시적 단어다. 남성들은 여성들이 자동차 사고 등으로 죽은 영상을 여러 번 돌려보며 심지어 그 영상을 가지고 자위를 하기도 한다. 이러한 남성 커뮤니티 문화를 접한 여성들은 자라니라는 단어를 만들고 남성들이 자전거나 오토바이를 타다가 사고가 난 영상을 올려놓고 깔깔거린다. 이전까지 보라니가 기사화된 적은 한번도 없었는데, 자라니는 워마드라는 이름에 남성을 혐오하는 여성들이라는 표현이 붙어 단박에 기사화된다. 연예인에 대한 고인모독성 악플 중에 남성 커뮤니티에서 쓴 것들은 커뮤니티 이름이 언급되지 않을 뿐만 아니라 악플을 단 사람이 남성인지 여성인지도 드러나지 않고 기사화된다. 늘 그렇다. 남성이 저지른 잘못은 세대의 잘못이거나 민족의 잘못이거나 인류의 잘못이 되고, 여성이 저지른 잘못은 여성만의 잘못이 된다. 우리는 지금 이러한 이중잣대를 고발하는 중이다.

왜 그렇게 거친 단어를 쓰느냐면서 교양을 갖추라는 둥 미러링은 실패한 전략이고 이제 다른 방식으로 싸울 때라는 둥 이런 말을 페미니스트들로부터 들을 때면 난 웃음이 난다. 메갈리아는 등장부터 시원한 입담과 미러링으로 여성들에게 사이다를 안겼다. 더 많은 여성들이 각성하고 깨어나고 있는 중이다. 그 여성들 중 가장 강력한 존재인 워마드 계열 페미니스트들은 여성인권을 깎아 내리는 일이라면 무엇이든지, 여성인권을 다른 권리 아래에 놓는 사람은 누구든지 성역 없이 비판한다. 그래서 우리는 불편한 존재들이다. 미러링은 여전히 유효한 전략이다. 워마드가 고인 능욕을 하면 뉴스에 나오지만 일베나 이종격투기가 여성이 처참하게 죽는 영상을 틀어놓고 자위를 하는 것은 아무런 이슈가 되지 않는다. 이 진실을 어떤 방식으로 '보여 줄' 것인가가 내게는 여전히 중요한 문제다.

내 목소리가 커지고 나자 이를 '발화권력'으로 규정하며 충고하는 이들이 많아졌다. 그들은 "조금의 실수도 하지 마라", "제대로 알지 못하면 주장하지 마라", "말투가 왜 그러냐, 사과하라"고 내게 말했다. 페미니스트 사이의 논쟁이 벌어질 때면, 수많은 사람들이 나에게 정확하게 말할 것, 팩트를 제시할 것, 온건한 말투로 설득할 것을 요구했다. 내 태도도 문제가 되었다. 강력하게 주장하면 교조적이며 꼰대질한다고 했다. 내가 정치질을 한다고도 했다. 로리타 논쟁과 의제강간 폐지를 주장하는 청소년 운동가들과의 논쟁에서는, 어린 딸을 가진 엄마로서 말한다고 얘기하면 비웃음거리가 되었다. 나의 당사자성은 무시되기 일쑤였다. 그러나 당사자가 아닌 사람들의 그럴 듯한 말은 환영받았다. 나에게는 여성 당사자로 운동하면서 결코 양보할 수 없는 주제들이 있는데, 그 생각을 표현하는 것만으로도 수많은 페미니스트들로부터 신고를 받고 계정이 삭제되었다. 페미니스트 네트워크 내에 남성의 발화권력이 존재한다는 것은 부정하면서, 여성이면서 급진주의 페미니스트인 나의 발화권력은 문제라는 식으로 말하는 유명한 여성 페미니스트들이 존재한다. 자칭 남성 페미니스트가 흥분해서 막말을 하는 것에는 일절 반응하지 않으면서 여성들이 거친 말을 쓰거나 흥분해서 말실수 하는 것에 대해서는 워마드의 한계 운운하면서 비판하기도 한다.

지금도 온건한 글을 쓰는 '여성' 페미니스트들이 얼마나 살얼음을 걷고 있는지 나는 안다. 그들은 실수하지 않기 위해 자신을 단속하고 조금의 혐오발언만으로도 자신의 정당성이 무너질 것이라는 생각 때문에 이것저것 가린다. 설득력 있는 언어를 쓰기 위해 단어를 다듬고 또 스스로 검열하는 것이 습관이 되었다. 그래서 어떤 생각들은 마음에만 있지 감히 발설하지 못한다. 게이 남성의 사기결혼 문제나 게이 커뮤니티 내부의 여혐 고발, 트랜스젠더리즘의 여성혐오적 수행성에 대해서 그들은 공감하면서도 말을 아낀다. 여성 입장에서 조금만 솔직해지면 당장 '혐오자'라는 낙인이 붙고, OO

파로 몰리며, 블랙리스트에 올라가고 수많은 남성들이 달려와 집단으로 성토대회를 하기 때문이다. 그리고 모든 말들은 평가절하된다. 이런 식으로 여성들의 언어는 늘상 검열과 평가의 대상이 된다.

페이스북에서 남성들의 입맛에 맞지 않는 말을 하면 어떻게 되는지를, '국지혜'라는 인물을 통해 학습했다는 사람들도 많다. 일년 전까지만 해도 나 역시 끝없이 스스로를 검열했고, 모든 사람이 듣기에 옳은 말만 하려고 애썼으며, 되도록 페미니스트들과 모든 소수자들을 불편하게 하지 않으려고 애썼다. 스스로만 그런 것이 아니라 다른 사람들에게도 정치적으로 올바른 언어를 쓸 것을 권하기도 했다. 실수를 지적 받으면 내가 왜 그런 행동을 했는지 스스로 해석하거나 돌아보기 전에 사과문부터 썼다. 결과적으로 사과할 필요가 없었던 숱한 일들에 대해 나는 사과했고 그것이 겸손이며 미덕이라 믿었다. 그러면서 속은 썩어 들어갔다. 더 이상 참을 수 없어 할 말을 다하고자 마음먹고 난 후, 나는 사람들의 비난과 조리돌림, 온건한 비판과 개인메시지를 통한 조롱을 견디면서 끝까지 싸웠다. 사람들의 눈치를 보지 않고 내가 하고 싶은 말을 하게 될 수 있기까지 오랜 시간이 걸렸고 그것은 많은 사람들이 등을 돌리는 것을 의미했다. 나는 그 모든 것을 감수했다. 목소리를 얻었으니 그 무엇에도 굴하지 않겠다고 결심했기 때문이다.

썰리고 썰리는
페이스북 계정

나는 본 계정이 팔로워와 친구를 합쳐 약 2천 명 수준으로 래디컬 페미니스트 치고 꽤 큰 규모를 자랑하는데 작년 초에만 한 달짜리 정지를 연달아 네 번이나 당했다. 두 번째 계정 역시 한 달짜리를 두 번 당했고, 세 번째 계정도 하루, 사흘, 일주일 하는 식으로 정지당했다. 과격한 욕설을 쓰지 않아도 내 계정은 마구 썰렸다. 페이스북 코리아는 계정을 막은 후 무엇이 썰린 글인지 보여주는데, 단 하나의 혐오표현이 없는 경우에도 신고가 들어가 재심의 여지없이 한 달씩 정지되는 경우도 많았다. 애써 쓴 글들이 삭제되고 지워지는 것은 물론 계정까지 없어진다. 계정이 사라지는 것은 온라인 공간에서 목소리가 사라지는 것이다. 이것을 나는 온라인 페미사이드라고 부른다. 내 계정은 일베 등의 여혐러와 싸울 때보다 페미니스트 진영 간 논쟁했던 경우에 더 많이 정지를 당했다. 온라인 페미사이드는 고소·고발로 인한 계정삭제뿐만 아니라, 페미니스트들 간 논쟁에서 서로 신고 폭탄을 주고받으며 발생하기도 하는 것이다.

여성이 할 말을 하면 '썰린다'. 여성이 고운 말을 쓰지 않으면, 여성이 남성을 비난하면 '썰린다.' 이 과정이 반복되면서 지친 나머지 온라인 계정을 아예 삭제해 버리고 현장을 떠나는 여성들도 많다. 여성의 언어는 얼마나 삭제되기 쉬운가. 현실 세계에서처럼 사이버 공간에서도 마찬가지다. 여성들에게도 발화권력이라는 것이 있다는 사람들은 한 번 생각해 보길 바란다. 열심히 글을 쓰고 밤잠을 포기해가며 키배를 뜨고, 자료를 퍼다 나르면서 오랜 기간 쌓아온 팔로워와 친구 수가 발화권력인가? 그것이 권력이어서 어떤 사람들의 입맛에 맞지 않는 주장을 할 때 언제든 계정이 삭제될 수 있는가? 아니다. 거친 언어를 쓸 필요 없이 교양 있고 우아한 태도를 견지할 수 있으며, 과격한 주장을 하지 않고 누구에게나 편안하고 듣기 좋은 페미니즘을 설파할 수 있으며, 그래서 삭제당하지 않고 언제든 말할 수 있는 그 위치, 그것이 바로 권력의 위치다.

남성들은 상대적으로 덜 지워진다. 일단 신고를 덜 받는다. 남성들은 대부분 여성들만큼 거친 언어로 싸우지 않는다. '원조 메갈'을 내세우는 남페미들은 지식인이자 교양인으로 행세하고 있는데, 그들이 사용하는 언어는 정치적으로 바람직하고 점잖다. 그들은 가슴을 찢어발기고 악을 쓰며 똥통에서 구를 필요가 없는 것이다. 앞서 말했듯 그들은 몇 번의 정상발언 정도로도 안정적인 인기를 확보할 수 있고 수백 명 수준의 팔로워를 거느릴 수 있으며, 신상의 위협에 대한 고민 없이 수천 명의 친구와 맺어질 수 있다. 온라인 페미니스트들은 페이스북 친구 맺기에 신중하다. 확실한 사람이 아니면 관계를 맺지 않는다. 여성들의 네트워크에 침입하려는 남성은 언제나 있고, 그들에 의해 공동체 전체가 위험해질 수 있기 때문이다. 이는 여성혐오와 여성에 대한 폭력으로 가득한 온라인 공간에서 여성들이 살아남기 위해 체화한 생존전략이다.

그에 비해 남성들은 이런 걱정을 할 필요가 없다. 남성들은 더 많은 친구 요청을 보내고, 쉽게 친구수락을 한다. 따라서 더 많은 발화권력을 더 빨리 얻는다. 여성들이 처해있는 상황과는 완전히 다른 것이다. 가끔 한남들과 키배를 뜨며 열심히 싸우는 남성들이 있긴 하다. 그렇다고 그들에게 신상 위협이나 욕설이 담긴 개인 메시지를 보내는 사람은 없다. 여혐러들은 특정 여성의 신상을 캐고 개인 메시지로 욕설을 퍼부으며 그 여성의 실친으로 보이는 사람들에게 메시지를 보내 "네 여친이 메갈하는 거 아냐?"고 묻기도 한다. 남성들은 이런 위협에서 확실히 자유롭다. 고로 진실은 이렇다. 남성들은 페미니스트 진영 밖에서 통용되는 젠더 권력의 편리성을, 한 줌밖에 안 되는 온라인 페미니스트 공간에서도 고스란히 누리고 있는 것이다. 그래서 어떤 페미들은 가계정을 만들 때 남성의 이름으로 만들기도 한다. 예전의 내가 그랬던 것처럼 남페미의 말에 귀 기울이며 찬양하는 사람들은 여전히 많다. 그 남성들은 원래 누리고 있던 기득권을 페미판에서도 여전히 누릴 뿐이다. 그들은 한 번도 기득권을 내려놓은 적이 없다.

내가 본 '남성 페미니스트'들은 겉으로는 자신들이 권력을 가졌다는 사실 자체를 경계하는 것처럼 행동한다. 그러나 그들은 자신이 손에 쥔 권력이 어떻게 행사되는지 자각하지 못한다. 눈치 보지 않고 말해도 된다는 것, 거친 말을 해도 신고 당하지 않는다는 것, 정상적인 말을 했을 뿐인데도 따봉(좋아요)을 받고, 선생님 소리를 듣게 된다는 것, 언제나 안전한 위치에 있다는 것을 자각하지 못한다. 그러다 어느 순간 그들은 손에 쥔 남성 권력을 휘두른다. 페미니스트 이슈로 논쟁이 격화되었을 때 그들은 담론에 끼어들어 문제를 일으킨다. 성매매 논쟁이나 로리타 논쟁의 경우, 남성이 담론에 끼어들거나 담론을 주도하려는 순간 권력지형이 왜곡되고 논의는 뒤틀려버린다. 남성은 언제나 여성의 표면적인 자유를 외치는 쪽의 손을 들어준다. 그들이 그럴 수밖에 없는 것은, 남성들은 래디컬 페미니스트가 될 수 없는 원천적인 한계를 지니고 있기 때문이다. 래디컬 페미니즘은 가부장제의 뿌리를 완전히 뽑아버리려는 급진적 사조인데, 아무리 페미니스트라도 남성들은 그것에 완전히 동의하기 힘들거라 생각한다. 남성들은 페미니스트 당사자가 되기 힘들다. 그들은 언제나 조력자의 위치에 있을 뿐이고 그래야 한다. 그들은 여성들이 정말로 권리를 갖는 것을 두려워한다.

진정한 남페미는
죽은 남자뿐, 하지만

내가 페이스북에서 만난 남성 중에 페미니스트라고 이름붙이기 아까운 사람만 있었던 것은 아니다. 나는 항상 남성들에게 '진정한 페미니스트'가 될 것을 주장하곤 하는데, 예를 들어 우리보다 성평등 지수가 훨씬 높은 네

딜란드나 영국 등의 나라는 물론이고 강간 성폭행 문화로 여성들이 수없이 죽어나가는 인도에서도 훌륭한 남페미들이 활약한다. 그들은 여성들에 대한 복장 규제와 폭력에 항의하기 위해 치마를 입고 하이힐을 신은 채 거리를 행진한다. 그들은 성폭행 당하는 여성들을 위해 치마를 입는다(그들이 스스로 여성임을 주장하기 위해 그러는 것이 아니라는 점이 중요하다). 프랑스의 남성들로 구성된 '제로마초'는 2016년 유로 관람객에게 '진정한 남자라면 성을 구매하지 않는다'는 메시지를 전하는 전광판 광고를 만들었다.

한국남성 중에서 이런 '진짜 페미니스트'를 찾는 일은 매우 어렵다. 한국은 144개국 중 118위의 성평등 지수를 자랑하는 명실상부한 여혐국가가 아닌가? 한국 남페미는 외국 남페미와 다르다는 말이 그래서 나온다. 한국은 성매매 왕국이고, 고등학생조차 수학여행을 가서 단체 성매수를 하는 나라다. "성매매 하면 안 된다", "여성을 때리거나 죽이면 안 된다"는 말이 정상 발언으로 취급된다. "더치페이나 데이트 통장은 우스운 짓이다"는 정도의 말만 해도 개념남이 된다. 그것이 설령 말뿐이라하더라도 그런 말을 하는 남자 자체가 절대적으로 부족하다보니 더 많은 관심과 응원을 받는 것이다.

나는 이제 남자 페미니스트를 믿지 않는다. 자신을 페미니스트라고 주장하거나 타인으로부터 그런 평가를 받는 것을 당연하게 여기는 페이스북의 수많은 남성들이, 초반의 그럴듯한 등장과 달리 시간이 갈수록 실망스러운 모습만을 보여주었기 때문이다. 지금 정상적인 발언을 한다고 해서 나중에도 정상적이리란 보장이 없고, 자신의 말과 삶을 얼마나 일치시키고 있는 사람인지, 즉 '진실된' 인간인지 의심스럽기 때문이다. 그래서 나와 같은 입장의 여성들은 '남페미'라는 단어를 쓰지 않은지 오래되었다.

아주 드문 일이긴 하지만, 진정한 남성 페미니스트 얼라이(ally, 동지)라고 부를 만한 남성이 아예 없지는 않았다. 페북에서 좋은 글을 잠시 쓰다가 잘

생긴 개념 남성에 대한 지나친 관심을 부담스러워하면서 스스로 계정을 접고 사라진 남성이 있었다. 페미니스트 간 논쟁에는 되도록 끼지 않으면서 한국남성들을 분석하고 고발하는 일에 집중하는 남성도 있다. 어떤 남성은 학교에서 교사들이 저지르는 여성혐오적 언행을 고발하는 페이지를 만들어 학교 남성 집단으로부터 철저하게 공격을 받았으며 일부 여학생들로부터도 비난을 받았다. 신변을 걸고 고발글을 올린 결과 학교 측의 사과와 후속조치를 받아냈다. 또 있다. 단톡방을 공개하는 남성들이다. 남성 집단의 은밀한 결속을 깨뜨리고 내부고발을 하는 남성들도 존재한다. 그 때문에 그들은 위험에 처하지만 옳은 일이기 때문에 그 일을 감행하고, 조용히 사라진다.

어떤 남성들은 오프라인 행사장에 나를 찾아오기도 한다. 그들은 너무나 조심스럽게 인사하고 진정한 남자 페미니스트의 길을 묻는다. 공개적으로 질문하지는 못하고 몰래 다가와 인사하면서, 남성으로서 자신이 페미니즘을 하려면 무엇을 어떻게 해야 하냐고 묻는다. "치마를 입고 하이힐을 신고 광화문 광장에서 '성폭력은 여성의 복장 탓이 아니다!'라고 쓰인 피켓을 들고 시위를 한번 해 보는 건 어떤가요?"라고 내가 대답하면 머리를 긁적거리며 뒷걸음질 치고는 사라진다. 그들에겐 역시 너무 어려운 걸까? 그래서 나는 남성들을 위한 페미니즘 특강을 개설할지를 두고 한동안 고민했다. '남자? 그까짓 거 가르쳐서 뭐해? 어디 가나 맨스플레인 하면서 기어오르기나 하지'라는 마음과, '페미니즘을 정확히 알지 못해 그렇게 살지 못하는 사람이 있을지도 몰라. 내가 조금만 가르쳐 주면 용기를 낼 남자들이 아직은 있지 않을까?'라는 마음 사이에서 말이다.

여기 아직 사람이 있다,
이제 그 사람이 말할 차례다

올해 초 본계정과 두 번째, 세 번째 계정까지 삭제당하는 경험을 하면서 나는 목소리를 낼 창구를 잃었다. 드디어 온라인 발화의 한계를 느낀 것이다. 팔다리가 잘려나가고 목소리를 빼앗긴 것 같은 죄절감과 패배감, 분노가 밀려왔다. 온라인 세계 자체를 부정하거나 의미를 축소하곤 하는 기성 페미니스트들과 같은 의미에서 온라인 여성주의의 한계를 말하려는 것은 아니다. 온라인은 오프라인과 전혀 구분되지 않는 세계이며, 온라인은 이미 우리의 정체성을 형성하고 관계를 맺는 공간이 된지 오래다. 온라인 내부에서의 운동은 여전히 중요하고, 앞으로도 그럴 것이다. 다만 온라인에서 지속적으로 목소리를 삭제당한 나와 급진주의 진영의 페미니스트들은, 얼굴을 대면하고 논의하며 공부하고 학습하는 오프라인의 어떤 장소가 필요하다는 생각을 하게 되었다.

이는 온라인 페미니스트로서 우리의 활동 영역을 넓혀가야 할 시점이 왔다는 의미이기도 했다. 그리고 알게 되었다. 페미니즘 내부에서 우리가 겪은 갈등들이 비단 온라인만의 문제가 아니며 요즘 세대 페미니스트들만의 문제인 것도 아니고, 이전부터 오랜 시간 진행되었거나 어딘가에서 교류가 멈춰버린 페미니즘 진영 간의 갈등과 반목의 일부라는 것을 말이다. 나는 온라인과 오프라인을 오가며 경계를 허물고 넘나들어야 할 필요를 느꼈다. 오래 싸울 것이라면 오프라인 활동을 주저하지 말아야 하고, 얼굴을 마주하고 설득하거나 때로 언성을 높여 싸우는 것도 피하지 말아야 한다. 함께 목소리를 내야 할 때는 힘을 합치고, 노선이 갈릴 때는 정당성을 확보하기 위한 논쟁도 불사해야 한다. 나는 갈등이 없는(것처럼 보이는) 시대보다 갈등이 표면화되는 시대가 훨씬 건강한 것이라고 생각한다. 지금 페미니즘이 격동하고 판이 흔들리는 것은 우리가 살아 있다는 증거다. 이것은 더 이상 목소리를 죽이지 않겠다는 우리의 선언이다.

소위 메갈 세대 혹은 '헬페미('지옥에서 온 페미니스트'라는 표현이 유행하면서 생긴 단어)'로 불리는 온라인 페미니스트들이 목소리를 내기 시작한지 이제 겨우 2년이 넘었다. 남성 페미니스트들과 유명 학계 페미니스트들은 때로 같은 목소리를 내며, 온라인 2030 페미들의 한계를 논한다. 그들은 점잖고, 주로 엘리트주의적이다. 신생 페미니스트들은 그들 사이에서 목소리를 낸다. 남성 권력에 빼앗긴 목소리를 찾기 위해 싸움을 시작했는데 의외로 우리의 발화를 막는 사람들이 페미니스트 진영 안에 있었던 것이다. 상대적으로 학벌과 문화 자본을 갖추지 못한 자가 자기주장을 하고 확산시키는 과정은 지난하다. 헬페미 사이에는 '후려치기'와 '가스라이팅(상황을 조작해 피해자와 가해자를 혼동하게 만들거나 자기 스스로를 의심하게 만들어 상대방을 심리적으로 지배한다는 뜻의 심리학 용어)'이라는 말이 유행한다. 이제 막 입이 트이기 시작한 페미니스트들은 온갖 종류의 권력을 거부하고 자기 생각을 말하기 위해서 싸운다. 권력이 없으므로 말이 거칠다. 그리고 많이 말하고 더 많이 시끄럽게 떠든다. 그렇게 하면 누군가에게 어떻게든 가닿는다. 그것이 우리의 전략이다. 이런 목소리를 후려치는 사람들이 있다. 온라인 안에서 신상 걱정이나 하면서 가계정으로 숨어서만 말할 수 있는 주장은 받아들일 수 없다고 그들은 말한다. 그러나 그들은 잘못 알고 있다. 주장에 확신이 없어서, 숨어서 말하려고 우리가 가계정을 빌리는 것이 아니다. 여성들이 말하는 순간 부딪치는 수많은 비난과 억압, 파괴를 이겨내기 위해 우리가 선택한 방법이다.

나는 여성들의 말에 더 많이 귀 기울이고 여성들에게 위로가 되는 목소리를 더 많이 낼 것이다. '모두를 위한' 페미니즘이 아니라 '모든 여성을 위한' 페미니즘이 맞는 것이라고 목소리를 높일 것이다. 페미니즘은 여성해방운동이며 거대한 혁명으로서, 남성은 무릎 꿇고 사죄하면서 눈물을 흘리며 자신의 권력을 내려놓아야만 하는 신세라는 것을 끝까지 이야기할 것이다.

남성의 '정상발언'을 찬양하지 않고, 칭찬도 하지 않을 것이다. 정상발언 정도로 인정받고 싶어 안달이 난 남성이 있다면 거침없이 후려치겠다. 당연한 말 내뱉고서 어디서 생색이냐고 후려치겠다. 당연한 말이 그저 당연한 말이라는 것을 깨달을 때 남성들은 조금 더 겸손해질 것이다. 남성의 발화는 조금 줄어들어도 된다. 여성들이 더 많이 자기 생각을 말할 수 있어야 좋다.

SNS가 그러한 권력 투쟁의 장임을 부정하지 않겠다. 나는 더 많은 남성들을 입 다물게 하고, 더 많은 여성들의 입을 트이게 하고, 유명한 남성 '페미니스트'보다 내 자신이 더 많이 말하는 것에 관심 있다. 내가 아직 살아있음을, 나보다 먼저 삭제되고 죽어간 여성들을 대신해서 더 크게 외치겠다. 여기 아직 사람이 있다고. 그리고 이제 우리가 말할 차례라고.

국지혜가 말하는 진짜 남자 페미니스트가 되는 법

당분간은 글쎄, 남성을 위한 페미니즘 특강을 열 것 같지는 않으므로 진짜 남자 페미니스트가 되는 길에 대해 여기에 짧게 적어본다.

페미니즘을 한다는 남성들은 주로 텍스트를 읽고 토론을 하고 지식을 쌓는 걸 자랑한다. 그리고 본인이 얼마나 '한남이 아닌지' 증명하려 애쓰며 페미니즘이라는 이름으로 자신을 포장한다. 그런데 사실 남성들은 뭘 공부할 필요가 별로 없다. 그들에게 부족한 것은 경험이지 지식이 아니다. 남성들은 페미니즘 기본서적 한 두 권만 읽으면 된다. 그리고 여성들의 목소리를 되도록 많이 들어야 한다. 절대 한마디 보태지 말고 듣기만 해야 한다. 페이스북에는 여성들의 성폭력 경험담 같은 긴 글이 많이 올라오는데, 거기에 공감한답시고 댓글을 달면서 설레발칠 필요가 전혀 없다는 말이다. 조용히 좋아요나 누르면 된다.

들어라. 계속 들어라.

여성들이 어떤 경험을 했는지, 무엇을 억울해 하는지, 무엇을 원하고 기획하는지를 들어라. 여성들과의 대화에서 본인의 생각을 전달할 필요가 별로 없다. 참전용사 앞에서 자신의 정치적 이념을 설파하지 못할 거면, 여성들에게 자신이 생각하는 페미니즘을 말할 필요도 없다. 여성들을 만나면 그저 듣기만하고, 생각은 머릿속으로만 하자. 궁금한 것이 있으면 겸손하게 묻되, 아직 그것도 모르냐는 타박이 돌아오면 죄송해 하자. 당신은 아직도 모르지만 여성들은 수백 번 말한 이야기다. 아직까지 당신이 모르고 있는 것은 '몰라도 되기 때문에 모르는 것'이라는 사실을 알자. 그러면 겸손해지지 않을 수 없을 것이다.

당연히 여성들도 페미니즘 공부모임을 한다. 우리의 경험을 설명해줄 이론을 찾고 그런 이론이 없으면 밤새도록 토론을 한다. 내가 진행하거나 참여했던 페미니즘 모임들은 언제나 실천적 방안을 모색하는 토론으로 마무리되었고, 이런 토론의 결과 실제로 많은 움직임들이 일어났다. 한국여성들은 자활에 익숙하다. 스스로 방법을 찾고 팔을 걷어붙이며 일하는 것에 익숙하다. 반면 한국남성들은 '밥줘충'이라는 이름이 붙었을 정도로 스스로는 제 밥도 챙겨먹지 못하는 족속으로 유명하다. 그래서인지 페미니즘 모임까지 참여해놓고서는 여성들에게 질문만 한다. 아, 뭘 어쩌라고?

그러니까 욕을 먹는 것이다. 당연히 남성들도 실천방안을 찾고 실제로 행동해야 한다. 페미니즘은 말싸움이 아니라 실천이고 행동이다. 남성들은 사소할시언정 성생등을 위해 남성으로서의 권리를 내려놓는 행동들을 해야 한다. 또한 여성의 권리를 위해 위험을 무릅쓰고 목소리를 높이는 행동도 해야 한다. 우리 여성들은 임금격차 해소를 주장하며 남성들이 월급의 36퍼센트를 반납하는 퍼포먼스를 원한다. 사실 치마와 하이힐 시위는 이에 비해 쉬운 것이다. 성매매 집결지 앞에서 '진정한 남자라면 성구매를 하지 않는다'라는 전단지를 남성들에게 나누어 주는 것은 어떤가. 포주들과 구매자들에게 몰매를 맞을까봐 두려운가? 몇 대 맞으면 폭행죄로 신고하면 된다. 자신의 성매수 경험이나 낙태 종용과 사주 경험을 드러내고 반성문을 써보는 것도 권한다. 성매매와 낙태를 경험한 여성들에게 쏟아지는 비난과 조롱에 비해 남자들은 얼마나 관대한 평가를 받는지 몸소 증명해보고 이에 대한 보고서를 써서 발표해보자(그리고 사죄하는 마음으로 재기를 하자).

이보다 훨씬 쉬운 것도 많다. 쉬운 일부터 하면 될 것을, 왜 남자들은 아무 것도 하지 않는지 궁금하다. 메갈리아와 워마드의 페미니스트들은 여성들을 설득하기 위해 화장실에 스티커를 붙였다. 이를 위해 모금을 하거나 사비를 털었다. 문구를 만들고 그림을 그려 스티커를 대량으로 제작했다. 완성된 스티커를 서로 나누고 지역마다 돌아다니며 화장실 문에 붙였다. 남성들의 여성혐오와 강간문화를 고발하고, 성범죄는 여성의 탓이 아니라는 메시지를 담은 스티커였다. 그런데 사실상 이런 문제를 알리고 설득해야 할 대상은 남성이지 않나? 성범죄를 없애려면 남성들이 강간을 하지 않으면 된다. 성범죄를 당하는 것은 '네 탓이 아니다'

라고 여성들에게 말하는 것만큼이나 중요한 건, 남성들에게 '그것은 강간이다'라고 말해주는 것이다. 내가 남성 페미니스트라면 스티커를 만들어서 남자 화장실마다 붙였을 것이다. "몰카 '찍지' 마세요"라든가, "진정한 남자라면 여자가 마시는 술에 약을 타지 않습니다"와 같은 문구, 얼마나 교육적인가? 그러나 한국에서는 이렇게 쉬운 행동을 감행한 남자가 있다는 말을 들어본 적이 없다.

극히 일부의 남성들이 단톡방의 성희롱을 고발하거나 교사의 여성혐오 발언을 고발한 일은 매우 훌륭했지만, 조직화된 것이 아니라는 한계가 있다. 남페미들은 스스로의 여혐을 고발하고 집단 참회의 시간을 가지며 공동으로 기획한 가시적 행동을 조직적으로 할 필요가 있다. 그 과정에서 일베 등의 남초 집단에 의해 신상이 털리고 '보빨러(보지 빨아주는 놈이라는 뜻으로 여성을 지지하는 남성을 비아냥거리는 표현)'라는 조롱을 당하더라도, 아마 그에 못지않은 수많은 사람들이 나서 당신들을 찬양해주고, 언론의 스포트라이트도 받을 것이다. 그때가 되면 나 역시 그 남성들을 향해 마음의 박수를 쳐줄 수 있을 것 같다.

끝내 살아남으려는 여자는 오명을 얻는다

이지원

여성의 분노를
신뢰하겠다는 선언

분노가 자원이 된 여성운동이 적절한 해방운동이냐고 누군가는 지적한다. 나는 이 말이 철저히 고의적인 여성훼방이라고 생각한다. 여성운동이 분노를 동력으로 삼아 과격해지는 이유는, 현실이 여성들을 더 처절하게 핍박하고 있기 때문이다. 이 명백한 사실을 외면한 채 구태여 운동의 과격성을 운운하는 행위는 운동의 주체인 여성을 불신하는 태도이자, 이들이 전개하는 여성운동을 묵살하려는 의도다. 무엇보다도 여성해방은 여성들이 분노의 감옥에 갇힘으로써 시작된다. 스스로가 여성에게 가해지는 억압과 착취를 인지했기 때문에 여성들은 분노를 표출하고, 스스로가 그 피해의 당사자였음을 자각했기 때문에 여성들은 분노를 동력삼아 저항한다. 이미 우리는 여자라는 이유로 자신이 겪는 감정을 신뢰할 수 없도록 훈육되었다. 그런 우리가 그동안 혼자서 삭혀왔던 분함을 분노로 전환하는 것은 이제 우리가 우리 자신의 분노를 신뢰하겠다는 선언이다. 그러니 악에 받친 여성들을 상대로 왜 그렇게 화가 많냐고 조롱해봤자 여성운동은 중단되지 않는다. 화가 많아졌고, 악에 받쳤고, 분노를 주체할 수 없는 여성들의 행보가 여성운동이기 때문이다.

이처럼 여성의 분노는 여성의 각성과 동일하다. 여성이 분노의 감옥에 갇히는 순간은 여성운동의 도화선이자 여성해방의 발화점이다. 이를 누가 가장 두려워할지 생각해보라. 성별에 입각해 위계를 구축하고, 여성을 하위 계급으로 규격화하고, 여성에 대한 억압과 착취를 체계화해온 남성들이다. 남성들은 남성이 여성을 지배하고, 여성은 남성에게 종속되는 구도를 견고하게 구획해왔다. 이 구도 속에서 성별은 여전히 계급이다. 이 계급적 조건을 유지하기 위해 남성은 여성에게 노예화와 식민화를 훈육시켰다. 여성이 노예가 되지 않는다면, 식민 상태에 머무르지 않는다면 기존의 질서가 파괴되기 때문이다. 그만큼 우리는 우리의 분노가 갖는 파괴력, 그에 따른 각성이 갖는 잠재력을 의심해서는 안 된다. 더욱이 우리가 겪는 분노의 원인은 명확하다. 여자라는 이유로 이미 죽임을 당했거나 여자라는 이유로 곧 죽을 수 있다는 가정이 현실에서 실제로 작동하기 때문이다. 여자가 여자라는 이유만으로 죽은 자가 되었거나 죽을 자이거나 죽을 수 있는 자인 곳이 대한민국 사회다.

나의 분노는 나를 비롯한 여성들이 여자라는 이유로 죽는다는 현실에서 출발했다. 여성이 실종된 뒤 변사체로 발견되었다거나 친밀한 관계로부터 살해된 뒤 암매장되었다는 내용의 보도가 매일 쏟아진다. 문제는 대한민국 사회가 전 국민으로 하여금 이를 가십으로 소비시켜 여성이 겪는 폭력에 무감각해지도록 만든다는 것이다. 이 사회에서는 여성이 폭력에 노출되어 있는 상태가 기본으로 설정되어 있다. 그렇기에 여성이 겪은 폭력의 수위가 대중들에게 어느 만큼의 자극을 이끌어내느냐가 관건이 된다. 그래서 언론은 선별작업을 거쳐 여성이 훨씬 잔혹하게 살해된 사건을 우선적으로 보도하고 조회수 선점을 위해 클리셰 마냥 피해자를 'XX녀'로 치환시킨다. 이는 여성이 겪는 폭력을 여성의 인권이나 시민의 안전, 국민의 권익보호 차원에서 다루지 않는 태도다. 이런 자극성 보도에 익숙해진 대중들은 여자가 실종되고 살해되는 일은 비일비재하니 이제 여자가 구타당하고 강간당하는 일은 상대적으로 대수롭지 않은 것쯤으로 취급하게 된다. 이렇게 여성이 겪는 폭력에 대한 대중들의 민감도가 급격히 낮아질수록 사회는 여성이 겪는 폭력을 손쉽게 방치한다. 마치 이를 적잖이 기다려왔던 것처럼.

강간을 승인하면서 지켜내는
형제애와 남성들의 명예

그와 관련한 사건을 꼽아보겠다. 2016년 10월 21일 고려대학교에 '너는 잘 살 것이다'라는 제목의 대자보가 게시되었다. 이 대자보는 사법체계와 대학사회가 여성이 겪는 폭력을 어떻게 방치하는가를 폭로했다. 고려대학교 소속인 성범죄자 서 씨는 상대의 의사에 반하는 강제 추행을 저지르고 강제로 모텔에 끌고 가 추행과 욕설을 지속한 범죄자다. 이에 대해 사법체계는 1심에서 가해자가 초범인데다가 명문대 학생이며 피고인의 교수와 선후배가 선처를 탄원한다며 가해자의 장래를 염려했다. 항소심에서는 들뜬 분위기에 술에 취해 우발적으로 범행을 저지른 것일 뿐이라며 판사가 가해자의 변호인을 자처하고는, 피해자와 마주치지 않고자 입대 신청을 했다는 가해자를 기특히 여겼다. 사법부의 이토록 너른 아량에 부응하듯이 성범죄자 서 씨는 실제로 의무경찰에 입대하지 않았다. 정학 상태에서 공인회계사 자격증 시험을 준비했으며 항소심 판결이 나온 지 반년 만에 복학했다. 이 사건에서 가장 불우한 사람은 가해자인 남성이 아니다. 이 사건에서 미래를 염려 받고 장래를 촉망받아야 할 사람은 가해자인 남성이 아니다. 이 사건에서 가해자의 음주여부는 우발범죄로 변호될 근거가 아니다. 그럼에도 사법체계는 피해자의 항소에 대해 기각 수준이나 다름없는 감형을 선고했다.

남성 성범죄자와 남성 담당판사의 눈물겨운 형제애는 대학사회에서 또 나름의 눈물겨운 형제애로 반복된다. 이 사건에서는 성범죄자의 선배와 교수인 동시에 피해자의 선배와 교수도 되는 사람들이 성범죄자의 미래만을 생각해 성범죄자를 위한 탄원서를 작성하고 감형을 도왔다. 이에 동참한 남교수 및 남학생들은 엄연한 고려대학교 강간문화의 주역이다. 그런데도 이들이 고개를 들고 활개 치고 다닐 수 있는 것은 이들이 남성이고 사건의 가해자 역시 남성이며 사건의 피해자는 여성이기 때문이다. 남성들은 남성가해자의 무죄화가 자신들이 점유한 권력의 핵심임을 알고 있다. 그래서 이 눈물겨운 형제애를 번번이 발휘하는 것이고, 이렇게 매번 여성들을 입막음 해온 이들에게 이 과정은 너무나도 쉽다. 심지어 이 사건이 공론화 되면서 여론은 해당 대학 측에 책임을 물었지만 마땅한 대답은 들을 수 없었다. 오히려 성폭력 범죄를 고발하는 여성들을 무시하거나 실질적으로 불리해지도록 만듦으로써 학교의 명예가 실추되지 않으려했다. 그만큼 대학사회는 성폭력 범죄를 고발하는 여성에게 우호적이지 않다. 대학사회가 학내 성폭력 사건에 협조해야 할 만큼 해당 학생이 유능하고 장래가 촉망되는가의 여부에 여성은 없다. 대학사회가 남성에게 강간을 승인해주면서까지 지키려는 학교의 '명예'에 여성은 없다.

그렇게 가해자인 남성은 사회의 두둔 속에서 미래를 준비하고, 피해자인 여성은 사회의 방관 속에서 체계적으로 망각된다. 이 양극화된 구도가 대한민국 사회의 민낯이다. 이는 남성의 범죄 대상이 여성이었기 때문에 가능한 것이다. 남성의 범죄 대상이 남성이었을 때는 이 구도가 그대로 적용되지 않는다. 애초에 남성은 자신의 분노를 또 다른 남성에게 표출할 필요가 없다. 남성에게는 분노 배출구로서 여성을 거래해 온 역사가 있기 때문이다. 그래서 남성이 겪는 분노의 직접적인 원인은 다른 남성일지라도, 남성은 이를 당사자에게 직접 표출하지 않고 여성이라는 분노 배출구에 폭력을 가하는 형태로 대리 해소한다. 그만큼 남성은 자신이 여성을 통제할 수 있고 가해할 수 있으며, 이에 대한 보복을 겪지 않는 것이 자신의 권력임을 알기 때문에 여성을 억압하는 것이다. 이 사회에서 가해자가 된다는 것은 권력이고, 범죄를 저지르고 형벌을 받지 않는 것도 권력이며, 범죄 사실이 옹호되는 것도 권력이다. 이 권력은 남성에게는 허락되지만 여성에게는 허락되지 않는다. 이러한 현실에서 여성이 이제 새로운 관점을 견지하고, 여성의 이해관계에 집중하겠다고 선언한다. 헌데 이 선언이 타당한 것이 아니라 이기적인 것이 되는 이유는, 그 행위의 주체가 여성이기 때문이고 감히 여성이 남성이 가진 것을 욕망하기 때문이다. 따라서 현실에 분노하는 여성만이 금기를 깰 수 있다.

남성 질서에서 탈주하려는
여자를 불태우라

현실을 자각하고 그에 분노하는 여자는 오명을 얻는다. 감히 여성들이 스스로 생각하고 스스로 발언하고 스스로 행동하는 일은 금기시 되어야하기 때문이다. 남성중심적인 질서에서 탈주하려는 여성들을 붙잡아 매질하며 불태워온 것이 마녀사냥의 역사가 아니었는가. 이러한 상황은 여성들이 여성들만의 유대를 구축하고 여성들만의 공간을 점유할 때 더욱 빈번해진다. 이제 남성을 경유하지 않고 자신의 존재가치를 스스로 정립하겠다는 여성들, 더 이상 남성들과 관계를 맺지 않겠다는 여성들이 여성들만의 유대와 공간에서 폭발적으로 증가하기 때문이다. 그만큼 여성들만의 유대와 공간은 이미 앞서 각성한 여성들이 치열하게 마련해낸 여성운동의 성과이자 앞으로 더 많은 여성들이 각성해나갈 여성운동의 가능성이다. 여자대학은 이 조건을 두루 갖추고 있다. 여성이 오롯이 주체가 되어 다른 여성주체들과 유대를 맺고 여성들만의 공간을 점유해도 되는 곳, 여성이 얼마든지 스스로 생각하고 스스로 발언하고 스스로 행동해도 그것이 마땅하기만 한 곳. 그렇기에 여자대학은 남성중심사회에서 매번 표적이 되었고 여자대학의 학생들 역시 숱한 오명을 얻어왔다.

숱한 오명에도 불구하고 성별 권력이 뚜렷하게 구획되어 있는 이 사회에서 여자대학 캠퍼스는 내게 해방적인 공간이다. 나는 이 공간에서 남자 선배, 남자 동기, 남자 후배에 의한 폭력이 발생하지 않는다는 것을 전제할 수 있으며, 그것만으로도 굉장한 자유를 경험한다. 그래서 나는 학내에서 아무렇게나 눕는다. 이따금 잠이 들어도 괜찮다. 이렇게 눕다가 깜빡 잠이 들었다고 해도 강간당하지 않는다. 다른 여성들도 학내에서 자신이 원하는 방식대로 자유롭게 자세를 취한다. 이렇게 널브러진 여성들은 화장을 하든 안 하든, 노출이 있는 옷을 입든 안 입든, 남자 선배, 동기, 후배로부터 품평당하지도 시선강간을 겪지도 않는다. 그래서 우리는 더 마음껏 공간을 점유한다. 공학대학 소속의 여성들은 여성들이 학내에 자유롭게 널브러져 있는 여자대학의 풍경이 자신들에게는 매우 생소하고 신기하기까지 하다고 한다.

그리고 호기심에 따라 누워보고는 이렇게 편할 수가 없다며, 공학대학에서라면 절대 불가능한 일이라며 놀라워한다.

기존의 공간들이 성별권력에 입각해 여성들의 입을 틀어막고 여성들의 행동을 제약하면서 당연한 것도 당연할 수 없도록 만들 때, 여성들만의 공간은 그 반대로 작동한다. 그만큼 여자대학 캠퍼스에서는 할 수 있지만 공학대학 캠퍼스에서는 할 수 없는 것이 있다. 바로 여성이 어떻게 있든지 안전하고 자유로우며 원하는 만큼 공간을 점유하는 것이다. 더불어 여자대학 캠퍼스에서는 성립되지 않지만 공학대학 캠퍼스에는 비공식적으로 성립되는 것이 있다. 여자대학 캠퍼스에서는 어느 누구도 우리에게 "그렇게 누워있지 말라"고 훈계하지 않는다. 여자대학 캠퍼스에서는 어느 누구도 우리에게 "그렇게 누워있어서 강간했다"고 변명하지 않는다. 즉, 여자대학 캠퍼스에서는 여성이 다리를 벌리고 앉아있든 경계심을 풀고 누워있든 그 무엇도 강간이 성립할 수 있는 이유가 되지 않는다. 그렇게 우리는 그 차이가 성별권력에 근거한다는 것을 몸으로 배운다. 이것이 여성들만의 공간이 여성들에게 부여하는 힘이다. 그래서 여자대학은 여성들이 자신의 몸을 자유롭게 써도 안전해야 한다고 가르치고, 그러니 그렇게 자유로워져보라고 캠퍼스라는 안전한 공간을 내어준다.

이로써 여자대학에서는 여성만이 주체가 될 수 있으며 이들은 공간에 대한 주권을 갖는다. 그러다보니 공간 구성원의 안전을 위협하는 이를 심판해야할 때도 있는데 이 문제에서 여자대학의 남교수와 남직원을 예외로 두지는 않는다. 그렇지만 우리가 우선적으로 용의선상에 두는 것은 외부인 남성이다. 그만큼 외부인 남성들이 여자대학에 '침입'하는 일이 비일비재하기 때문이다. 외부인 남성들은 여자대학에 '침입'해 여성들을 품평하고, 시선강간하고, 도촬하고, 위협하고, 성희롱하고, 성추행하고, 성폭행한다. 자신이 남성중심 사회로부터 부여받은 성별권력을 이렇게 여성들만의 공간에서 조차 전유하려 든다. 이는 금남의 구역에 대한 남성들의 호기심이 아니다. 엄밀히 여성들만의 공간에 대한 남성들의 폭력과 침해다. 여성들만의 공간에 침입해 이 공간의 주체인 여성들을 위협함으로써 자신의 남성성을 확인하려는 남성들의 절대적 고의이다. 동시에 자기 삶의 주체가 되려는 여성들에게 오명을 부과하고 자신이 이 여성들의 통제자이자 이 공간의 주체가 되고자하는 남성들의 오만과 권위의식이다.

공간 주권을
침탈하는 남자들

더욱이 우리에게는 '여대에 침입한 남성들'에 관한 계보가 있다. 대표적인 것이 1996년 '고대생들의 이대 축제 난입 및 폭행 사건'이다. 대동제에 외부인 출입이 허가된 1985년부터 고려대 학생들은 대동제에 떼지어 몰려와 이화여대 학생들을 성희롱하고 물리적 폭력을 가했다. 이들의 폭력 수위는 매년 거세졌고 그만큼 고려대가 있는 안암동에서부터 이화여대 대동제로 향하는 집단행렬도 길어졌다. 1993년 고려대 학생들 서너 명에 의해 이화여대 학생 몇 명이 머리채로 끌려가 실신했다. 이들은 자제를 요청하던 이화여대 총학생회장의 머리에 막걸리를 쏟아부었다. 1994년 고려대 학생들은 이화여대 학생들의 대동제 참가를 방해하고 총학생회장을 구타했다. 1995년 고려대 학생들은 자신들 때문에 배치된 안전 지킴이를 구타해 골절상을 입혔다. 1996년 5백여 명의 고려대 학생들이 줄다리기 행사 대열로 몰려와 난동을 피웠다. 고려대 학생들은 여자교수의 차 위로 올라가 괴성을 지르고 뛰어대는 기물파손을 서슴지 않았고, 골절상을 입은 이화여대 학생들이 속출했다.

이처럼 폭력을 동원해 여성들만의 공간을 침해하고 여성들만의 행사에 훼방을 놓는 것이 '여대에 침입한 남성들'의 전형이다. 그래서 위의 사건은 엄연히 고려대 학생들이 이화여대 학생들에게 가한 12년간의 집단 성폭력 범죄이지, "개와 고대생은 출입금지"라는 푯말을 보며 웃고 지나갈 단순 해프닝이 아니다. 하지만 이들의 가해는 사회로부터 "있을 수 있는 일", "장난이다", "이대생들이 연대생들과는 자면서 고대생들에겐 다리를 벌리지 않아서 그렇다"는 등의 말들로 비호받았다. 반대로 이들의 가해에 저항한 여성들은 '꼴페미'라는 오명을 얻었다. 그로부터 20년이 지났지만 이 계보는 계속 이어진다. 2013년 9월 24일 일간베스트 회원인 남성이 이화여자대학교에서 학생들을 비하하는 피켓을 전시했다.

내용을 일부 추려보자면 이러하다.

- 양뽕 맞아 화냥년질 서양좆이 최고더냐, 근자감에 사로잡혀 대한민국 최고 명기
- 비생계형 창녀 OUT 닳고 닳은 갈보 OUT 쓰고버릴 걸레 OUT 정액받이 변기 OUT 소금덩이 김치 OUT 자발적 화냥년 OUT 의무 없는 권리 OUT
- 이대는 지성의 전당이 아닌 창녀를 양산하는 포주다. 연대는 근묵자흑이라 옆집 창녀들과 호기심에라도 놀지 말아라.

2017년 3월 8일 새벽 2시경 이화여자대학교 기숙사 사실마다 노골적인 성희롱 전화가 연거푸 걸려왔다. 이러한 사건은 2002년에도, 2003년에도, 2004년에도, 2005년에도, 2006년에도, 2007년에도, 2008년에도, 2009

년에도, 2010년에도, 2011년에도, 2012년에도, 2013년에도, 2014년에도, 2015년에도, 2016년에도 발생했다. 언제부터 발생했는지가 중요하지 않을 정도로 여자대학 기숙사에 걸려오는 성희롱 전화는 오랜 역사와 전통을 가진 남성 폭력이다. 심지어 2017년의 여성들이 이를 경찰에 신고했을 때, 경찰은 이들에게 가해자가 우울증이 있다는 사실을 통보했다. 이는 여자대학 기숙사에 성희롱 전화를 걸어 기분전환을 하는 남성의 우울이, 그 이후부터 전화벨 소리에 두려움을 겪어야만 하는 여성들의 공포보다 더 중요하다는 경찰의 진심고백이다. 뿐만 아니라 여성들의 고발과 저항을 무력하게 만드는 남성사회의 협박이기도 하다. 결국 두 사례는 여자대학 학생들을 대상으로 한 남성들의 언어적, 정서적 폭력이 온오프라인의 구분 없이 무차별적으로 작동하고 있음을 보여준다.

2017년 4월 21일 저녁 9시경 동국대학교 사학과 남학생들이 숙명여자대학교 과학관 건물에 침입해 숙명여대 학생들에게 성추행과 폭력을 가했다. 게다가 이 범죄자들은 경비의 눈을 피하기 위해 계획적으로 진입경로를 설정했다. 2017년의 여성들은 이를 경찰에 신고하였으며 비상대책위원회를 설치해 사건처리를 진행했다. 그런데 동국대학교 사학과는 이에 대해 "숙명여대에서 있었던 일에 대해서 진심으로 사과드립니다"라는 제목의 사과문을 발표했다. 그러면서 가해학생의 소속이 아닌 피해 학생의 소속을 부각시키고 엄연한 폭력을 그저 '있었던 일'로 축소시켰다. 몹시 익숙한 장면에 대하여 1,200명의 여성들은 온라인 서명을 벌여 해당 학과에 사과문 정정을 요구했다. 그제서야 동국대 사학과는 "동국대학교 사학과 17학번 학생의 성추행 사건에 대해 진심으로 사과드립니다"란 제목으로 사과문을 정정 게재했다. 동국대학교의 이 떨떠름한 태도처럼 여전히 일부 남기자들은 이 사건을 보도할 때 여성들의 유대는 집중적으로 조명하지 않았으며 또다시 남성

가해자보다는 여성 피해자를 부각시켰다.

여대별
좆집 지도

위와 같은 '여대에 침입한 남성들'의 계보에서 여전히 남성들은 여자대학에 침입해 폭력을 행사하고 있으며 이제 여성들은 현명하고 위대하게 대처하고 있다. 그런데 여자대학에 침입하는 남성이라고 하면 중년의 바바리맨 같은 이미지를 떠올릴 수도 있겠으나 젊은 남대생들이 굉장히 많다. 이는 공학대학이 여성혐오를 문화로 소비하기 때문이며 그에 따라 여대에 침입한 남대생들은 계속해서 증가하며 그 양태도 다양해지고 있다. 예를 들어 연세대학교의 주요 응원가인 'Woo'에서 1분 18초 동안 "고대 못생겼어/일단 못생겼어 (중략) 이대한테 차이고 숙대한테 차이고/여기저기 차이고"라는 후렴구가 반복된다. 이 후렴구는 연세대와 고려대의 대결구도라는 학벌주의 문화를 내세워 여성에 대한 남성의 권위의식을 은폐하고 있다. 해당 공학대학들의 여성 주체들을 삭제하고 해당 여자대학들의 여성 주체들을 공학대학 남성들의 잠재적 여친으로 전락시키기 때문이다. 심지어 이 응원가는 연세인이라면 반드시 알아야 하는 응원가로 선정되어 있기까지 하다. 이는 해당 응원가가 그동안 남성성의 과시와 여성에 대한 혐오로 지탄받지 않았으며 오히려 '우월한' 대학들의 '우수한' 문화로 통용되어 왔음을 보여준다.

이처럼 대학 문화를 구성하는 대표적인 소재인 응원가조차도 여성혐오를 동반하고 있으니 대학문화를 소비하는 남대생들에게 여성혐오는 스포츠이자 엔터테인먼트다. 대학문화를 구성하는 대표적인 소재인 커뮤니티 역시 여성혐오를 기반으로 지속된다. '타임테이블(Timetable)'은 신촌 대학소속 학생들이 시간표를 짜는데 매우 유용한 커뮤니티였다. 하지만 이 커뮤니티의 실질적인 원동력은 익명게시판 놀이터였고, 홈페이지가 개설된 이래 10년 내내 여성혐오 및 성희롱 게시물로 도배되었다고 해도 무방했다. 나는 대입과 동시에 여기서 여자대학 소속 학생들을 향한 멸칭을 알게 되었다. 예컨대 이화여자대학교 학생은 연세대학교의 '좆집', '좆물받이'로, 서울여자대학교 학생은 육군사관학교 남성의 '좆집', '좆물받이'로, 한양여자대학교 학생은 한양대학교 남성의 '좆집', '좆물받이'로 규격화되어 있다. 이 멸칭은 지리적 근접성을 기준으로 이성애주의와 학벌주의를 문화적으로 기입시키고, 공학대학의 남성은 여자대학의 학생들을 육체적 배설구로 환원시킨다. 심지어 남성들은 이를 기반으로 여자대학들을 '여대별 좆집 지도.jpg'에 구획함으로써 여자대학 소속 학생에 대한 혐오를 노골적으로 전시한다.

여성 공간이
사라지고 있다

강간문화는 남성들의 공모를 통해 구축된다. 그 어느 때보다 적극적으로 남성 가해자를 은닉시키고 여성 피해자를 조리돌림 하는 방식으로 말이다. 이로부터 비교적 독립된 곳이 여성 공간이며, 여성들은 여성 공간에 대한 주권을 갖는다. 그러나 앞선 사건들이 보여주듯 남성들은 번번이 폭력을 동원해 여성이 점유한 공간을 와해시키고 여성이 소유한 주권을 탈취하려 하였다. 그래서 나는 이화여성주의학회 학회장으로서 숙명여자대학교 중앙 여성학동아리 SFA와 '여대에 침입한 남성들과 여적여의 진실'이라는 제목의 세미나를 추진했다. 안전한 공간이어야만 하는 여자대학에서조차 안전하지 못했던 여자들을 위한 자리가 필요했기 때문이다. 이들을 위한 자리를 만들어 여자대학에 침입한 남성들이 초래한 사건들이 성별권력에 기인한 사회적 문제이자 여성 대상 범죄임을 적극적으로 공론화하고자 했다. 이 세미나를 통해 여자대학 소속 학생들은 어떻게 범죄의 표적이 되는지를 분석하고, 이에 대한 학교 및 경찰 측 대응이 미흡함을 비판하고, 나아가 이러한 일련의 사건들을 토대로 남성들에 의해 여성들만의 공간이 와해되는 과정을 논하고자 했다.

'여대에 침입한 남성들과 여적여의 진실' 기획단이 가장 주력한 것은 피해자 말하기였다. 여자대학의 외부인인 남성들로부터 폭력을 겪은 피해 당사자 및 목격자분들께서 세미나에 참석해 자신들의 경험을 직접 발언해주기로 했다. 즉, 이 세미나는 여전히 트라우마에서 자유롭지 않은 여성들이 용기를 내어 세미나에 참석한 이들과 피해경험을 공유하고, 서로가 서로에게 지지와 응원을 보내고, 그렇게 여성들 간의 치유와 연대를 구축하기 위한 자리였다. 그렇기에 세미나 기획단은 발언자들의 안전을 확보하고 신변을 보호할 책임이 있었다. 더욱이 이 발언자분들은 남자라는 존재 자체에 강한 트라우마를 겪고 있는 상태였다. 그래서 기획단 측에 참석자 구성에서부터 본인의 트라우마가 다시 유발될 상황은 미연에 방지해달라는 부탁을 했다. 기획단은 여성주의 모임이나 세미나에서 남성이 없을 때 여성들의 발언이 얼마나 더 자유로워지는지를 경험해왔다. 또한 페미니스트를 자처하는 남성들조차도 여성의 발언권보다 자신의 발언권을 중시하거나, 여성주의 행사에서 여성의 발언에 별다른 주의를 기울이지 않았던 기억도 숱하다. 그러다보니 이 피해자 말하기 세션을 진행하기 위해서는 발언자 여성들의 보호와 안전감을 확보할 수 있는 환경이 선제되어야 했다. 이에 따라 기획단은 내부 회의를 거쳐 발언자의 생존권과 발언권을 위해 *지정성별 남성(사회에서 지정받은 생물학적 성별이 남성인 사람)의 참석을 제한했다.

지정성별 남성의 세미나 참석을 제한한다는 조치는 금세 논란이 되었다. SNS에서 이 조치에 대한 한 건의 문제제기가 있었다. "트라우마를 우려한다면 '남성패싱'이 더 바람직하지 않느냐? 지정성별이라는 단어의 쓰임은 트랜스 여성을 포함해 젠더퀴어를 지우는 것이 아니냐? 성별이 남성이라는 것에 더 무게를 갖느냐, 보이는 것이 남성의 모습이라는 것이 더 무게를 갖느냐?"는 내용이었다. 이화여성주의학회의 학회원 A는 이화여성주의학회에 이를 전달하며 이 문제제기에 동의한다고 했다. 그러면서 시스젠더인 기획단이 해당 조치를 통해 소수자인 젠더퀴어들의 언어를 빼앗아 그 정치적 의미를 퇴색시키고 있다고 했다. 그리고 이 학회원은 해당 조치가 피해자들의 요구에 근거한다는 것을 알고 있음에도 피해자들에게 '퀴어포빅하다'는 낙인을 부여하고 문제상황에 대한 책임을 전가하였다. "저는 피해자분들이 피해를 입었다고 해서 다른 방면에서 억압의 가해자가 될 수 없을 거라고는 생각 안 하거든요"라면서 말이다.

'여대에 침입한 남성들과 여적여의 진실'은 세미나의 주제와 진행 구조만 보더라도 피해자의 입장에서 생각해야 하고 피해자의 입장이 우선적으

---

* **지정성별** 퀴어 진영에서 고안된 용어로 태어났을 때 해석되는 생물학적 성별을 일컫는다. 퀴어학은 생물학적 성별이 실재하지 않음을 전제하기 때문에 이 용어를 사용한다. 페미위키에는 지정성별 오용사례로 이화여성주의학회 '여대에 침입한 남자들과 여적여의 진실' 세미나를 소개하면서 지정성별이라는 단어는 트랜스젠더 당사자들만 쓸 수 있는 단어라고 주장하였다. 그러나 성별 계급은 생물학적 성별에 기반하여 만들어지고 있으며, 생물학적 성별은 개인이 바꿀 수 없는 것이라고 생각하는 페미니스트들은 퀴어학과 근본적으로 다른 입장을 가진다.

로 반영되어야 했다. 남자에게 폭력을 당한 피해자에게 남성의 모습이 얼마나 트라우마가 될지, 그리고 남성 자체가 얼마만큼의 공포를 의미하는지는 피해자가 제일 잘 알고 있다. 그래서 피해자분들은 기획단에게 간곡한 부탁을 한 것이다. 더욱이 이 세미나는 여대에 침입한 남성들이 만들어낸 일련의 사건들을, 성별권력과 여성에 대한 폭력의 문제로 공론화하기 위함이므로 당사자인 피해자가 무엇을 필요로 하는지가 최우선일 수밖에 없었다. 그렇기에 피해자의 보호요청을 무시하는 것은 기획단 측의 더 위험한 결정이었다. 기획단은 이런 특수성을 가진 공간에 피해자가 안전하게 올 수 있는 상황을 조성하지 못하거나, 피해자가 피해경험을 발언할 수 있는 환경을 형성하지 못한다면 그것이 곧 2차 가해를 유발하는 상황이라고 판단했다. 그만큼 이 조치가 아니라면 현실적으로 피해자의 생존권과 발언권을 보호하기 어려웠다.

기획단은 피해자의 요청에 따른 조치가 존중되지 않는 상태로는 여성이 안전하게 발언할 수 있는 피해자 보호의 기본원칙조차 지켜지기 어렵다고 판단하여 세미나 진행을 중단하였다. 나는 세미나가 무산되는 과정 속에서 이제는 여성들만의 공간이 침해받는 것도 모자라 이 과정에서 여성들이 경험한 피해에 대해 발언할 수 있는 공간마저 성립될 수 없음에 허망해졌다. 동시에 여성들의 공간이 침해받는 현실에 굴종하지 않고 끝내 살아남기 위해 시작한 이 세미나가 오명을 얻고 세미나의 기획단과 발언자들이 받아야 했던 비난들에 비참해졌다.

페미니즘에서
여성들은 밀려나고 있다

사람들은 메갈리아의 출범과 5·17 강남역 여성살해 사건 이후 대한민국에서 페미니즘이 본격화되었다 말한다. 그러나 아직 부족하다. 페미니즘은 끝없이 본격화되어야 한다. 여성들은 여전히 불안에 떨며 지낸다. 여성들은 실제로 살해를 당하고 강간을 당하고 위협을 당하고 물리적인 폭력을 경험한다. 당장 이러한 외상을 입지 않더라도 여성들은 공포와 불안을 항상 내면화하고 있다. 여성들은 화장실 칸에 뚫려 있는 구멍을 신경 쓰고, 야간 알바가 필요하지만 결국에는 다른 일자리를 알아보고, 혼자서 숙박을 하는 것은 가급적 피해야하나 하는 걱정을 한다.

우리에게는 여성이 안전하게 여성의 의제를 말할 수 있는 공간과 방법이 여전히 필요하다. 이 사회에서 여성들에게 심리적이고 신체적인 안전함이 전제된 물리적 공간은 여성들만의 공간뿐이다. 이 사회에서 그런 기능을 하는 공간이 없기 때문에 앞선 세대의 여성들이 치열하게 구축한 것이 여성들만의 공간이다. 여성들만의 공간에서 여성들은, 여성이기 때문에 이 사회에서 겪을 수밖에 없던 일들을 다른 여성들과 공유할 수 있고, 그 과정을 통해 서로를 지지할 수 있다. 여성들만의 공간이 침해당할수록, 여성이 이 사회에서 여성이기에 받아왔던 억압을 논의할 자리가 사라진다. 그렇게 모든 공간에서 또다시 여성들은 배제되고 기존의 공간들 역시 여성들에게 침묵과 종속을 강제하는 공간이 되어버린다. 그래서 여성공간은 기존의 모든 남성공간들과 기본적인 이해관계를 달리한다는 점에서 여성운동의 최전선이다. 마찬가지로 남성에 의해 여성공간이 침범 받았다는 것은 여성들에게 극도로 첨예한 정치적 사안일 수밖에 없다. 그렇다면 여자대학에 남성이 침입한 사건들이나 여성들의 연대세미나가 무산된 사건도 이 정도 수준으로 민감하게 받아들여져야 한다.

문제는 위 사건들이 페미니스트들에게도 민감하게 받아들여지지 못할 만큼 여성들이 여성공간에 대한 주권을 점차 상실하고 있다는 점이다. 정확히는 페미니즘에서 여성들이 밀려나고 있고 여성의제가 부차적인 것으로 취급받고 있다. 지금의 페미니즘 진영에서는 페미니스트가 여성의제를 최우선으로 두면 지탄을 받는다. 여성의 생존권보다 퀴어의 '기분권'을 고려해야 한다. 그런데 이는 매번 자지를 달고 태어난 퀴어에 한정된다. 페미니스트가 여성의 이해관계를 피력하기 위해 정치적으로 올바르지 않음을 택하면 도덕적이지 않아서 문제가 된다. 도덕이란 본래 '아버지의 법'이기 때문에 회초리질을 당한 여성이 도덕을 지켜서 이득을 보는 것은 남성이다. 페미니스트들이 여성운동에서 여성의제를 최우선 정치 과제로 두고 여성의 권익보호에 주력하면 공격을 받는다. 심지어 여성이 겪은 피해를 고발하는 페미니스트가 침묵을 강요받고 심지어는 포비아로 악마화 된다. 이 페미니스트들에게 회초리를 드는 이들은 아이러니하게도 페미니스트들이다. 후자의 여성들은 기존의 남성 위주의 진보 및 퀴어 운동으로부터 가스라이팅을 당해 자신의 이해관계를 최우선 의제로 삼지 못한다. 그래서 남성연대에 대항하기 위한 연대체를 세상의 절반인 여성들과 구축하면 된다는 확신을 갖는 것도 주저한다.

그러나 보지를 달고 태어난 사람에게 억압을 가하는 것이 가부장제이다. 이 여성들의 축적된 경험을 지우면 가부장제가 가해온 억압의 실체를 밝히는 것은 불가능하다. 그런데도 여성이 여성이기에 겪어야 했던 피해경험을 발화할 수 없게 만드는 것이 과연 페미니스트인가? 끝내 이 사회에서 살아남으려는 여성들이 감수하고 있는 공포와 불안을 입막음하는 것이 페미니스트인가? 기본적으로 여성들은 여성들만의 공간에 들어온 생물학적 남성을 경계한다. 이것이 이 사회에서 살아남은 여성들의 일반화된 태도다. 특히 해당 여성들이 남성에 의한 성폭력 경험이 있다면 이들이 남성들에게 갖는 불안과 공포를 존중해야 한다. '여대에 침입한 남성들과 여적여의 진실'의 기획단은 줄곧 이런 자세로 임했다. 여자대학 학생은 스스로 어떤 성별로 정체화 하고 있는가와 무관하게 여자라서 남성으로부터 폭력을 당할 수 있다. 자신의 성별권력을 이용해 여자대학 학생에게 폭력을 가할 외부인 남성은 상대가 보지를 달고 태어난 여자이자 여성이라는 하위 계급이기 때문에 공격한다. 그만큼 이 사회에서 여성은 여자라는 성별로 식별되는 순간 남성에게 폭력을 당할 수 있지만 그 역은 성립되지 않는다.

그만큼 피해자들의 요청은 이 기울어진 운동장에서 비롯되었다. 이를 도외시한 채 기획단의 조치를 포함과 배제의 논리로 접근하는 것은 여성들의 피해고발을 입막음 시키는 여성혐오다. 기획단의 조치를 두고 "이것이야말로 시스젠더 헤테로 여성의 특권이며 트랜스젠더 혐오"라고 비판하지만 정작 그들은 여전히 여성을 혐오하고 있는 것이다. TIF(Trangender Identified Female, 트랜스젠더로 정체화 한 생물학적 여성)보다는 M(Trangender Identified Male, 트랜스젠더로 정체화 한 생물학적 남성)의 이해관계를 대변하고 있으며 이를 위해 정치적으로 시스젠더 헤테로 여성을 기득권화하고 있다. 그런데 이 세상에 진정한 시스젠더 여성은 없다. 시스젠더 여성은 허구다. 그 어떤 여성도 가부장제에서 원하는 완벽한 여성상에 들어맞을 수 없다. 그저 보지와 자궁을 갖고 태어났고 그로 인해 여자로 분류되어 억압을 받지만 그럼에도 끝내 살

---

* **MtT** Male-to-Transgender. 생물학적 남성으로 태어났으나 여성으로 정체화한 트랜스젠더를 일컫는 단어. 래디컬 페미니스트들은 정신적 성별을 인정하지 않으며, 성기 수술 등으로 성전환이 되지 않는다고 생각하기 때문에 MtF(Male-to-Female)이라는 표현에 동의하지 않는다. 마찬가지로 여성이 남성으로 정체화한 경우에 FtM(Female-to-Male)이라는 단어 대신에 FtT(Female-to-Trans)를 사용한다. 이 때문에 래디컬 페미스트들은 트랜스젠더를 배제하는 혐오집단이라는 공격을 받는다. 개인이 마음대로 성별을 선택할 수 있는 것이었다면 이 세계의 여성들이 탄생과 동시에 차별받고 고통당할 필요가 없었을 것이다. 성별이란 외과적 수술로 바꿀 수 있는 것이 아니며, 여성은 정신이나 기분, 혹은 마음상태가 아니다. 여성은 생물학적인 실체를 가지고 있으며 그 몸으로 살아온 모든 경험의 총체이다.

아남으려는 이들일 뿐이다. 게다가 오직 기득권만이, 포함과 배제의 원리를 작동시킬 수 있다. 하지만 이 성별계급에서 기득권은 시스젠더 헤테로 남성이다. 그래서 가부장제에 저항하기 위해서는 시스젠더 헤테로 남성의 특권을 전면적으로 비판해야 한다. 그런데 MtT로 대변되는 트랜스젠더 운동은 애먼 시스젠더 헤테로 여성의 특권을 운운하곤 한다. 물론 역사적으로 시스젠더 헤테로 남성의 특권을 전면적으로 비판하는 이들은 여성의제를 최우선으로 삼는 페미니스트였다.

여성의제를 최우선으로 삼지 못하는 페미니스트들은 퀴어 운동가들과 함께 시스젠더 헤테로 여성의 특권을 운운한다. 이들은 여성들이 남성들로부터 분리하는 것이 또 다른 배제를 야기할까봐 두려워하지만 사실상 분리는 배제를 야기하지 않는다. 누군가를 배제할 수 있는 것은 분리가 아니라 격리로만 가능하기 때문이다. 우리의 분리는 남성연대에 대한 여성들의 저항이지 누군가를 배제하고 억압을 가할 수 있는 격리가 아니다. 하지만 여성들은 그동안 남성들에 의해 사회에서 격리되었고 그 과정에서 생존을 위협받았다. 그래서 성별이 곧 계급인 이 사회는 여성들의 불안과 공포가 공론장에 도달하는 것을 원치 않는다. 여성들의 불안과 공포는 이 사회를 작동시키는 원리이기 때문이다. 동력을 잃은 기계는 작동할 수 없기 때문에 이 사회는 끊임없이 여성들에게 불안과 공포를 주입시키고 동시에 피해를 입막음시킨다. 우리의 분노는 여성들의 고통이 성역화 된다는 데에서 비롯되었다. 우리의 분노는 허공에서 나온 것이 아니다. 우리의 분노는 철저히 우리가 여성으로 경험해야만 했던 현실, 그 참혹함에서 비롯되었다. 여성이 사회에서 삭제되는 것은 관습, 문화, 전통으로 언제나 승인되지만 남성이 사회에서 삭제되는 것은 배제, 차별, 혐오로서 어떻게든 부인되는 양극단에서 말이다.

'여대에 침입한 남성들과 여적여의 진실'
세미나 무산에 관한 입장문

이화여대 여성주의학회와 숙명여대 여성학동아리 SFA가 공동 기획 및 주최한 연대세미나가 무산되었음을 알려드립니다. 본 연대세미나의 기획단은 여자대학에 침입한 남성들이 만들어낸 일련의 사건들을 젠더 권력과 폭력의 문제로 공론화하고자 '여대에 침입한 남성들과 여적여의 진실'을 추진한 바 있습니다. 더욱이 여자대학의 외부인인 남성들로부터 폭력을 겪은 당사자분들께서 이 연대세미나에 참석하시어 피해경험을 발언해주기로 하셨습니다. 이 당사자분들께서는 현재 남성이라는 존재 자체에 강한 트라우마를 겪고 계십니다. 그렇기에 저희 기획단에게 참석자 구성에서부터 본인의 트라우마가 다시 유발될 상황은 미연에 방지해달라는 부탁을 하셨습니다. 즉, 이 세션을 진행하기 위해서는 피해자 여성분의 보호와 안전감을 확보할 수 있는 환경이 선제되어야 했습니다. 이에 따라 본 기획단은 내부 회의를 거쳐 피해자의 생존권과 발언권을 위해 지정성별 남성의 참석을 제한하였습니다.

그런데 이화여성주의학회의 한 학회원분께서 "지정성별" 워딩을 시스젠더 여성들이 사용하는 것은 젠더퀴어의 언어를 빼앗는 폭력이라고 주장하셨습니다. 이 과정에서 해당 학회분은 기획단과 이 문제를 먼저 논의하지 않았으며, 기획단과는 무관한 트위터 지인의 목소리를 빌어 본 포럼을 공격하였습니다. 심지어 해당 학회원분은 이화여성주의학회의 구성원과 나눈 카카오톡 대화창을 캡쳐해 외부에 무단으로 유출하기까지 하였으며, 이 때 학회 구성원의 카카오톡 이름과 프로필 사진은 그대로 외부에 노출되었습니다. 그와 동시에 기획단 내부에서 해당 워딩에 대한 검토와 논의가 완료되지 않은 상태에서 이화여성주의학회 트위터 계정에 정정글을 게시했습니다. 정정글의 내용은 이 문제에 대한 해당 학회원분의 개인 의견이었음에도 마치 전체 학회원과 기획단의 의견으로 해석될 수 있는 오해의 소지가 다분했습니다. 이처럼 해당 학회원분은 본 연대세미나의 기획단이 아니었음에도 불구하고 내부 의사결정 과정에 강압적으로 개입하며 혼선만을 초래했습니다.

무엇보다도 해당 학회원분은 기획단을 퀴어포빅으로 낙인찍고 부당하게 매도하였습니다. 그러나 이 태도는 해당 학회원분이 자의적으로 본 기획단 모두를 시스젠더 헤테로 여성으로 규정한 데에 비롯합니다. 그리고 해당 학회원분은 기존의 젠더규범에 문제제기 하는 여성들에게 시스젠더가 젠더권력을 행사한 것이라 책임을 묻고 도덕적 낙인을 부여하였습니다. 이는 기획단에 대한 이중의 폭력입니다. 아울러 "지정성별" 워딩을 시스젠더가 사용하는 것이 젠더퀴어의 언어를 빼앗는 폭력이라는 주장은 근거마저 빈약합니다. 젠더퀴어들이 섹스 역시도 사회적이고 역사적인 구성물임을 드러내기 위해 지정성별이라는 용어를 기획했다면, 그 의도가 드러날 수 있도록 "지정성별"이라는 용어를 오히려 활발히 사용해야 합니다. 언어가 사고를 구성한다는 차원에서도 "지정성별"이라는 용어가 보편화될수록 성별의 구성성과 사회적 분리에 대한 문제제기 역시 유리해지기 때문입니다.

비젠더퀴어가 젠더퀴어들이 기획한 용어를 사용했다는 이유만으로 퀴어포빅하다는 해당 학회원분의 논리대로라면, "시스젠더"와 "패싱" 을 오용하고 남용하는 본인이야말로 소수자의 언어를 폭력적으로 깅딜 한 기득권이 됩니다. 시스젠더는 본래 트랜스젠더의 젠더위치를 설명하 기 위해 고안된 용어임에도 불구하고 해당 학회원분은 기획단을 비난하 기 위한 수단으로 "시스젠더"를 탈맥락화 하였습니다. 해당 학회원분의 논리대로라면 이 과정에서 스스로가 트랜스젠더리즘 운동가들의 언어를 탈취한 것입니다. 동시에 "트리거를 우려한다면 남성패싱이 더 바람직하 지 않느냐?"라는 해당 학회원의 발언은 인종차별적이고 성차별적이기까 지 합니다. 블랙파워 운동가들이 고안한 "패싱"이라는 용어를 남발하고 오용하는 것도 모자라 "남성 이미지"를 임의적으로 상정하면서 여성성 과 남성성에 대한 젠더이분법을 강화하고 있기 때문입니다.

이 외에도 해당 학회원분은 피해자들에게까지도 퀴어포빅하다는 낙 인을 부여하고 문제상황에 대한 책임을 전가하였습니다. 특히, 해당 학 회원은 피해자분들께서 기획단 측에 요청한 참석자 제한 조치에 대해서 "이게 되게 폭력적이고 이기적인 말일 수도 있는데 저는 피해자분들이 피해를 입었다고 해서 다른 방면에서 억압의 가해자가 될 수 없을거라고 는 생각하지 않거든요"라고 발언하였습니다. 처음부터 피해자가 다른 방 면에서의 억압의 가해자였던 적이 없는데도 불구하고 피해자에게 책임 을 되묻는 해당 학회원분의 행위가 더욱 폭력적입니다. 뿐만 아니라 해 당 학회원분은 피해자의 요구가 어떤 맥락에서 나온 것인지에 대해서도 완전히 납득하고 있지 않습니다. 이와 같은 해당 학회원의 태도는 여성 혐오적이고 여성삭제적임은 물론이며, 퀴어에 대한 굴종감, 대상화, 신비화, 과잉 우상화 등이 뒤섞여 그 자체로 퀴어포빅합니다.

현재 기획단은 여성 공간이 침해받는 것도 모자라 이 과정에서 여성들이 경험한 피해에 대해 발언할 수 있는 공간마저 성립될 수가 없음을 경험하고 있습니다. 기본적으로 기획단측은 이번 연대세미나를 통해 여자대학에 기습한 남성들로부터 여성들이 경험한 피해와 폭력을 공론화하고자 했습니다. 그러나 세미나가 시작도 되기 전에 기획단, 패널, 피해자분들이 해당 학회원분의 공격과 낙인에 시달리며 심적, 정신적 고통을 호소하고 있습니다. 특히 기획단은 피해자 말하기를 시도하는 행사의 주최측으로서 해당 학회원으로 인해 행사에서의 피해자분의 안전과 신변보호를 최우선으로 해야 함에 실패한 것, 피해자분의 발언에서 신뢰성을 문제 삼거나 근거 없는 비방이 이뤄진 것, 행사 현장에서 피해자분들께 가해질 2차 가해를 사전에 방지하지 못한 것에 자괴감을 겪고 있으며 피해자분들께 죄송스러울 따름입니다.

따라서 본 기획단은 현 상태로는 피해자 여성이 안전하게 발언할 수 있는 피해자 보호의 기본원칙조차 지켜지기 어렵다고 판단하여 이 연대세미나 진행을 중단코자 합니다. 마찬가지로 기획단 내부에서 이미 참석자 제한 조치에 관해 검토와 토론이 이루어지고 있었음에도 불구하고, 해당 학회원분께서 지정성별 워딩에 대한 타당한 비판이 아니라 억측으로 시작하여 기획단과 이화여성주의학회 구성원의 신변이 노출되는 상황까지 초래한 일련의 상황들 속에서, 기획단은 이와 같은 결정을 내릴 수밖에 없었습니다. 이 연대세미나를 기대해주신 분들과 준비 과정에서 도움을 주신 분들께 연대세미나가 무산된 점에 대해서 정중히 사과드립니다. 끝으로 이 과정에서 고통을 겪은 연대세미나 기획단이나 피해자분들, 참석자분들의 개인 신변 노출과 2차 가해 방지를 위해 본 사선에 대한 억측이나 SNS상에서의 왜곡을 삼가주시기 바랍니다. 감사합니다.

'여대에 침입한 남성들과 여적여의 진실' 세미나 기획단 드림

활동가는 태어나지 않는다, 만들어진다

히 연

여징어,
메갈이 되다

원래 나는 오유 여징어, 즉 오늘의 유머(오유) 유저였다. 여성학 수업을 찾아서 듣고, 스스로를 페미니스트라 생각했지만, 솔직히 그보다는 진보 의제에 더 관심이 많았다. 여성혐오보다 '달님'이 공격받는 것이 속상하고, 부패한 보수정치 때문에 나라가 망할 것만 같은 왠지 모를 억울함을 품고 사는 '진보주의자'라는 정체성이 나를 설명하기에 더 적절했다. 그러던 내가 변하기 시작한 것은, 어느 날 날아든 친구의 짧은 메시지 하나 때문이었다. 인터넷상에 재미있는 곳이 생겼다며 친구가 보낸 것은 디시인사이드의 메르스 갤러리 링크였다. 나는 왠지 무서워 당장 들어가지 못하고 친구가 해주는 설명만 듣고 있었다. "미쳤는데 유쾌한 꼴페미들"이라고 친구는 말했다. 다음날 애인에게 메르스 갤러리에 대해 설명하면서 "나는 그 사람들 나쁘다고 생각 안해"라고 무심코 내뱉었는데, 나중에는 '나를 메갈이라고 생각하면 어떡하지?'라고 한참 후회했다.

얼마 지나지 않아 메갈리아 사이트가 만들어졌고, 매일 들어가던 오유에는 메갈리아를 욕하는 글이 우후죽순으로 올라왔다. 이제 메갈리안은 '여자일베'로 지칭되고 있었다. 일베도 꼴 보기 싫어 죽겠는데 여자 일베까지 생겼다니 통탄스러운 일이라는 생각에 나는 오유 유저들이 메갈리아를 욕하는 댓글에 따봉을 박고 메달을 주렁주렁 달아 주었다. 그렇기에 메갈리아를 클릭하게 만든 것은 궁금증이었다. '아니, 어떤 쌍년들이길래 사람들이 이렇게 욕을 해댈까?' 하는. 그리고 그날 접속한 메갈리아는 나에게 신세계를 열어 주었다.

'메념'과 '베스트'(메갈리아 사이트에서 쓴 글이 추천을 많이 받으면 메념, 더 많이 받으면 베스트가 되어 각각의 게시판으로 옮겨진다)에 올라간 글들은, 세상이 당연하다고 여기던 것들을 미러링으로 비웃고 또 목이 찢어져라 외치며 그에 저항하는 글들이었다. "남자는 군대 가면 꺾인다"고 농담하는 '솔찍헌 여우'의 글을 보며 깔깔 웃고, 성폭행 경험을 나누고 서로 눈물 흘리며 위로해주기도 하는 그런 공간을 나는 만난 것이다. 모두가 쓰레기라 욕하는 불결한 곳에서, 기존의 남성 위주의 가부장적 질서에 침을 뱉은 통쾌한 글들이 넘쳐났고 나를 매료시켰다. 바로 그날 그곳에서 나의 여성운동은 시작되었다. 매일 밤을 꼬박 지새우면서 메갈에 올라온 글을 읽고, 글을 쓰면서, 나는 그렇게 미친 사람처럼 두어 달을 보냈다. "대학원에 입학한 애가 핸드폰이랑 컴퓨터만 하느냐?"며 엄마에게 등짝 스매쉬를 맞기도 했지만 나는 그만둘 수 없었다. 그때의 나는 내가 알던 기존의 세계에서 그 다음 세계의 어디쯤으로 발을 옮겨가는 중이었고 다른 것들은 눈에 들어오지 않았다.

그때부터 아무에게도 말하지 못하는 내 치부는 메갈리안이라는 정체성이었다. 부모님에게도, 애인에게도, 친구들에게도 몇 달간 컴퓨터와 휴대폰만을 붙잡고 사는 이유에 대해 설명할 수가 없었다. 왜 이렇게 핸드폰만 하느냐고 혼내는 엄마에게는 "나에게 아주 중요한 일들을 경험하고 있으니 제발 냅둬 달라"고 부탁했고, 왜 이리 연락이 안 되냐는 애인에게는 "언젠가 설명해줄 수 있을 것이다. 기다려주길 바란다"라고 변명을 했다. 그리고 친구들에게는 "나도 우연히 받아본 링크인데 정말 맞는 말이다"라며 메갈리아 베스트 게시판의 띵문(명문) 링크를 공유했다. 내가 메갈리안이라는 사실을 숨긴 채 친구들도 메갈리안이 되기를 고대했다. 지금이야 '너도 메갈, 나도 메갈, 우리는 메갈'이라고 할 정도로 메갈이 여성혐오에 맞서는 상징적인 이름이 되었지만, 그때의 메갈은 사회적으로 멸칭 그 자체였다. 메갈리안은 미친년, 쓰레기, 여자 일베 등으로 여겨졌기 때문에 나는 타인들 앞에서 스스로의 정체성을 지울 수밖에 없었다.

오유 여징어였던 내가 왜 메갈리안이 되고 페미니스트가 되었는지 돌아보곤 한다. 이전의 나는 내 삶 속 분노가 어떻게 페미니즘으로 나를 빠져들게 했는지에 대해 사람들에게 말하지 않았다. "페미니스트들은 역시 내면에 상처가 있는 사람들이야"라는 선입견을 강화하고 싶지 않기도 했고, 스스로 젠더감수성을 키워 각성한 것이 아니라 주어진 환경 속에서 생활형 페미니스트로 자랐다는 것이 어쩐지 자랑스럽지 못했다. 생각해보면 그렇게 변화해가는 게 너무도 평범한 수순인데도 나는 '상처받지 않은 강인한 페미니스트'가 되고 싶은 마음에 말을 아꼈던 것 같다.

우리 엄마는 "남자는 하늘이고 여자는 땅"이라는 말을 아무렇지 않게 하는 사람이었다. 그릇에 밥을 담을 때는 아빠 다음 남동생 순서로 담으셨고, 모든 맛있는 것과 좋은 것은 남동생의 몫이었다. 내게 가장 중요한 존재가 나를 그다지 중요하지 않은 존재로 본다는 것은 너무나 쓰라린 고통이었다. 화난 마음은 삐뚤어지게 표현되었고 엄마와의 사이는 내가 원하는 바와 더 멀어졌다. 그러다가 페미니즘이라는 새로운 렌즈를 얻은 뒤 나는 달라졌다. 내게 가해진 것은 단순히 개인적 차원에서 이루어지는 '차별'이 아니라 구조적으로 만들어진 혐오와 그로 인한 차별이었음을 이해하게 되었다. 엄마에게도 이전과는 다르게 말할 수 있었다. 상황에 감정적으로 대응하지 않고 구조에 대한 설명과 그것이 불합리하다는 주장까지 할 수 있었다. 나에게 언어가 생긴 것이다. 그러자 가족 내의 성차별을 오히려 페미니즘을 지속하는 원동력으로 삼을 수 있었고 이제는 오히려 그런 상황에 감사할 지경이다. 페미니즘은 내 인생을 바꿨을 뿐만 아니라 가장 사랑하고 가장 혐오했던 엄마를 변화시켰다.

어느 날 엄마는 말씀하셨다. "곰곰이 생각해보았는데 너의 말이 맞다. 우리나라 남성들은 성 인식을 더 키워야 하고 공교육을 통해 성인지 감수성을 더 높여야한다." 세상에, '우리 엄마'가 그렇게 말했다. "남자는 하늘이고 여자는 땅이며, 집안에 해가 둘이면 안되니 여자는 지고지순해야 한다"던 우리 엄마가 변했다! 큰일은 남자가 잘하고 여자는 큰일을 망쳐버리기 일쑤라던 엄마가 "업무상 여성과 남성의 능력 차이는 존재하지 않으며, 직장에서 여성은 매우 불평등한 상황과 편견을 마주하게 된다"는 이야기에 적극적으로 동의하는 사람이 된 것이다. 페미니즘은 그렇게 나를, 엄마를, 세상을 바꾸고 있었다.

좆같은 세상을 향한
우리의 언어, 미러링

메갈리아에서 한참 활동하던 시기에는 날씨기사 보력지원이 가장 기본적이고 재미있는 활동이었다. 밤 12시가 넘어 네이버 메인에 올라갈 다음날 날씨기사가 게재되면 그 링크를 가져와 다 같이 화력지원을 나갔다.

많은 기사 중 왜 하필 날씨기사인가 하고 의아해할 수도 있는데, 첫 번째 이유는 당시만 해도 매일 올라오는 네이버 날씨기사에 여성 기상캐스터를 성희롱하는 댓글이 가득 달렸기 때문이다. 그 성희롱성 댓글들을 밀어버리고 미러링 글들로 채우는 것이 우리의 목표였다. 둘째로 날씨기사는 많은 사람들에게 읽히기 때문에 메갈리아의 존재를 알릴 수 있는 창구로 유용했다. 실제로 네이버 기사 댓글들의 내용이 평소와 다르고, 댓글창에 '메갈년'을 욕하는 남성들의 댓글이 올라오는 것을 본 뒤 그 존재를 알게 되어 메갈리안이 되었다는 간증글이 꽤 있었다.(타임라인 참조)

우리는 다양한 미러링 댓글부터 시작해 '코피노(한국 남성들이 동남아 여성과 연애하여 아이를 갖게 하고 도망오는 행태를 비판하기 위해 사용)', '탈모(여성에게 가해졌던 외모 코르셋을 미러링하여 남성의 외모를 지적하기 위한 것으로, 남성들이 특히 민감해하는 탈모에 집중)', '와랄랄라 삼초짝(본인들이 모든 자물쇠를 따는 만능키라며 성적 매력을 자부하는 한국 남성들이 사실은 본인들 좋을 대로만 섹스함을 조롱)', '한남충', '6.9' 등의 키워드로 도화지 같이 새하얀 댓글창을 채워갔다. 그렇게 새벽동안 열심히 댓글을 달고 서로의 댓글에 추천을 누르고 다니면, 아침 무렵 날씨기사는 조회수가 높아지고 댓글도 많은 상태가 되어 네이버 메인을 장식하게 된다. 보력지원을 하다보면 생각지 못한 서로의 재치에 즐겁기도 했지만, 어떤 의무감을 가지고 댓글을 다는 활동이기 때문에 마냥 쉬운 일만은 아니었다. 종종 댓글을 통해 여혐러들과 새벽의 릴레이 키보드배틀을 벌이기도 하고, "잘못된 내용의 댓글을 많이 썼다"며 네이버 계정을 정지당하기도 했다. 매일 새벽마다 메갈리아 사이트에는 날씨기사 링크가 몇 개씩 올라왔다. "엄한 일 하면서 놀지 말고 의무적으로 화력지원을 가라"고 독려하는 글들과 함께 말이다.

그때만 해도 여성이 욕하는 댓글, 특히 남성을 조롱하고 비하하는 댓글을 달 수 있다는 것을 상상하지 못한 사람들은, 메갈리안이 여성이 아니라 분열을 조장하는 남성일 것이라 믿기도 했다. 그런 의미에서 날씨기사 화력지원은 매일이 승전보였다. 우리는 존재 자체로 충격이자, 존재 자체로 승리였던 것이다. 출근길 날씨기사를 클릭해 여성캐스터 성희롱 댓글이 아니라 남성성을 희화화하는 미러링 댓글들을 읽으며 하루를 시작할 '일부' 한국남자들을 생각하며 뿌듯하게 잠자리에 들고는 했다.

혹자는 메갈리안들이 하는 미러링 전략이 기존의 가부장제 질서에 실질적인 영향을 줄 수 없으며, 혐오만 재생산한다는 평가를 하기도 한다. 물론 미러링은 모든 여성혐오를 단칼에 없애는 근본적인 해결책이 될 수 없다. 그러나 가부장제에 맞서기 위한 여러 도구 중 하나로서 "여성혐오와 성차별이 이렇게나 심각했다"는 이야기를 효과적으로 전달할 수 있다. 혐오의 재생산이라는 측면에서 보자면, 텍스트를 사용한 미러링은 그야말로 온건한 운동방식이라고 나는 생각한다. 우리의 미러링은 데이트폭력과 성폭력, 강간, 남편폭력, 직장 내 성차별 등이 벌어지는 상황에서 여남의 관계를 뒤집어 남성들에게 이를 실천하는 것이 아니다. 미러링은 그저 텍스트 차원에서 실존하지 않는 현실을 그려낼 뿐이다. 미러링이 혐오를 재생산한다고 비난하지만, 그 혐오는 변화를 위한 필연적 부산물이다.

여성이 가부장제를 향해 외치는 혐오발언은 그 여성에게 카타르시스를 안겨준다. 나는 이것만으로도 미러링이 상당한 의미가 있다고 생각한다. 평생토록 여성이 마땅히 감수해야할 감정노동과 착한여자 콤플렉스, 개념녀 프레임 등에 옭죄어 있다가 이 좆같은 세상에 엿을 날리는 첫 행보가 미러링인 것이다. 스스로를 무력하게 했던 수많은 여성혐오를 재해석해 미러링으로 다시 내뱉는 행위는, 여성들로 하여금 세상을 보는 시각을 바꾸고 자신의 사회적 위치를 스스로 재구조화하게 만든다. 강자의 언어인 혐오발언을 할 수 있는 나, 그래도 되는 나, 여성혐오적인 도덕 프레임을 부수는 나, 무력하지 않은 나를, 여성들은 미러링을 통해 처음 경험하는 것이다.

메갈리아의 탄생과 변화, 미러링 전술 등을 놓고 그 한계가 분명하다는 이야기를 하고 싶은 사람들도 많을 것이다. 맞다. 정말 많은 한계가 존재한다. 그러나 그건 말 그대로 '한계'이지 '문제'가 아니다. 메갈리아는 누군가 계획적으로 조직한 네트워크가 아니고, 낙타의 기침(중동에서 시작된 메르스라는 질병이 메르스 갤러리가 되었음을 은유적으로 표현함)에서 시작한 움직임들은 그 자체로 의미가 있다. 메갈과 미러링이 갖는 한계는 그것이 생산한 의미망에서 논의되어야 한다는 말이다. 미러링이 온라인 페미니즘 물결의 한계를 결론내리기 위한 증거가 되어서는 안된다. 한계를 넘어 그 다음으로 건너가는 다리가 되어야 한다.

소라넷을 안 이상,
이전으로 돌아갈 수 없었다

지금이야 메갈리아와 관련된 기사나 논문, 책들이 많이 나오고 메갈리아가 주창했던 목소리들을 귀담아 듣고자 하지만, 2015년 가을만 해도 전혀 그렇지 않았다. 메갈의 목소리에 아무도 관심을 갖지 않았고 사람들은 그저 온라인 공간의 여자 일베, 사회적 병폐의 한 축 정도로 여길 뿐이었다. 그렇기 때문에 메갈리아는 사회적인 스피커가 절실했다. 메갈리아라는 사이트가 소중했지만 그곳을 벗어난 다른 공간에서도 메갈리안의 목소리로 낼 필요가 있었던 것이다.

어느 날 한 메갈리안이 소라넷 링크를 가져왔다. '소라넷 형님들' 운운하는 남성들 때문에 이름만 알고 있던 ㄱ곳에 별별 심각한 온라인 성폭력과 성매매가 일어나고 있다는 소식을 전했다. 메갈리안들은 줄줄이 달린 링크를 타고 들어갔다가 놀라서 빠져나왔다. 대부분 이런 노골적인 포르노사이트는 처음이었기 때문이다. 처음에는 무서워 링크를 클릭하지도, 회원가입을 할 생각도 하지 못했던 메갈리안들도 차츰 정보를 공유하고 불법행태들을 고발하기 시작했다. 여자들에게 약을 먹이고, 여자 성기에 칼자루나 빗, 소주병을 꽂아 넣은 다음 사진을 찍어 올리는 등의 충격적인 실태가 고발되었다. 소라넷이 이슈가 된 며칠간 모든 메갈리안들은 패닉상태였던 것으로 기억한다. 그렇지 않을 수 없었다. 여성들에게 알려지지 않은 남성들만의 공간이, 더 이상 심각할 수 없을 정도의 여성폭력이 벌어지는 장이라는 것도 놀라웠지만, 그보다 더 우리를 놀라게 한 건 15년간 그 누구도 소라넷을 공개적으로 고발하지 않았다는 사실이었다. 소라넷을 알게 된 이상 우리는 그 전으로 돌아갈 수 없었다.

많은 메갈리안들이 다방면으로 소라넷 폐쇄를 위해 함께 움직였다. 아동포르노물이 공존하는 소라넷을 FBI에 신고할 방법을 공유하고, 소라넷 폐쇄 청원 서명을 만들어 여성 커뮤니티와 SNS에 홍보하며, 소라넷 서버 정보를 찾아보고, 프로젝트 팀을 꾸리는 활동들을 벌였다. 그리고 이 모든 활동들이 연결되어 소라넷 폐쇄 청원 서명이 8만 명에 이르렀을 때, 진선미 의원이 국회 행정안전위 회의에서 강신명 경찰청장으로부터 소라넷 폐쇄를 약속받았다. 그날은 메갈리안들에게 축제의 날이었다. 우리들의 목소리가 처음으로 공적 공간에 전달되고 관철된 것이다. 그것도 매우 중요한 사안에서 승전보를 올린 쾌거였다.(타임라인 참조)

그걸로 끝이 아니었다. 그날부터 메갈리안들은 진선미 의원이 힘을 내 실질적인 소라넷 폐쇄까지 활동할 수 있도록 개인후원을 이어갔다. 그 작은 사이트에서 이틀 만에 1,000만 원이 넘는 금액을 후원했다. 게시판은 후원 인증글로 가득했다. 고등학생이라 만 원밖에 못했다고 부끄러워하면 모두 응원해주었고 몇 십만원 후원했다는 직장인에게는 '좋아요'가 폭발했다. 그들은 고등학생, 주부, 대학생, 직장인 가릴 것 없이 소라넷 폐쇄를 간절히 염원하는 메갈리안들이었다.

메갈리아에서는 특정 프로젝트를 진행할 때마다 '프젝팀'이 꾸려졌고 그 프젝의 '총대'를 잡는 사람을 선정하는 룰이 존재했다. 소라넷 폐쇄를 위해 여러 메갈리안들이 다양한 방법들을 찾아 움직이는 과정에서 프젝팀이 꾸려진 것도 당연한 수순이었다. 소라넷 폐쇄 프로젝트팀에는 최대 30명 정도의 메갈리안들이 함께 했고, 서로의 신상공개에 매우 민감했기에 오픈 카톡방이나 네이버 밴드 톡방에서 활동명을 정해 소통했다.

낮과 밤 동안의 활동을 바통터치하며 소라넷을 24시간 모니터링하는 팀, 공론화하기 위한 콘텐츠를 제작하는 팀, SNS 계정을 관리하는 팀 등등 다양한 역할이 존재했고 유기적으로 움직였다. 그런데 너무도 여성폭력적인 소라넷 페이지를 직접 모니터링하거나 그 모니터링 작업물들을 가공하여 공론화하는 일은 많은 에너지와 노동력을 필요로 했다. 팀원들은 자주 바뀌었고 늘 인력은 부족했으며, 지난번 만났던 팀원을 다음번부터 만나지 못하는 경우가 부지기수였다. 그런 어려움에도 불구하고 2015년 가을부터 겨울까지 함께 노력한 메갈리안들이 있었기에 소라넷 공론화는 성공할 수 있었고 소라넷 폐쇄까지 이끌어낼 수 있었다. 시작할 때는 그 누구도 성공할 수 있을 것이라 예상하지 못했지만, 우리는 해냈고 기뻐했다.

매일 키보드배틀을 떴다,
그런데?

해방구였던 메갈리아가 '터지게' 된 건 일명 '똥꼬충(부록 참조) 사건'으로 불리는 일 때문이었다. '똥꼬충 사건'은 '천하제일 개념녀 대회'를 진행하는 과정에서 게시되었던 어느 글로 촉발되었다. 남편이 게이인 줄 모르고 결혼해 고통 받는 여성의 경험을 담은 이 글은 많은 이들의 주목을 끌었다. 메갈리안들은 게이의 '한남'적인 특성들을 꼬집고 게이의 여혐에 대해 논하기도 했다. 그러던 중 일베에서 게이비하 단어로 사용되던 '똥꼬충'이라는 단어를 메갈리아에서 사용할지 여부를 두고 의견이 크게 갈리게 되었다. 메갈리아 사이트 운영진은 "퀴어혐오적 단어 사용은 반대한다"는 공지를 올렸고, 메갈리안들은 "운영진은 운영진일 뿐, 메갈리아의 방향성을 규정할 수 없다"며 반발하게 되었다. 이때 많은 메갈리안들은 메갈리아 사이트에 남을지 다른 곳으로 떠날지 밤새워 논의하고 두세 개의 임시 카페를 만들었다. 국내 포털 카페들은 개인의 신상정보를 요구하기도 하고 '우보끼(우리보지끼리)' 사태를 경험했던 메갈리안들에게 녹색의 땅 메갈리아 사이트를 떠나는 것이 쉬운 결정은 아니었다. 그러나 그렇다고 그곳에 남는 것 또한 용납되지 않았다. 결국 다음 카페 '임시대피소'로 이주하게 되었다. 더구나 그즈음 메갈리아의 사이트 정보를 복제해 신상정보 접근이 가능한 '세이브 메갈리아' 웹페이지가 만들어져 메갈리안들의 신상을 위협했다. 또한 그즈음부터 메갈리아 사이트가 관리되지 않아 사이트 내 크고 작은 오류들이 계속되었다. 이런 여러 문제들이 중첩되면서 메갈리아 사이트는 사실상 운영이 중단되고 말았다.(타임라인 참조)

당시 페이스북은 '블루일베'라 불리는 상태였다. 실제로 일베 회원이 주축이 되어 만들어진 '김치녀 페이지'는 팔로워가 17만명에 달하면서 여혐의 온상이 될 정도로 심각했고, '거미맨'이나 '베트맨', '성예분', '메갈 저격수' 등 대규모 팔로워를 자랑하는 여혐페이지에서 여혐 조작 게시물들이 판을 쳤다. 이런 상황에서 '페이스북 정화단'이라는 이름의 점조직이 모였고 7명의 인원이 활동을 시작했다. 페이스북 정화단은 여혐 발언이 게시되거나 페미사이드가 진행되고 있는 페이지를 발견하면 링크를 올리고 다른 이들과 함께 키보드배틀을 떴다. 그러나 여혐러들은 정화단에 비해 엄청난 화력을 자랑하면서 대부분의 논쟁이 '여혐러 20명 vs 페북정화단 2명'의 구도로 진행되었고, 정화단은 여혐댓글에 파묻혀 몰매를 당하기 일쑤였다. 정화단은 '이래서는 안되겠다'는 각오로 페이스북의 메르스 갤러리 저장소와 메갈리아 페이지를 돌아다니며 동료를 구하러 다녔다. 적극적으로 댓글을 남긴 이에게 "내 동료가 되어 달라"고 설득의 메시지를 보내고 페미니스트 비밀 그룹을 만들어 그룹원들을 늘려갔다. 이런 그룹원들이 하나 둘 늘어가면서 키배력이 올라가고 화력도 세져 키보드배틀에서 승전보를 올리는 날들이 많아졌다. 여혐러들이 남긴 "메갈들이 점령했네", "페미나치들 나댄다" 등의 댓글은 우리 흥을 돋구어주는 양념이었다. 이렇게 메갈리아를 떠난 메갈리안들은 여혐 게시물을 비판하면서 댓글 판도를 바꾸거나 게시글 자체를 삭제시키는 활동을 계속해나갔다. 세상에는 무수히 많은 '프로불편러'와 '페미나치'들이 있다는 것을 보여주며 사람들의 인식을 바꿔나갔다.

메갈리아가 '터진' 이후 나는 페이스북에서 소라넷 이슈를 알리는 활동을 계속했고, 페미니즘을 다루는 페이지나 페미니스트 그룹을 운영하기도 했다. 매일 키배의 연속이던 시간들을 보냈다. 말 그대로 밥 먹고 키배만 떴다. 그러다 온라인 페미니즘으로 현실 변화를 이끌어낼 수 있는 영향력을 갖기에는 한계가 있다는 생각이 들었다. 나는 고민을 거듭하다가 다른 대안을 찾아 나서기 시작했다.

다른 대안을 찾아 나서면서도 처음에는 온라인 공간에서 무인가를 시도해보고자 했다. 페미니즘 주제로 토론을 할 수 있는 공간이나 온라인 세미나를 통해 '포스트메갈' 시대를 채워보고 싶은 욕구가 있었다. 메갈리아가 만들어낸 물결을 어떻게 더 성공적으로 변주해 나갈 수 있을지, 메갈리안들이 앞으로 나아갈 방향을 어떻게 정리할 수 있을지 매일 고민했다. 그러나 운동이라는 것을 온라인 공간에서 시도하는 것은 아주 어려운 일이었고, 기존에 존재하지 않던 특별한 온라인 플랫폼을 구축하거나 사람들을 끌어 모으고 실제로 활동까지 하게 만드는 일은 대단한 노력이 필요했다. 또한 페이스북이라는 비대면적인 온라인 공간의 특성상 스탠스 차이 및 친목으로 인해 발생하는 사이버 불링도 운동을 어렵게 만드는 주요한 요인이었다.

몇 달을 시도하고 고민하다가 결국 답은 오프라인 운동에 있다는 결론에 이르렀다. 온라인 공간에서의 운동은 그곳에 접근가능한 사람들만 변화시킬 수 있지만, 실제 현실에서의 운동은 모두에게 닿을 수 있을 거라 생각했기 때문이다. 그렇게 나는 오프라인에서 활동을 시작하게 되었고 몇 번의 시행착오와 어려움 끝에 많은 사람들과 함께 단체를 꾸리며 활동하고 있다.

운동은 운동으로
남아야 강력하다

'갈까, 말까.'

한참을 고민하다 발을 떼니 저녁 7시. 9시 버스표를 끊고 앉으니 비로소

겁이 없어진다. 동해행 버스표를 손에 쥐고도 무덤덤하다. 여성운동 활동가로서 지금의 내 삶에 대해 무언가 생각해보려고 떠난 여행인데, 왜인지 아무 생각도 들지 않는다. 나중에는 포기하고 말았다. 나는 지금 생각이란 걸 하기 싫은가 보다.

러시아인이 가득한 게스트하우스에서는 어쩐지 억울한 꿈을 꿨다. 모두 같은 곳에서 일했지만 동료들과 다르게 나만 취직이 되지 않았고 아무도 나의 존재를 눈여겨보지 않는 그런 슬프고 억울한 꿈. 반년 동안 월급도 제대로 받지 못하고 인정도 받지 못한 채 일만 하다가 마침내 단체를 그만둔 날, 나는 내가 일한 곳의 언덕을 걸어서가 아니라 굴러서 내려오고 싶었다. 데굴데굴. 꿈을 꾸지 않은지 몇 달은 된 것 같은데 지금 여기서 이런 억울하고 슬픈 꿈을 꾸다니, 과연 여행의 소득이라 할만하다. 가슴 속 깊은 곳에 감추어졌던 나의 무의식은, 오프라인에서 영영페미니스트(young-young feminist) 활동을 했던 반년이라는 시간을, 돈도 받지 못하고 대단한 인정도 받지 못한 시간으로 인식하는 것일까? 그래, 아주 틀린 생각은 아니지. 인정하고 싶지 않았던 마음을 들킨 것 같아 씁쓸해졌다. 현실적인 삶의 원칙들을 무시하면서 잘 살고 있다고 자위하지 않고서는 버티기 힘든 나날들이었다. 그것이 스물일곱 살의 어느 휴일에 혼자 동해의 카페에 앉아 청승 떠는 이유이기도 했다.

정상성과 정규성을 이탈한 삶이 어찌 두렵지 않을까. 가까이서 들여다보면 또 다르겠지만, 대부분의 사람들은 대학을 나오고 취직을 한 뒤, 안정적으로 돈을 모아 결혼하는 경로를 따라가는 것처럼 보인다. 이들 중 나만 '평범하게' 살고 있지 못한 것 같다는 고민이 한동안 나를 괴롭혔다. 페미니즘을 공부하고 여성폭력을 들여다보며 시간을 보내는 동안, 나의 삶은 어떤 궤도를 벗어나 세상과 멀어지고 있는 게 아닌지. 영영 '보통의 삶'으로 돌아오지 못하는 것은 아닌지 두려웠다. 주변에 이 두려움에 대해 조언을 구해 봤지만 아무도 나에게 답을 주지 못했다. 현실의 원칙을 벗어나 기울어진 상대로 버티다 보면 그곳에 틈이 생긴다. 그 틈 속에서 방황했던 시간들이 떠오른다. 그 시간들을 흩어버리지 않고 차곡차곡 쌓아 나만의 원칙을 다시 만들 때까지, 많은 글을 찾아 읽고 조언을 얻어야 했다.

쉽지 않은 과정이었다.

일련의 크고 작은 사건들을 겪으며 이제야 나는 비로소 '운동'이 무엇인지 알 것 같다. 운동은 그저 '좋은 일'을 하는 것과는 차원이 다른 무언가이다. 공적인 목적을 위해 물건을 팔고 얼마간 기부를 한다거나, 취미로 좋은 일을 한다거나, 나도 좋고 너도 좋은 일을 한다거나, 그런 게 아니었다. 오로지 본인이 생각하는 옳음과 정의에 그 삶을 투신하는, 남들이 다 틀리다 말해도 스스로의 기준을 세워 나아가는 숭고한 힘이었다. 세상을 바꾸고 싶어하는 마음들을 겹겹이 쌓고 또 쌓아 만들어가는 어떤 길이었다. 그렇기에 운동은 운동으로 남아야 가장 강력하다. 잠시 타협하면 더 빨리 갈 수 있을 것 같지만, 결코 아니다. 운동에 있어 어떤 전문지식보다 중요한 것이 신념이라는 것을 나는 이제야 깨달았다.

"활동가는 왜 늘 가난해야 하는가. 그런 고정관념이 지긋지긋하다"는 말을 많이 들어왔다. 맞다. 활동가나 운동가가 가난할 필요는 없다. 다만 운동으로 돈을 많이 벌수는 없다. 세상에 균열을 내기 위해 세상의 원칙에 빗겨서있는 이가 돈을 많이 벌 가능성은 그리 많지 않다. 활동으로 돈을 넉넉히 벌 수 있다면 그것 자체가 이미 세상이 변했다는 뜻 아닐까. 아직 '꼬꼬마 활동가'라 깨달음의 내용이 겨우 이 정도지만, 이만큼 설명할 수 있게 된 것도 나에게 결코 쉽지 않았다. 눈물콧물 빼며 이제 이만큼 알게 된 것이다.

내가 스스로 여성주의 활동가라는 정체성을 갖고 단체활동을 하게 될 줄은 꿈에도 몰랐던 2년 전 가을. 메갈리아에서 소라넷에 대해 알고 너무 화가 나 친구에게 이를 이야기했던 기억이 떠오른다. 친구는 말했다. "해외 서버 라는데 노력해도 별 소용없을걸? 어차피 그런 건 안 없어져"라고. 나는 독기가 올라 소라넷을 폐쇄하기 위한 정보들을 찾고 글을 쓰고 사람들을 만나며 밤을 새워 활동했다. 여러 사람들의 노력에 힘입어 소라넷은 공론화에 성공했고 마침내 폐쇄되었다. 그때 나는 득의양양하게 친구에게 말했다. "네가 안 된다고 했지만 우리들은 결국 해냈어"라고 말이다. 그 순간을 기억하며, 나는 방황을 계속해보려 한다. 속지 않는 자들이 방황한다고 했다. 내 인생을 망친 나의 구원자, 페미니즘의 손을 잡고서 세상의 그리고 현실의 원칙에 속지 않고 앞으로도 방황을 할 것이다. 세상을 바꾸고 싶어 하는 마음들을 겹겹이 쌓고 노력해 새로운 길을 만들 것이다. 그 길이 나의 길임을, 지금은 의심하지 않는다.

비판적 개인들의 액체적 연대를 꿈꾸다

정나라

하나의 질문으로
시작된 변화

여성주의자로 묶이는 것을, 저어하거나 무서워하거나 두려워하지 않겠다고 마음먹은 날을 기억한다. 메르스 사건이 일어나기 얼마 전, 친구와 옛날 영화를 보던 어느 오후였다. 영화에는 재력있는 남자와 그가 좋아하는 여자가 등장했는데, 문제의 장면은 남자의 말을 전하던 중간 전달자가 실수로 여자를 호텔로 초대하는 순간이었다. 잘못을 비는 남자에게 여자는 "나는 그런 여자가 아니에요"라고 말했고, 남자는 "당신을 그렇게 취급해서 미안하다"고 했다.

불편했다. 평소라면 그냥 참고 넘겼을텐데 편한 친구와 함께 있던 자리라 그랬을까? 퉁명스럽게 한마디 뱉고 말았다. "이 세상에 '그런' 사람이 어디 있어?" 친구는 잠깐 말이 없더니 충격을 받은 말투로 답했다. "헐, 그러네. 맞아, 네 말이 맞아." 친구의 말을 듣고 세상이 조금 다르게 보이기 시작했다. 처음으로 타인에게 성차별 문제를 언급하는 행위의 효용성을 느꼈다. 문제를 지적했을 때 그것을 이해하는 이가 있다는 가능성을 기대할 수 있었다. 나는 댓글을 달기로 마음을 먹었다.

메갈리아가 등장하기 전까지 나는 온라인에서 댓글을 단 적이 없었다. 개인 일기를 쓰거나 블로그에서 음악을 퍼오는 정도가 아니면 댓글을 다는 것이 무의미하다고 생각했기 때문이다. 혼자서는 수많은 여성혐오 악성 댓글들을 감당할 수 없었으니 인터넷은 원래 그런 곳이라는 자조적인 생각에 흔적을 남기고 싶지 않았다. 남성들의 혐오발언과 저속함을 피해 나는 여초 사이트 '외방커뮤니티(외커)'에 가입했는데, 코르셋을 조이는 여성들이 네일과 화장, 옷 등을 고민하고 성녀와 창녀의 이분법에 괴로워하면서도 성판매 여성들을 타자화하는 수많은 글을 올렸지만 나는 댓글을 달지 않았다. 부당하다고 느꼈지만 내가 관여할 수 있는 일도 아니고 혼자 해결할 수 있는 사항도 아니라고 생각했기 때문이었다.

메갈리아가 등장하게 된 과정에 대해서 '디시인사이드'의 '남자연예인갤러리(남연갤)' 유저들을 기원으로 두는 사람들이 많다. 그러나 다양한 여초 커뮤니티와 개인들의 적극적인 참여 또한 큰 몫을 했다. 당시 여성시대라는 커뮤니티뿐만 아니라 여초 비공개 커뮤니티들, 그리고 중견 여초 커뮤니티인 외커(외방커뮤니티) 또한 메갈리아의 시작에 많은 영향을 끼쳤다.

처음 디시인사이드의 메르스 갤러리에 "메르스 바이러스의 최초 유포자가 여성이다"라는 풍문이 돌았을 때, 역시나 '김치년들', '원정창녀들', '남자들이 벌어온 돈으로 쇼핑 다니는 된장년들'이라는 수많은 악플들이 달렸다.(타임라인 참조) 그러다 바이러스 유포자가 남성이라는 기사가 보도되자마자 댓글의 양상은 바로 달라졌는데, 남성이 얼마나 힘들게 회사 일을 하며 출장을 다니는지 이해한다는 댓글이 대다수를 이루었다. 각종 여초 커뮤니티와 외커에서 이를 지켜보던 여성들은, 여성혐오 댓글이 더 이상 참을 수 있는 수준이 아니며 이를 위한 강력한 해결책이 필요함을 주장하기 시작했다. 남성들의 댓글이 얼마나 저열한지, 지금 당장 보여줄 수 있어야 한다는 것이었다. 여성들은 커뮤니티 내부에서 "댓글을 통해 남성들의 글에 주어만 바꾸어 올리자"는 논의를 주고받았고, 각 커뮤니티별로 메르스 갤러리에 화력지원을 나가 게시판을 점령했다. 남성들은 이러한 여성들의 대응을 보고 두 가지 반응을 보였다. 첫 번째는 "모든 남성이 그런 게 아니며 혐오에 '혐오'로 대응해서는 안된다", "너무 심한 것 아니냐"는 불만이었다. 두 번째는 "댓글로 미러링하는 이들은 여성이 아니라 남성이다"는 반응이었다. 남성들은 여성들이 욕설이나 험한 말을 내뱉을 리가 없다는 고정관념에 갇혀 있었던 것이다.

이후 여성들은 메르스 갤러리의 점령에 그치지 않고 독립적인 사이트 개설을 논의하기 시작했다. 이런 논의는 각종 커뮤니티의 운영자가 주도한 것이 아니라, 여초 커뮤니티 유저들 간의 즉각적인 연계를 통해 일어났다. 당시 수많은 외커 유저들은 메갈리아 사이트 개설을 위해 필요한 모금 프로젝트를 통해 팔찌 등을 구매하는 등 적극적 지원을 아끼지 않았다.(타임라인 참조) 그 과정에서 나는 수년간 여성혐오 발언과 문화를 애써 참고 외면하며 괴로워하던 여성들이 분노하는 모습을 볼 수 있었다. 메갈리아가 만들어질 당시 적극적으로 의견을 표명하고 참여한 수많은 여성들을 보며, 뭐라 형용하기 어려운 뜨거운 감정을 느꼈던 기억이 아직도 선명하다.

한국에서 인터넷 공간이 확산되면서 남성들 특유의 저열한 인터넷 문화 또한 확산되어 갔다. 수많은 남초 커뮤니티에는 여성과 여성 성기에 관한 혐오성 발언과, 여성인사들에 대한 성희롱적, 비하적, 폭력적 언사들이 늘상 올라오고 있으며, 지금 이 순간에도 그곳에는 재미와 놀이로서의 여성혐오를 통해 남성성을 견고하게 하는 방식으로 폭력이 자행되고 있다. 성폭행에 관한 글을 재미삼아 올리고, 성폭행 후기까지 올리기도 한다. 여성들은 소라넷과 일베에 한정되지 않고 모든 남성커뮤니티에서 자행되고 있는 여성혐오와 저열함을 고발했다. 여성들은 '보전깨'라는 말을 '후전깨'로, '보슬아치'를 '자슬아치'로 바꿔 부르기 시작했고, 원본을 거울에 그대로 비추어 보여주는 방식이라 해서 미러링이라 불렀다.(부록 참조) 메갈리아를 지지하는 여성들은, 남성들이 여성의 나신을 올리면서 따먹겠다는 성희롱의 글을 미러링해, 남성의 나신과 함께 그에 대한 평가를 올리고는 했다. 그러나 남성들의 욕설과 여성혐오적 원본을 미러링하는 방식은 남성들뿐 아니라 여성들에게도 많은 반감을 불러왔다. 일부 사람들은 그것이 비도덕적이라고 평가하기도 했다. 올바른 페미니즘과 도덕적 페미니즘이 있다고 생각하는 사람들은 메갈리아의 페미니즘에 대해 말하는 것 자체를 불편해하며 듣고 싶지 않아 했고, '나쁜 여자', '입이 험한 여자'라는 의미로 메갈을 낙인찍었다. 그것은 학교에서도 마찬가지였다. 페미니즘과 메갈리아를 말하는 것은 인간관계를 포기하는 것과 동의어가 되었고, 결국 나는 오랜 기간 알고 지냈던 친구들과 대부분의 관계를 포기하거나 끊을 수밖에 없었다.

익명의 개인으로
발언하고 연대하다

오프라인에서 입막음을 당한 이후, 나는 페이스북 계정을 만들었다. 팔로워나 친구수가 많을수록 주장이 확산되기 쉬운 페이스북의 특성상, 당시 팔로워가 많은 거대계정들에 게시된 글을 중심으로 페미니즘 담론이 형성되고 있었다. 임금격차의 문제, 여성혐오에 대한 혐오로서 메갈리아의 본질, 된장녀와 김치녀라는 존재의 허상, 소라넷 폐쇄, 몰래카메라의 문제, 더치페이와 데이트폭력 등에 대한 담론 등 현실에서 여성들이 직면한 다양한 여성차별과 여성혐오에 대한 주제들이 활발하게 논의되었다. 페이스북 이용 초기에는 '나와 뜻을 같이 하는 사람들이 이렇게나 많구나' 하는 생각에 뿌듯한 적이 꽤 많이 있었고 즐겁기도 했던 시간들이 있었다.

페이스북은 실명으로 운영되고 있었고, 규모가 작은 계정을 갖고 있던 나는 두 가지 결심을 했다. 첫째로는, 어디에도 소속되지 않고 사람들과 거리를 두어야겠다는 것이었다. 거리를 두지 않을 경우 비익명이라는 특성에서 오는 인간관계 때문에 옳다고 생각하는 것에 의견을 표명하기 어려워질 것이라고 생각했다. 둘째는 오프라인으로 나가지 않겠다는 것이었다. 이것은 오프라인에서의 내 경험 때문이었다. 페미니즘을 주장하다가 친구를 잃고 인간관계를 포기했던 경험을 다시 하고 싶지 않았고, 페미나치나 꼴페미라 낙인찍고 꼬리표를 달고 검열하는 이들로부터 나의 신상을 보호하고 싶었다. 이 원칙을 지키면서 나는 메갈리아가 등장한 후 지금까지 지속적으로 여성혐오성 글을 신고하고 악플에 반박 댓글을 달며, 페미니즘 이슈로 다양한 논의가 일어날 때 글을 작성하는 방식으로 페미니즘 운동을 2년간 해오고 있다. 그 와중에 나는 페이스북 계정을 두 번 옮겼다.

첫 계정에 대한 애정은 굉장히 컸는데, 인터넷에서 처음으로 내 목소리를 냈기 때문이기도 하고, 그에 공감해주는 좋은 분들을 많이 만났기 때문이다. 그러나 페이스북 특성상 고정된 닉네임이 존재한다는 점에서, 오프에서 만나지 않고 온라인에서만 계정을 운영하더라도 일정 시간이 지나면 의견을 자유롭게 논의하는데 제한이 생김을 느꼈다. 당시는 수많은 여성들이 페미니즘에 대해 말하겠다고 페이스북에 모여 막 논의를 시작한 때였다. 이슈별로 서로 다른 의견들이 갈라지는 지점들이 생길 때마다 엄청난 충돌이 생겼다. 한국 남성들의 여성혐오를 고발하는데 밤을 새워가며 싸웠듯, 페미들끼리의 충돌 과정에서도 며칠 밤을 새워가며 온라인 공간에서 싸우고는 했다. 둘 다 모두 너무 큰 고통이었다. 전자는 수많은 악성 댓글에 시달리거나, 고소를 당하고 성희롱의 대상이 되며, 신상이 털려 남성들에게 박제(특정 내용이 사진으로 찍히거나 글로 재생산되어 많은 이들이 접할 수 있는 공간이나 다른 사이트에 게시되는 것) 되어 직장에서 짤릴 위험까지 느낄 정도였고, 이는 오직 혼자서 감내해야 하는 고통이었다. 후자의 고통은 전자와 같은 것은 아니었지만, 수많은 사람들과 충돌하고 관계가 깨지는 데서 오는 심적인 괴로움이었다.

페이스북에서 관계 맺는 친구로 인해 의견을 표현하지 못하거나 비판하지 못하는 일이 자주 발생하자 나는 첫 번째 계정을 버렸다. 두 번째 계정에서도 똑같은 일이 반복되자 나는 다시 계정을 버렸다. 세 번째 계정은 오로지 내가 원하는 것을 말하기 위해 만든 것이었다. 계정을 만들면서 나는 철저하게 페미니즘에 관련되는 것만 말할 것이라고 주변에 명확히 밝혔고, 친목으로부터 거리를 두었다. 그로 인해 철저하게 고립된 계정을 갖게 되었지만, 언제든 원하는 바를 말하고 비판할 수 있으며, 때로는 같은 생각을 하는 이들과 연대할 수 있는 계정이 되었다.

나는 다양한 경험을 거치면서 이와 같은 결론에 도달한 것이지만, 이는 메갈리아와 워마드가 철저하게 따랐던 규칙이기도 했다. 친목을 철저하게 금지하고 이용자 모두 익명으로 남도록 했던 것은 탁월한 선택이었다. 모두가 익명인 그곳에서는 누가 어떤 글을 써도 완벽한 제삼자로서 비판하고 접근할 수 있었고, 특정 조직의 소속도 아니고 자신이 가진 개인적, 사회적 위치를 고수하는 것도 아닌, 자유롭고 개별적인 입장에서 서로를 비판할 수 있었던 그 힘은 페미니즘을 발전시키는 강력한 힘이었다고 나는 생각한다.

교차성?

교차성!

최근 들어 페이스북에는 페미니즘 논의와 이슈를 발전시켜 여성 억압적 사회 구조를 해결하고자 하는 사람들이 많아지고 있고, 특정 이슈에 집중해 목소리를 높이고자 하는 사람들이 다시 늘어나고 있다. 그동안 성소수자 문화에서의 여성혐오를 비판하는 의견은 입막음 당해왔고, 그를 비판하는 의견을 냈다가 공격받아온 수많은 사람들은 계정을 삭제하거나 페미니즘에 대해 더 이상 말하지 않겠다는 선언과 함께 온라인을 떠나기도 했다. 한국 남성의 여성혐오를 반복적으로 고발하고 싸우는 과정이 고통스러워 떠나는 이들도 있었다. 나도 그들과 같은 심정이었던 때가 있었기 때문에 그들의 결정을 이해했다. 그러나 나는 활동을 그만두기보다, 두 가지 원칙 중 두 번째, 철저하게 온라인에 남아야겠다는 원칙을 버리고 오프라인으로 나가는 것으로 활동을 계속해야겠다고 생각했다. 그렇게 결정한 이유는 내가 경험한 몇 가지 사건 때문이었다.

페미니즘이 한국에서 다시 불타오르기 시작한지 고작 2년밖에 안되었지만, 그즈음에 '제2물결 페미니즘'을 '이미 한물 간 것'으로 치부하고 공격하는 백래쉬(backlash)가 성행하고 있었다(페미니즘의 물결을 정확한 시기로 나누기는 힘들지만, 제1물결은 보통 여성참정권 운동으로부터 시작해 여성권리를 쟁취하기 위한 첫 운동을 말하고, 제2물결은 '여성종속 남성지배'의 가부장제 해체를 주목적으로 하는 커다란 흐름을 일컫는다. 물론 하나의 물결이 단일한 목소리로만 이루어졌던 것은 아니고 수많은 사람들이 다양한 목소리를 냈기 때문에, '제2물결은 무엇이다'라고 규정지어 말하기 어렵다). 페미니즘에 대한 백래쉬와 다시 부상하는 페미니즘 물결 등 상황은 매우 복합적이었으며, 당연하게도 페이스북에서는 많은 사건들이 일어났다. 첫째로는 장애인 남성에 의한 성폭력 피해 사실을 서술한 페미니스트가 장애인 혐오로 몰렸던 사건이고, 둘째로는 한 젠더퀴어에 의한 수많은 성희롱 사건의 공론화를 도왔던 사람들과 레즈비언, 젠더퀴어들이 성소수자혐오자나 퀴어포비아로 몰렸던 사건이었다. 두 번째 사건은 다양한 방식으로 변주되었는데, 게이남성의 주장과 동일한 목소리로 이해되는 것에 항의하며 남성 성소수자들의 여성혐오적 문화를 비판하는 퀴어와 레즈비언들이 호모포비아나 성소수자 혐오라는 비난을 들어야 했고, '시혜녀(시스젠더 헤테로 여성)'로 가볍게 패싱되었으며, 게이남성들의 여성혐오를 지적하는 것이 호모포빅으로 몰리는 것을 대표적인 예로 들 수 있다.

'교차성'은 여성억압의 중층적 구조를 분석하기 위해 쓰는 용어로서 다층적 방식으로 나타나는 여성 억압을 드러내는 것이다. 예를 들어 백인여성과 흑인남성은 각각 여성과 흑인이라는 점에서 소수자성을 갖지만, 똑같은 차별의 기제를 겪는 것은 아니다. 페미니즘 안에서 교차성을 묻는다는 것은 백인여성에게 작동되는 억압과 흑인여성에게 작동되는 억압의 차이를 다각적으로 분석한다는 것이다. 그런데 이 용어를 남성에게까지 확대 적용하여 백인여성과 흑인남성의 '교차성'을 비교하게 된다면, 다양하고 다층적인 차별을 일원화하고 결국 이는 권력의 작동방식과 과정, 그리고 각각 사회적 소수자들이 처한 맥락을 일원화하는 것이다. 따라서 여성과 남성간의 교차성을 비교하고 주장하는 것은 현실에 속해있지 않는 논의들을 불러오는 경향이 있다. 예를 들면 비장애인 여성과 장애인 남성간의 성폭력 사건에서 비장애인 여성들은 성폭력을 당하는 피해자의 입장이다. 장애인 남성들이 '정상성'의 범주에서 배제되는 소수자성을 갖고 있지만, 젠더의 측면에서 그들은 여성이 자위를 도와주는 '화이트핸즈'라는 서비스를 받는 젠더권력을 가진 입장이다. 여성이 장애인이 아니라는 점에서 장애인 남성보다 사회적으로 나은 위치에 있을 수는 있지만, 여성이 남성에게 종속되어 있는 젠더위계에서 볼 때는 분명 사회적 약자이다. 그런데 이와 같은 성폭력 사건에서 여성들이 비장애인이기 때문에 장애인 남성보다 권력자임을 강조한다면, 현실과 동떨어진 방식으로 교차성이라는 용어를 사용하고 있는 것이다. 뿐만 아니라 혹자는 교차성 자체가 흑인 페미니즘에서 생긴 단어라는 점을 들어, "백인여성들이 자신의 성차별에 대해 저항하는 것은 '백인중심적'이다"라고 비판하면서 이들을 입막음하기도 한다. 교차성을 이와 같이 오용하는 것은 사회적 약자인 여성을 도리어 강자로 만드는 방식이며, 그 자체가 여성혐오적이다. 여성이 자신의 위치에서 여성혐오에 저항하는 방식이 누군가를 강자를 만드는 전략으로 이용되거나, 남성과의 '교차성'으로 분석해 서로 다른 차별의 위계를 일원화해서는 안 되는 것이다.

이처럼 교차성은 여성이 처한 교차적 억압을 살피는 방식이 되어야 한다. 그렇지 않은 방식으로 교차성을 사용하는 이들에게 '교차성의 오용'을 반박하며 의견표명을 했던 사람들은 '장애인 혐오자' 등의 낙인이 찍혀 주변부로 밀려났다. 이러한 일련의 상황들을 접하면서 나는 온라인에만 머무르는 것을 다시 고민하게 되었다. 메갈리아를 등장시키는데 가장 큰 영향을 미친 제2물결 페미니즘에 관한 논의가 이대로 묻힐 수도 있다는 생각이 들었고, 이를 막기 위해서는 오프라인으로 나가야겠다는 결심을 하게 된 것이다. 여성들은 아직도 기본권에 관한 싸움부터 해나가고 있는 실정이다. 정부 부처는 여성을 '임신 가능한 하나의 자궁' 정도로 여기고 있으며, 여성관련 정책은 대부분 임신과 관련된 정책이고 그조차도 핵심을 짚고 있지 못하다. 실제적으로 여성들의 삶의 질을 올려줄 수 있는 임금격차 문제나 임신중단 합법화, 사내성희롱, 취업에 있어서의 차별, 승진에 관한 문제 등은 뒷전으로 밀려나 있는 형국이다. 현실의 의제들은 어디론가 사라지고, 현실을 보고자 하는 여성들의 논의는 '한물 간 것' 쯤으로 치부되는 것을 보면, 그동안 페미니즘의 이론과 활동이 얼마나 분리되어 있었는지 느껴진다. 그래서 나는 온라인과 현실의 활동을 잇는 어느 지점의 절실함을 느꼈고 이를 만들어보고자 했다.

온라인과 오프라인의
부표들

온라인의 강점은 다양한 위치에 있는 수많은 여성들이 모인다는 점이다. 거의 '평평한' 위치에서 서로 논쟁이 가능하며, 발 빠른 조직화를 통해 댓글 화력지원이나 서명운동을 효과적으로 펼칠 수 있다. 그러나 의견이 첨예하게 대립하는 경우, 온라인에서 주고받는 글로서는 한계가 있다. 아주 많은 말들이 떠다니지만, 문체나 어조에서 오는 오해를 즉각적으로 풀 수 없어 오해가 누적되고, 그러다보면 논쟁 자체가 불가능해지는 경우가 많다. 또한 온라인에서의 논의는 '좋아요' 수와 '공유' 수로 그 결과가 판가름 난다는 점에서, 해당 글이 수사학적으로 좋은 글인지 괜찮은 콘텐츠를 담고 있는 것인지는 불분명하다.

나는 현재 페미들이 있는 대화방에서 정보를 얻어 공부하고, 다양한 여초 커뮤니티에서 여성혐오에 대한 문제제기를 환기시키고 비판하는 작업을 수행하고 있다. 현재 속해있는 대화방은 온라인 페미니즘의 활동 영역을 넓게 보고, 페이스북 뿐 아니라 다양한 여성 커뮤니티나 블로그로 이어지는 활동들을 하는 '느슨한 연대체'를 추구하는 개인들이 참여하고 있다. 이와 같은 대화방들은 몇 명 정도의 점조직으로 이루어져 있다. 이는 기존의 운동권이라 말해지는 단체들과는 달리 독립적이고 개별적으로 움직인다. 물론 여성운동권에서 제기하는 의제에 힘을 보태는 경우도 있다. 그러나 기존의 여성주의 운동은 다양한 집단들과 연대하면서 사실상 여성인권에만 집중하기 힘들고, 연대라는 이름으로 다른 연대체의 하위단체로 편입하는 상황이 지속되고 있다.

이런 상황에서 대화방들은 여성인권을 단독으로 외칠 공간이 필요하다는 판단으로 꾸린 지극히 유동적인 조직이다. 이곳에서는 참여자들이 특정인의 지시를 따르는 것이 아니라 각자 다양한 논의와 토론거리를 제안하고, 어떠한 사건이 일어날 때마다 다양한 의견을 주고받을 수 있다. 개별적으로 관심 있는 이슈에 따라 각자의 현실을 살면서 적당히 뭉쳤다가 흩어지고, 페미니즘 서적과 강의정보를 공유하며, 읽어볼 만한 정보성 기사와 소식을 전달해준다. 또한 네이버 기사나 각종 여성혐오적 게시물에 화력지원을 나가기도 하고, 각자가 활동하고 있는 다양한 여초 커뮤니티 등에 여성인권을 위한 중요한 의제들을 전파하는 것을 목적으로 하고 있다.

오프라인의 강점은 무엇보다도 얼굴을 직접 보고 말한다는 점에서 현장감이 있고, 서로가 확실하게 소통하고 있다는 느낌이 드는 것이다. 그러나 페미니스트라도 그 사람이 가진 사회 경제적 위치가 크게 작용해 논의의 장이 평평하지 못한 구조를 갖게 된다는 점은 단점이라 할 수 있다. 대면 관계의 친밀도로 인해 많은 사람들의 의견을 두루 듣기에는 부적절한 특성을 갖고 있다는 것도 단점으로 지적될 수 있다. 얼굴이 드러나고 아이디가 드러나는 단체조직이나 운동은, 친목으로 인해 확실하게 서로의 말을 비판하기 어려운 지점들이 생겨 논의 자체가 지연되거나 사장되는 경향이 존재한다고 생각한다.

호주제 폐지 이후 오랫동안 침체된 페미니즘의 암흑기를 지나, 다시금 이 처참한 여성인권의 현실에 분노해 일어났던 목소리들이 반드시 특정한 조직에만 편입될 이유는 없다. 조직의 이름을 건 대의에 묻혀 자신이 추구하는 바를 정작 추구할 수 없게 되거나 개별자의 행동에 발목이 묶이게 될 때가 있다. 그럴 경우는 차라리 새로운 영역과 더 많은 아이디어를 공유하고 기록할 수 있도록, 조직을 벗어나는 것 또한 필요하다. 개별자들이 뭉쳐 자유롭게 애기할 수 있는 것 역시 연대이며, 어떠한 위계도 없이 서로가 동등한 위치에서 논의와 프로젝트를 발전시켜 나갈 수 있다. 이러한 느슨한 연대체는 다양한 운동조직 간의 연계체이자 강력한 비판자, 강력한 행동가로서 존재할 수 있게 된다.

내가 현재 진행 중인 오프라인 활동은, 오프라인 소모임과 시위, 프로젝트 등이 있다. 오프라인에서 꾸린 소모임은 현장에서 오랫동안 활동하셨던 활동가 선생님들과 공부하는 모임과, 페미니즘 콘텐츠를 생산하는 프로젝트 모임 등 두 가지로 나누어진다. 활동가 선생님들과 우리는 20년 정도의 세대차이가 나지만 여성들이 처한 현실의 문제를 풀어나가고 싶어 한다는 점에서 견해를 같이하며 공감하고 있다. 선생님들은 2030의 페미와 만날 수 있는 방법을 찾고자 했지만 온라인의 사람들을 어떻게 오프라인에서 만날 수 있을지 고민이 많았다고 했다. 어느 분이 용감하게 총대를 메고 활동가 선생님들과의 연계를 추진한 덕분에 이 오프라인 소모임은 꾸려질 수 있었다. 선생님들의 옛날 운동애기를 전해 들으며 어떤 전략을 짜야 하는지 고민해 볼 수 있는 좋은 공부가 되고 있다. 이 소모임을 통해 오랫동안 여성운동을 해온 선생님들과 영페미들의 연대감을 바탕으로 한 느슨한 조직체 구성과, 현실의 문제에 고민이 많은 영페미들 간의 느슨한 조직화, 강연의 장, 지속적인 대화의 장을 마련해 나갈 수 있도록 준비하고 있다. 이는 세대

간 경험을 공유하고 우리가 해결해야 할 여성들의 당면 문제들이 무엇인지를 보고 느낄 수 있는 중요한 공론장이 될 것이다.

페미니즘 콘텐츠를 생산하는 프로젝트 모임은 지속가능한 제2물결 페미니즘을 위한 것이다. 현재 온오프라인에 만연한 제2물결에 대한 백래쉬(backlash)와 관련해 페미니즘의 외피를 둘러쓴 성적자유주의가 만연해 있다. 특정 사안에 대한 사회구조적 시각보다는 개인의 자유를 강조하는 이 성적자유주의가 페미니즘을 공격하는 세련된 이론으로 활개치고 있는 것이다. 우리는 이런 움직임에 저항하기 위해 가부장적 구조를 해체하고자 하는 제2물결의 콘텐츠를 생산하고 책을 만들고 모임을 결성하며 페이지를 개설하고자 논의하고 있다. 지금 만연해 있는 다양한 서적들을 비판하고, 다양한 문화비평의 작업을 수행하고자 한다. 뿐만 아니라 각자가 처한 분야와 위치에서 접하는 다양한 여성혐오와 여성차별의 상황에서 어떻게 대응하고 반박해 나갈 수 있는지, 당장은 해결할 수 없더라도 중장기적으로 어떤 대책과 운동을 진행해야 하는지, 그 문제의식을 전파하는 것을 목적으로 한다. 우리는 이 활동을 누구에게나 개방되어 열려있는 멤버십으로 진행하려고 계획 중이다.

우리는 온라인에서만 활동하지는 않을 것이다. 오프라인에서 단발적인 모임을 통해 다양한 토론과 논의, 공부의 기회를 마련해 볼 계획 역시도 갖고 있다. 온라인에서만 활동할 경우 논의가 너무 파편화 될 수 있다는 점을 고려해, 오프라인에서의 간헐적 만남을 통해 동료 페미니스트들과 꾸준한 관계를 유지할 수 있는 기회를 마련해 보려는 것이다. 조직의 목표와 이념이 존재하는 운동단체로 꾸리는 것은 나뿐만 아니라 다른 참여자들도 동의하지 않을 것이다. 우리가 지향하는 것은 개인들의 '액체적 연대'이기 때문에, 현실과 병행해서 꾸준하게만 이어져 나간다면 비록 그 진척이 느리더라도 메갈리아 사이트 이후 서로의 목소리가 되어줄 페미니스트들을 모으는 등대로서의 역할을 할 수 있지 않을까 생각해본다.

나는 기존 운동권의 문법에서 벗어나, 온라인과 오프라인을 효과적으로 연계하는 것이 앞으로의 페미니즘 운동에 긍정적인 영향을 끼칠 것이라는 판단 아래 위와 같이 온라인과 오프라인을 오가며 페미니즘 활동을 지속하고 있으며 앞으로도 유지해 나갈 예정이다.

비판적 개인들의
액체적 연대체를 꿈꾸다

메갈리아 페미니즘 붐과 함께 수많은 여성들이 일어났을 때는, 이렇게 강력한 여성들의 목소리가 있다면 조만간 많은 것들이 해결될 것이라는 희망이 있었다. 그러나 수많은 자매들의 목소리는 금방 사그러들었다. 마치 1970년대 민주화운동 과정에서 민주정부가 등장하자마자 운동가들이 이리저리 흩어지면서 정권의 기득권을 답습하였던 민주화운동의 과정을 보는 듯 했다. 그럴 수밖에 없었던 이유는, 한국 여성들의 상황에 적절하지 않은 신자유주의적 논의가 담긴 페미니즘이 주류담론으로 형성되고 많은 사람들이 그에 집중하는 경향이 있기 때문이다.

메갈리아 폐쇄 이후 그나마 워마드가 남아있다는 것은 마지막 희망이다. 누구나 접근할 수 있어 나쁜 의도를 가진 글을 일부러 워마드에 올리는 이도 있겠지만, 가장 오픈되어 있고 누구나 접근해서 글을 쓸 수 있는 익명의 사이트이기 때문에 워마드의 파급력은 크다. 메갈리아 폐쇄 이후, 워마드는 두 번이나 카페를 이동하고 공식 사이트를 내는 과정이 있었다. 메갈리아와 워마드가 분열된 것은 남성동성애자의 여성혐오의 발언에 어떻게 대응할 것인지에 관해 의견이 갈렸기 때문이었다. 워마드는 다음카페로 이사 간 이후 운영의 문제로 다시 한번 이동을 하게 되고, 미러링 글이 지속적으로 검열되는 문제로 인해 유저들이 사용하기에 좀 더 편리한 플랫폼을 개설하고자 공식 사이트를 개설하기에 이르렀다. 세 번의 이사로 인해 여성들이 치열하게 주고받았던 글들 대다수가 사라지게 되었다. 자료를 옮기거나 기록할 인력이 부족했기 때문이다. 여성들이 밤새워 주고받은 토론과 한국사회 가부장제를 꿰뚫는 글들이 사라진 것은 너무나 아쉽고 안타까운 점이 아닐 수 없다(타임라인 참조). 워마드는 페미니즘을 표방하지 않는다. 워마드는 소속감을 갖지 말라고 말하며 언제든지 남성들의 공격과 욕받이 대상이 되어 사라질 존재라 생각하라고 대놓고 말한다.

한가지 확실한 것은 워마드가 사라지게 되더라도 어떤 방식으로라도 여성혐오 고발과 페미니즘 운동은 지속되어야 한다는 것이고, 현실과 병행되어야 한다는 점이다. 나는 페미니즘을 '배우기' 위해 대학의 여성학과 등으로 진학하는 수많은 여성들을 보았다. 그러나 이것이 완벽한 대안이라고 생각하지 않는다. 오히려 기존의 여성주의 갈래와는 따로 떨어져 비판적으로 페미니즘을 견지하고 있을 다양한 개인들의 집합체가 필요하다. 친목에 있어서는 여전히 회의적이다. 내가 감각을 잃고 현실과는 동떨어진 말을 하게 될 때, 동료들이 기탄없이 문제되는 지점을 지적할 수 있도록 적당한 거리감을 유지해나가고 싶다.

사회가 부여하는 '여성스럽고', '밝은' 여성이 '주체적'이고 '페미니즘적'이라는 최근의 페미니즘 담론들을 보면, 페미니즘은 그런 것이 아니라고 말하고 싶어진다. 여성들이 하고 싶은 대로 해도 아무런 문제가 없을 때가 바로 성평등이 이루어졌을 때이며 이는 남성들의 젠더권력이 해체되었을 때

가능하다. 진보남성들은 여성의 주체성을 예로 들며 여성들이 무엇이든 자유롭게 선택할 수 있고 성적으로도 자유롭다면 평등해진 것이라 말한다. 그러나 여전히 여성은 페미니즘에 대해 목소리만 내도 회사에서 잘리고 취업이 어려워지는 이때에, 여성들이 현실적으로 가질 수 있는 자유의 영역은 사회적 주체가 될 수 있는 자유를 포함하고 있는가. 직장내 차별과 경제적 차별에 관한 논의는 시작도 하지 못한 이때, '주체적'일 수 있는 자유를 성적인 것과 개인적인 영역에 한정하는 논의는 의심해 보아야 한다. 지금의 한국에서 여성주의에 관해 말하는 것은 고통스러울 수밖에 없다. 현실을 벗어난 논의들은 우리가 지금 평등한 것처럼 착각하게 만들어 현실을 가린다. 삶의 문제를 착각하게 만드는 논의들에 속지 않기 위해서라도 우리의 페미니즘은 꼭 필요하다.

지금 함께하고 있는 페미니스트 동지들과 언제까지 함께 할지는 모르겠다. 오랫동안 같이 뜻을 맞춰가고 싶지만 중간에 지치면 조금 쉬다가 다시 돌아오는 방식으로 지금의 느슨한 연대체들을 유지할 수 있었으면 하는 작은 소망이 있다. 내게는 학업과 졸업, 취업이라는 커다란 현실의 벽이 아직 존재한다. 때로는 현실에 집중하느라 페미니즘에 관한 논의로부터 멀어지게 될 수 있다. 그것은 나뿐만이 아니라 대화방의 다른 이들과 소모임에 참여하는 이들도 마찬가지일 것이다. 설령 지금 속한 모임이 해체되더라도, 앞으로도 꾸준히 느슨한 연대체를 지속적으로 추구해 나갈 예정이다.

존재로 다가온다는 것

변호사 박선영

1.

얼마 전 미국 대통령 내외가 방한했을 때 영부인 멜라니아 트럼프의 환한 미소와 함께 '급식외교 통했다' 등의 기사가 올라왔었다. '급식외교'라는 단어는 새로웠지만 이미 '급식이'라는 단어를 본 적이 있었기 때문에 의미를 유추할 수 있었다.

청소년을 의미하는 '급식이'를 처음 접했을 때 학생들을 희화화하는 말 같아서 좋게 느껴지지 않았다. 차별을 조장하는 혐오 표현에 대응해 신조어를 만들어 사용하는 이른바 '대항 발화'가 하나의 의미 있는 활동이 될 수 있다고 생각하지만, 청소년에 대해서는 그러한 명분이 없어 보였기 때문이다.

그러나 같은 시간에 같은 공간에서 같은 음식을 먹으며 획일화된 교육을 받는 우리의 아이들이 미국 영부인 앞에서 아이돌 가수를 보고 비명을 지르며 주저앉는 당돌함과 개성을 발산해 영부인에게 자연스러운 미소를 안기는 쾌거를 이보다 더 잘 드러낼 수 있는 말도 없을 것 같았다. 그러면서 어쩌면 '급식이'라는 말도 그러한 환경에서 자라는 청소년들에 대한 연민, 혹은 그러한 환경에 대한 풍자가 아니었을까 하는 생각이 들었다.

'자세히 보아야 예쁘다. 오래 보아야 사랑스럽나'는 시구는 나와 '급식이'에게도 그러한 것 같아 혼자 웃었다. 그리고 '급식이'를 알게 해준 그들과의 만남을 떠올려 보았다.

2.

2016년 5월경 모욕죄 형사사건을 맡으면서 초록(가명)이와 노랑(가명)이, 그리고 이들의 재판을 전적으로 지원해주고 계시는 박사님 두 분을 처음 만났다. 초록이와 노랑이는 특정 사이트 회원이었고 사이트에 올린 글로 고소를 당한 상태였다. 고소인은 자신의 웹툰이 실존인물과 실화를 바탕으로 한 것이므로 웹툰 캐릭터에 대한 표현이 실존인물에 대한 것이라고 주장하며 모욕 및 명예훼손으로 고소하였고 검찰은 모욕죄로 약식기소 하였으며 초록이와 노랑이가 이의를 제기 함으로써 정식재판을 앞두고 있었다.

공소사실을 처음 봤을 때 든 느낌은 '으잉? 이런 게 무슨 죄가 되지?'였다. 사건에 대한 배경지식이 없던 때였다. 고소인도 몰랐고 해당 웹툰의 존재도 몰랐고 해당 사이트도 몰랐다. 그러나 재판을 준비하며 배경지식이 어느 정도 생긴 후에도 '이게 어떻게 죄가 되지? 너무 부당해'라는 생각은 변하지 않았다. 그들의 억울함과 우리의 부당함에 대한 소신은 함께 사건을 진행할 수 있는 시작이 되었다.

초록이와 노랑이는 1년여간의 재판 끝에 무죄가 확정되었다. 판결 이유는 '제출된 증거만으로는 해당 웹툰에 등장하는 해당 인물이 모욕죄의 객체가 되는 실제 인물과 동일성이 있다고 보기 어렵고 설사 그렇다 하더라도 이러한 사실을 인식한 상태에서 고소인을 모욕하기 위하여 글을 작성하였다고 보기 부족하다'는 것이었다.

사건에 대한 구체적인 언급을 대신해 재판을 하며 의견서에 활용했던 문장을 적어보고자 한다. 10년 전 우연히 잡지에서 보고 마음에 들어 적어놓았던 글귀였는데 10년 후 재판에 임하는 내 논리의 뼈대가 되었다는 것이 돌아보니 신기하다. 내용은 다음과 같다. "주제를 정하고, 소재를 찾아내고, 이야기를 구성하게 되면 이것은 더 이상 사실이 아니다. 모두가 사실일지라도 부분만을 취하거나 재구성되면 그것은 결국 픽션이다(프랑스의 사진작가이자 개념미술가 Sophie Calle의 인터뷰 내용)."

3.

초록이는 해맑은 인상에 어조와 발성이 반듯한 친구로 알고 보니 학교 동문 후배였고, 노랑이는 어리지만 말과 글을 굉장히 유려하게 구사하는 친구였다. 재판이 끝나고 이야기 나눌 때, 지하철을 타고 이동할 때, 틈틈이 수다하며 성차별, 여성인권에 대한 그들의 생각을 들을 수 있었던 것은 매우 소중한 기억이다. 그들은 기나긴 수사와 재판 과정을 묵묵히 버텨내었다. 마음가짐, 태도, 복장에 이르기까지 유독 재판 전날 많아지는 나의 잔소리를 싫은 내색 하나 없이 들어주었다. 어리게만 봤던 노랑이가 어른스러운 재킷을 입고 온 일, 노란 머리의 초록이가 짙은 색 헤어스프레이를 뿌려 오묘한 머리색을 하고 온 일은, 지금도 익살스럽게 내 뇌리에 남아 있다.

그들은 때로 동생 같고 아이 같았지만, 누구보다도 자신들 재판의 의미와 경과를 분명히 인식하고 있었다. 그들의 글은 작품 속 캐릭터에 대한 언급임이 분명했지만 저속한 표현이 난무하는 사이트 글들 사이에 끼어 있어 모양새가 좋지 않았다. 특정 사이트 회원이라는 이유로 악의적인 의도를 의심받기도 했다. 최악의 경우 전과자가 될 수 있는 위험에 처해 있었다. 한편 모욕죄는 고소인과 합의하면 처벌을 면하는 범죄로 타협의 여지가 더욱 컸다. 초록이는 교육공무원 시험을 준비 중이었고 노랑이는 재판을 받느라 업무에 지장이 있었다. 하지만 그들은 자신들의 의견 표명이 범죄가 되는 것은 부당하다는 소신을 끝까지 포기하지 않았고 의연하게 재판에 임했다. 유사 사안의 검찰 무혐의 결정문 등 갖가지 증거를 찾아서 보내주는 능동적인 재판의 주체였다.

이 자리를 통해 초록이와 노랑이를 지원해주셨던 박사님 두 분의 노고에도 다시 한 번 감사를 드리고 싶다. 그분들은 초록이와 노랑이를 물심양면으로 도와주셨다. 재판 때마다 동행하여 초록이와 노랑이에게 힘을 더하셨고, 함께 분노하고 걱정해주셨다. 다 같이 모여 아이디어를 나누었고, 박사님들의 도움으로 미국의 한 대학교 교수님의 의견을 받아 논리를 구성하는 데 반영하기도 하였다.

합당한 판결을 내려주신 사법부에도 감사의 마음을 전한다. 진실의 발견과 정의의 구현은 정말이지 그 무엇과도 바꿀 수 없는 위로가 된다.

4.

초록이와 노랑이의 사건은 특정 사이트에서 이루어진 온라인 대항 발화 운동이 승리한 예로 유의미하게 비춰질 수 있을 것 같다. 여성이 주축이 된 특정 사이트 회원 다수를 일제히 고소한 것에 대해 개인적인 억울함을 넘어 여성인권 운동에 미치는 피해의 측면에서 비판적인 시각이 있었던 것으로 알고 있다.

그러나 실제 변론의 주된 방향은 창작물, 작품으로서의 해당 웹툰과 작품 속 캐릭터를 실화 및 실존인물로 볼 수 있는지 여부, 결국 모욕죄의 객체인 '사람'에 대한 표현으로 볼 수 없다는 점, 초록이와 노랑이에게 모욕의 고의가 없다는 것 등이었다. 초록이와 노랑이의 표현이 소위 *'미러링'을 닮아 있었기 때문에 이해를 돕기 위해 그 무렵 온라인에서 행해지던 미러링 활동의 정당성과 표현의 의미, 이들이 속해 있던 사이트의 존재 의의 등을 어느 정도 주장할지 고민하기도 했었으나, 작품 내용이 독자들의 비평의 대상이 된다는 점은 적극 피력하면서도 그와 같은 쟁점을 부각시키지는 않았다. 이들의 표현이 작품 속 캐릭터와 스토리에 대한 의견임이 자명했기 때문이기도 하지만, 그러한 내용을 사법부가 공감할 수 있을까 하는 우려도 있었다. 초록이와 노랑이의 사건이 특정 사이트의 활동, 나아가 여성인권 운동과 결부시켜 논의를 확장시킨 선례로까지 나아가지 못한 점에서는 혹자에 따라 아쉬움이 남을 것 같기도 하다.

한편 범죄의 성립, 유·무죄 판단은 사안과 증거에 따라 개별적으로 이루어지고, 통상 무죄 판결의 주된 이유는 '제출된 증거만으로는 합리적 의심의 여지가 없이 죄가 입증되었다고 보기 어렵다'는 것이기 때문에, 유사한 사안처럼 보이지만 죄가 되는 경우도 있을 수 있다는 점을 인식하고 혹시라도 선례를 일반화하는데 주의할 필요가 있을 것 같다.

5.

초록이와 노랑이의 사건을 계기로 성차별과 여성인권에 대해 한 번 더 생각해보게 되었다. 성폭력 피해자를 대리하면서 성범죄에 대해서는 여러 문제의식을 가지고 있었지만 일상에 혹은 한국사회에 만연한 성차별이나

---

* **미러링** 사전적 의미는 공학적, 심리학적으로 다양하나 이 글에서는 특정 사이트에서 여성 혐오 표현에 대항해 '의도적으로 모방하는 행위'를 시작하면서 사용하게 된 신조어의 의미로 사용하였다. 미러링의 예로 꽃뱀이라는 표현에 대응한 좆뱀, 김치녀에 대응한 한남충, 창녀에 대응해 창놈, 맘충에 대응해 애비충, 낙태녀에 대응한 싸튀충 등을 들 수 있을 것 같다.

혐오의 문제에 대해서는 둔감하고 무지한 편이었다. 특히 그들과 이야기하며 '나는 그렇게까지 느끼지는 못했다' 식의 이의를 제기하고 난 후의 부끄러운 감정은 지금도 한 번씩 생각이 난다. 내 느낌과 기억이 무심과 무지와 타협의 결과일 수 있어서이다. 여성이 주축이 된 온라인 사이트와 활동에 대해서는 아직 의견을 말할 만큼 잘 알지 못한다. 그들이 사용하는 어떤 표현은 괜찮고 어떤 표현은 별로이며, 의도와 방식은 추상적으로만 납득하고 우려하며, 그들의 활동보다는 그 활동에 대한 초록이와 노랑이의 개인적인 입장이 아직은 더 궁금하고 듣고 싶다. 하지만 언제부터인가 내가 무심코 한 말이나 생각이 여성 혐오에 해당하는 것이 아닌지 돌아보는 버릇(미약한 수준)이 생겼다. 결론을 내리지 못하고 혼자 고민하다 마는 경우가 대부분이지만 예전에 없던 변화이다. 그러면서 그들이 내게 '존재'하게 되었음을 알았다. 내게 존재로 다가온다는 것은 생각한다는 것, 존중한다는 것, 이해하려고 노력한다는 것, 잘되길 바란다는 것. 초록이와 노랑이를 믿고 좋아하는 만큼 이들이 옹호하는 대상들에 관심을 갖게 되었고, 이는 사건을 함께 하며 얻은 여러 수확들 중 하나라고 생각된다.

6.

마지막으로 초록이와 노랑이의 앞날을 축복하고 응원한다. 과정이 힘들면 결과가 좋더라도 추억이 되기가 쉽지 않다. 결과에 대한 기쁨보다 과정을 떠올릴 때 쓰라린 감정이 되살아나기 때문이다. 그런 의미에서 자신의 고통스러웠던 한 때를 마주하기를 두려워하지 않고 세상과 나누려고 하고, 그 과정에서 만난 인연들을 소중하게 여기는 이들은 참으로 용감한 사람들이다. 이들 각자의 용기 있는 행보가, 나에게 그러했던 것처럼, 많은 사람들에게 다양한 영감과 실질적인 유익이 되기를 바라고 또 믿는다.

부록

메갈리아-워마드 단어사전

메갈리아와 워마드를 처음 접한 사람들이 공통적으로 어려워하는 부분이 있다. 바로 이들의 언어를 도저히 이해할 수 없다는 것이다. 한국말이지만 뜻을 알 수 없는 은어와 함축어들은 낯설기만 하고, "~노"와 같은 어투와 표현들이 어떤 의미와 의도를 가졌는지 파악조차 할 수 없으니 사이트에 게시된 글 한편을 제대로 읽어내기가 쉽지 않다. 이는 메갈리아와 워마드에 접근하는 것 자체를 방해하는 결과를 낳았다. 그래서 준비했다. 메갈리아에서 출발해 워마드로 이어지는 온라인-뉴-페미니스트들의 언어를 이해하기 위한 단어사전이다.

새로운 온라인 언어들은 메갈리아와 워마드만의 문화는 아니다. 온라인 언어는 수시로 생기고 변화하고 사라지는 생물이다. 온라인 페미니스트들은 남성중심적 프레임을 여성중심적으로 바꾸기 위해 여성주의 단어를 지속적으로 제안하고 사용하고 있다. 여기에 소개하는 단어는 메갈리아 시기와 워마드 초기까지 쓰인 말이다. 얼핏 보기에 이 단어들은 과격하고 폭력적으로 느껴진다. 이 단어들이 온라인 문화에서 만들어졌다는 이유도 있지만, 대부분 일간베스트 등의 여성혐오 단어를 미러링했기 때문이기도 하다. 이런 점들을 감안해서 읽는다면 이 부록은 재미와 정보 두 가지 모두를 선사할 수 있는 알찬 부록이 되리라 믿는다.

_편집자 주

ㄱ

가스라이팅 상황을 조작해 피해자와 가해자를 혼동하게 만들거나 자기 스스로를 의심하게 만들어 상대방을 심리적으로 지배한다는 뜻의 심리학 용어이다. 성범죄 사건이 이슈화될 때 가스라이팅을 통해 여성들이 꽃뱀으로 몰리거나 사건 자체가 공론화되지 못함을 지적한다. 동시에 일상생활 곳곳에 스며있는 문화가 여성 개개인들에게 가스라이팅으로 작용하는 사례도 고발한다.

각성 여성 스스로 억압의 현실을 깨달았을 때 사용한다. 여자를 대상으로 '계몽'이라는 표현을 쓰는 것에 반대하는 의미가 있다.

갓치 코르셋에 갇히지 않고 당당한 여성. '김치녀'에서 '녀'를 떼고 '김' 대신 신격의 의미인 '갓'을 붙여 만든 단어.

개념남 '개념녀'에 대한 미러링으로 성평등한 관점을 가진 남성을 격려하기 위해 사용했으나 나중에 사용하지 않게 되었다. 워마드가 인정하는 진정한 개념남은 죽은 남자뿐이다. 유사어 - 정상남.

계동 게이동영상의 줄임말.

고기방패 군인인 한국남자를 부정적으로 표현한 단어. 남성들이 여성의 소음순 모양과 색깔을 조롱하며 '불고기'로 표현하는 것에 대한 미러링. 유사어 - 육병기.

관잦 '관음자지'의 줄임말. 여성 커뮤니티 내부에 잠입하여 여성들의 이야기를 관음하고 외부로 유출하거나 신상털이를 하는 남성.

군무군무 '군무새'(아래 참조)가 군복무로 물타기 하는 모양새를 말하며 부사어 '너무' 대신에 사용함. 예를 들어 "오늘 날씨 군무 덥노"는 "오늘 날씨가 너무 덥다"는 뜻이다.

군무새 모든 성평등 의제에 '여자도 군대 가라'면서 군대 얘기만 앵무새처럼 반복하는 남자들.

그, 그남 영어의 She에 해당하는 그녀를 '그'라고 표현하고 He, 즉 그를 '그남'이라고 번역한다. 여성을 중심에 놓고 남성을 상대화하는 표현.

그린일베 네이버를 일컫는 말로 뉴스게시판에 여성혐오 댓글이 많아서 유래되었다. 네이버는 여혐콘텐츠를 수십 년째 방치해왔지만 메갈리아/워마드의 미러링 댓글은 즉각 삭제조치하는 이중잣대를 가지고 있다고 해서 붙여졌다.

꼬춘쿠키 포춘쿠키에서 유래한 말로 '까보면 작다'는 뜻.

ㄴ

남친 행패, 남친 폭력 데이트 폭력의 가해

자를 드러내는 표현.

남혐 '남성혐오'를 줄인 말이다. 메갈리아에서 남성의 여성혐오를 미러링하면서 혐오에 대한 원본이 남성에게 있음을 표현했다면, 워마드에서는 당당하게 남성을 혐오하겠다고 표현한다.

냄져 '남자'라는 단어의 양성모음이 긍정적인 느낌을 준다고 해서 음성모음으로 바꾼 단어.

~노 메갈리아/워마드에서 사용하는 종결어미. '뭐하노~', '그렇게 생각하지 않노~'와 같은 식으로 표현한다. 일베에서는 故 노무현 대통령을 비하해서 사용하는 표현인데 여성들은 이 언어를 뺏어와 한국인과 필리피노 사이에 태어난 필리핀 2세인 '코피노'의 '노'를 쓴다. 이처럼 일베와 문체를 같이 쓰기 때문에 진보진영 혹은 페미니스트들로부터도 '메갈이나 일베나 (같다)', '워마드는 여자일베' 등의 공격을 받는다. 워마드는 이에 대해 '일베가 남자 워마드'라고 반박하며 일베 말투를 여성들이 뺏어오는 것에 성공했음을 기뻐한다. 이 말투를 극도로 혐오하는 진보성향 커뮤니티(오늘의 유머, 이종격투기)는 매우 정중한 어투(~죠, 일명 죠죠체)를 사용하지만 동시에 일베와 지독한 여성혐오를 함께 한다. 워마드 이전 메갈리아부터 여성들은 이러한 이중성을 꼬집고 고발하는 작업을 해왔다. "오늘 기분 정말 좋노이기야!"와 같이 이기야와 함께 쓰기도 해 '이기야노체'(219쪽 참조)라고도 한다.

느개비 '느그애비(너희 아버지)'를 줄여서 느개비, 또 다시 줄여서 '니앱'이라고도 부르며 여성혐오적인 느금마, 너검마, 니앰(느그애미)을 남성에 대한 비속어로 바꾼 미러링 단어이다.

ㄷ ///////////////////////////////

디폴트 기본값, 기본. 주요한 용례로 "여성이 디폴트이다"라는 표현이 있다. 메갈리아/워마드에서는 '여-/-녀'와 같이 여성을 2등 시민화하는 언어 사용을 금지한다. 모든 명사에서 디폴트를 여성이라고 생각하고 남성일 경우에 '-남/남-'을 붙여 '남의사, 남군인, 꽁치남, 쩍벌남' 등으로 사용한다.

똥꼬충 메갈리아와 워마드가 분리되는데 결정적인 역할을 한 단어로 워마드 위키에는 게이(남)를 낮추어 부르는 말로 등록되어 있다. 페미위키에는 똥꼬충이라는 단어 자체는 등록되어 있지 않고 메갈리아와 워마드의 분리과정에 성소수자혐오 논쟁을 설명하는 단어로만 기재되어 있다. 오히려 나무위키에 자세하게 기록되어 있는데 디지인사이드나 일베저장소 등의 커뮤니티, 유머저장소 등의 페이스북 페이지에서 주로 사용한다고 기재되어 있다. 이는 '똥꼬충'이라는 단어 자체가 메갈리아나 워마드에서 시작된 단어가 아니라 남초 커뮤니티에서 시작되었음을 시사한다. 이 단어는 이 책의 필자들의 글에서도 여러 번 언급되었다.

ㄹ

루저페이(김치페이) 더치페이를 새롭게 표현한 말. 실제로 양성평등 국가로 유명한 네덜란드에서는 여남간에 더치페이를 하지 않는다. 유난히 한국남성들만 데이트통장과 더치페이를 평등한 여남권리처럼 주장하는 데서 루저페이라는 이름을 붙였다. '루저'라는 단어는 한국남성들이 가장 싫어하는 단어로 2009년 KBS 방송 〈미녀들의 수다〉에서 한 여성이 "키 180cm 이하 남성은 루저"라고 말했다가 한국남성들의 열등감이 한꺼번에 폭발한 일이 있었다. 유사어-김치페이(한국을 김치, 일본을 스시 등으로 부르는 온라인 언어에서 나옴).

ㅁ

마법씹치문 '한자에 담긴 여성혐오적인 의미를 전복시키며 새로운 한자 형태를 만들었다.

嗣 男 男女
   男男 男
밥 달라   한국남자   죽은 누나
엠병할 **엠** 세명 모이면 업혀있을 **업**
      성매매 할 **됫**

메르스 갤러리 줄여서 '메르스갤' 혹은 '메갤'이라고도 한다. 디시인사이드의 여러 게시판 중 하나로 2015년 메르스 발병 후 생성되었고 여성혐오적인 표현에 대해 처음으로 집단적인 대응을 시작한 곳이다.

맨스플레인 맨man과 익스플레인explain의 합성어로 남자가 여자에게 늘 설명하려는 태도를 꼬집는 단어이다. 2010년 뉴욕타임즈가 그 해의 단어로 선정했고 2014년에는 옥스퍼드 온라인 영어사전에도 등재되었다. 비슷한 개념으로 화이트플레인, 라이트플레인 등의 단어가 있으며 레베카 솔닛의 책 『남자들은 자꾸 나를 가르치려 든다』에서 자세히 언급되었다. 유사어-좆스플레인.

미러링 여러 의미로 쓰이지만 한국에서는 상대방의 잘못, 특히 여성혐오적인 말이나 글, 사상, 행태, 행동을 등장인물이나 화자의 성별만 반대로 바꾸어 보여줌으로써 사회의 골조를 이룬 여성혐오를 선명하게 드러내기 위한 논증 및 설득 전략이라는 의미로 쓰인다. 메갈리아의 등장과 함께 널리 회자되었고, 트위터 및 워마드 등의 사이트에서 꾸준히 미러링 단어가 생성 또는 사용되고 있다(자료출처 페미위키).

ㅂ

밥줘충 혼자서는 밥조차 챙겨먹을 줄 몰라 늘 밥 달라고 외치는 남자. 모든 일에 여성들의 돌봄노동을 당당히 요구하는 남성들을 일컫는다.

번식탈락 열등한 조건의 남성이 여성을 사귀지 못하는 경우 쓰는 단어로 줄여서

'번탈'이라고 하며 그런 남성을 '번탈남'이라 부른다. 지독하게 여혐하는 남성들에게 '번식탈락 히스테리, 번탈 히스테리'를 부린다고 표현한다.

보력 보지 + 화력. 인터넷 뉴스 등의 댓글창에 여성혐오성 글들을 내리기 위해 남성을 비판하는 댓글을 공격적으로 올리고, 추천수를 높이는 것.

보빨러 보지 빨아주는 놈이라는 뜻으로 여성을 지지하는 남성을 남성들이 비아냥거리는 표현.

보적자, 자적자 '보지의 적은 자지, 자지의 적은 자지'라는 뜻. 남성들이 오랫동안 '여자의 적은 여자(보적보)' 프레임을 만드는 것에 대한 대항어. 여성들끼리 돕는 것을 '보돕보'라고 표현하며 다음은 응용사례이다. '보돕보는 사이언스. 자적자는 사이언스'(남자의 적이 남자라는 것은 과학적 사실이다).

보지컬하다 보지(여성)가 로지컬하다, 논리적이라는 뜻으로 논리적이거나 참신한 글을 보고 쓰는 감탄어.

~보이 택배보이, 운전보이, 증권보이 등 '~녀'에 대항하는 어휘.

봇풍당당 위풍당당한 여성의 모습을 표현한 단어.

부랄더 오빠 대신 권장되는 표현이다.

부랄딸랑 남자가 아부하는 모습을 표현.

부랄발광 남자가 발광하는 모습을 표현.

부랄베로스 부랄 + 케르베로스. 케르베로스는 그리스 신화에 나오는 상상의 동물로 머리가 셋 달린 개로 묘사된다. 한국남자의 자지는 너무 작아 마치 부랄이 세 개 달려있는 것과 같다 하여 만들어진 단어. 온라인 공간에서 남성들이 여성을 성기 모양과 크기로 분류하며 성희롱하는 상황을 미러링하면서 생겨난 표현이다.

부랄자 브라자(브래지어)의 미러링. 남성의 고환에 장착하는 속옷을 상상해 표현한 단어.

블루일베 페이스북을 일컫는다. 김치녀 등 여성혐오 단어에 대한 신고는 무시하고 메갈리아가 언급된 페이지 등은 주저 없이 삭제하는 이중적 모습을 보인 사건들이 많아 생긴 표현('그린일베' 213쪽 참조).

빠가남 '오빠가~'에서 비롯된, 오빠라는 호칭에 집착하는 남자들을 일컫는 단어.

빨간약을 먹다 여성문제에 눈을 뜨고 각성하게 되는 것을 이른다. 영화 <매트릭스>에서 비롯된 표현으로, 빨간 약은 고통스러운 진실에 직면하여 문제를 해결할 수 있는 열쇠를 찾도록 도와주고, 파란 약은 고통 없는 거짓의 세계로 인도한다('각성' 213쪽 참조).

상여자 당당함과 지성, 능력 등을 갖춘 여자를 칭찬하는 말. '갓치'다운 여성을 말한다.

상폐남 시장에서 주식상장이 폐지될 정도로 늙은 남자. 남성들이 여성의 나이로 상장폐지, 크리스마스 케이크에 빗대어 말하는 것에 대한 대항어.

성자 성매매피해자의 줄임말. '창녀'라는 단어가 갖는 부정적 어감을 '성자'라는 긍정적 어휘로 대체하는 의도를 담고 있다. 성노동자의 줄임말로 잘못 알려진 경우가 많으나, 워마드는 성노동론에 반대하며 성매매 여성들을 성노동자라고 부르지 않는다. 워마드가 성노동자라는 말을 쓰는 것에 반대함으로써 창녀혐오라는 오명을 얻기도 하는데, 실제 워마드에는 성자들이 많으며 성매매 현장에 대한 내부 고발글이 자주 올라온다. 여성들이 성매매의 실태를 파악하고 성자들의 삶과 고민에 대해 이해하며 여성으로서 연대할 수 있도록 만들어주는 중요한 장이 된다. 현재 성노동론에 가장 크고 단호하게 비판의 목소리를 높이는 여성집단이 바로 워마드다.

성적 불쾌감 성적 수치심에 대항해 권장되는 표현.

소아성도착 페도필리아pedophilia를 우리말로 번역할 때 '소아성애'라고 하는데 이에 반대하면서 소아에게 성적으로 관심갖는 것은 이상성욕이라는 의미로 도착증이라는 단어를 쓴다. 남성들은 소아성애라는 표현을 동성애라는 단어와 비교하면서 단지 하나의 성적 취향에 불과한 것처럼 주장하기 때문에 적극적으로 대체어를 만들어 사용한다.

소추소심 고추가 작은 만큼 속이 좁다는 뜻. '소심소심'에 대항하는 표현.

스피커남 여성들이 계속 말해온 논리를 반복해 말할 뿐인데도 남자라는 이유만으로 조명을 받는 남자.

시계남 고장 난 시계가 어쩌다 맞을 때가 있듯이 가끔 정상적인 발언을 하는 남자를 말한다.

시선강간 남성들이 여성들의 몸을 훑어보는 행위를 설명하는 단어.

시집갈등 고부갈등 대신 권유되는 표현. 시어머니와 며느리의 갈등이라는 표현은 가부장제의 모순을 여성 개인들 간의 갈등으로 치환하는 의도가 있다고 보고, 가부장제라는 제도 자체에 초점을 두어야 함을 강조하기 위해 만들어진 단어이다.

싸튀남, 싸튀충 낙태녀라는 단어를 대체하기 위한 말로서, 낙태를 해야 하는 상황에서 임신한 여성이 아니라 무책임한 섹스를 한 남성에게 화살을 돌리는 표현이다. 싸고 도망가는 남자를 벌레라 비난하는 의미가 담겨있다.

씹치남　뉴스에서 'XX녀'라고 성별을 부각시키듯 남성을 부각시킨 단어이다. '씹'이 여성혐오 어원이라 이제는 거의 사용하지 않으며 새로운 언어들을 제안하고 있다.

○<ruby>ㅊ</ruby>

ㅇㅊ, 워추　워마드 추천의 줄임말. 좋은 글에 ㅇㅊ 댓글을 달고, 게시글이 일정 수의 추천을 받으면 개념글(워념글)이 되어 베스트 게시판으로 옮겨간다. 메갈리아의 경우 '메추'와 '메념'이라 사용했다.

양남　서양남자를 일컫는다. 유사어-양좆, 양놈

여아학살　여아낙태의 보다 정확한 표현으로 권장된다.

여혐러　여성혐오자. 지독한 여성혐오적 인식을 갖고 여성혐오적 발언을 하는 남성들을 이른다.

앵나온다 앵　유명한 게이동영상에서 나온 표현. 힘들다, 슬프다는 맥락에서 주로 쓰이나 정확히 정해진 것은 없다. 남성 간 섹스에서 여성 성기 혐오와 여성 혐오가 어떻게 일어나는지를 알려주는 영상으로 많은 유행어(~힘조! 소리가 쩌근데?)를 탄생시켰다.

오메가　지하철 임산부석 자리에 앉은 남성을 지칭. 온라인 픽션 문학의 세계관에서 오메가 종 남성은 임신이 가능하다. 유사어-임신수(남성동성애 문학에서 임신이 가능한 남자를 지칭).

오유　'오늘의 유머(오유)'라는 남성 사이트. ㅠ이 ㅠㅠ와 생김새가 비슷하여 바꿔 썼다. 어떤 단어의 글자를 모양이 비슷한 다른 글자로 바꿔 쓰는 야민정음을 활용한 말. 일베 유저들이 극우주의자들이라면 오유는 진보성향의 커뮤니티지만, 두 사이트 모두 여성혐오가 가장 심한 집단이다. 오유들은 일베의 보수성을 극도로 혐오하지만 여성혐오를 할 때는 일베와 남성연대를 이루어 같은 목소리를 낸다. 여성운동에서 진보/보수라는 정치적 프레임이 작동할 필요가 없다는 워마드의 정치성은 바로 이러한 끈끈한 남성연대에 대한 대항으로 나타났다. 일베가 "느금마 창녀"이라고 한다면 오유는 "당신의 어머니는 창녀입니다"라고 한다는 우스개가 있을 정도로, 말투만 달랐지 여성혐오의 수준은 같다.

오피충, 오물남　성매수남을 부정적 어감으로 표현하기 위해 고안된 단어.

와랄라라　섹스할 때 남성이 일찍 사정한다 하여 '3초 찍'과 같이 쓰이는 말. 커널링구스나 키스를 할 때 혀만 낼름거리고 침만 묻히면서 삽입과 피스톤질에만 매달리는 등, 야동에서 배운 피상적인 섹스만을 고집하는 남성들의 행태를 풍자한다.

완경　폐경 대신 권장되는 표현.

운지남 운전을 지랄같이 하는 남자. 일베에서 노무현 대통령의 죽음을 조롱할 때 쓰는 '운지'의 의미를 바꿨다.

웃챙 '웃음 창놈'이나 '웃음 헤픔'의 줄임말. 주로 '~됐노'와 함께 쓰여 매우 웃긴다는 뜻으로 사용된다.

웅알충, 웅웅충 '웅웅 알겠어요~'에서 비롯되었다. 여성이 자신의 생각을 드러내는 것을 피곤한 일로 취급하며 넘겨버리는 한국남자를 표현한다. 주로 "미안, 알았어, 됐지?"라는 식으로 여성의 정당한 지적이나 언급에 대해 간단하게 대답하고 피하려는 남성들을 일컫는다.

유충/한남유충 여성혐오를 하는 어린 남성들을 일컫는 단어. 초등 남학생들은 이미 SNS나 유튜브 방송을 통해 여혐 콘텐츠를 접하고 포르노를 익혀 또래 여학생들을 성희롱하거나 성추행한다. 보통은 한남충이 될 싹이 보이는 어린 남자아이들을 유충이라 부르는데, 사람에 따라서 태아나 영아에게도 유충이라는 단어를 쓰는 경우도 있다. 이로 인해 비도덕적이며 아동혐오적이라는 비난을 듣기도 한다. 여성인권을 가장 전면에 내세우는 워마드는 남자 아동이 여혐할 권리보다 여자 아동이 안전할 권리를 우선시한다.

육병기 '육변기'의 미러링. 육변기는 여성의 몸을 변기나 정액받이로 표현하는 남성들의 은어이다. 이에 대해 여성들은 발음이 비슷한 육병기라는 단어를 만들고 전쟁시 총알받이가 될 수밖에 없는 남성들의 처지를 조롱한다.

6.9 한국남자의 평균 성기 크기. 69의 성애적 의미를 전복시킴. 따옴표 대신 66, 99, 6 9를 쓴다. 6.9처럼 작은 성기를 가진 한국 남성들을 애도하기 위해 6월 9일을 육구절 혹은 소추절이라 한다.

유식이 오늘의 유머 게시판 사용자 혹은 디시인사이드 갤러리 유저를 이르는 말로 시작했으나 현재는 여성혐오적인 네티즌 남성 유저를 통칭하는 단어로 사용된다.

응급피임약 사후피임약의 올바른 표현으로 권장된다.

이기야노 '~노'와 함께 일베의 이기야를 적극 사용한다(214쪽 '~노' 참조).

이종아재 '이종격투기'라는 다음 카페를 이용하는 남성을 일컫는다. 남초 커뮤니티를 저속한 어조로 바꿔 부름으로써 그 유저라는 사실에 수치감을 느끼도록 하는 의도를 담고 있다. 주로 연령대가 높은 남성들이 이용하는 이종격투기를 임종카페, 세미시체 등으로도 부르며, 이와 비슷한 예로 게임 커뮤니티 도탁스를 똥탁스 혹은 좆작스로, 축구 커뮤니티 아이라이크사커(알락사)를 안락사 등으로 부른다.

임신중단 낙태라는 표현 대신 사용하는 단어로 임신한 여자의 선택과 권리를 존중하려는 표현이다.

입페미 현실에서의 실천적 노력 없이 말로만 여성주의를 외치는 남성들을 비판하는 용어.

웜련 워마드 유저들이 스스로를 지칭하는 표현으로, '갓치' 대신 쓰인다.

ㅈ ////////////////////////////////

자 - 남성의 성기를 줄여 붙인 접두사로, 대부분의 경우 남성들이 여성의 성기를 비하하고 멸시할 때 쓰는 '-보'라는 여성혐오적 원본들을 미러링한다.

자들자들 남자가 부들부들 화내는 모습을 비아냥거리는 표현.

자라니 자지 + 고라니. 고라니가 불쑥 튀어나와 운전자를 놀래키듯, 고속도로에서 불쑥 튀어나와 사고를 내는 남성 자전거 운전자를 이른다. 온라인을 통해 남성들이 여성들의 사고 영상으로 자위를 하고 사고당한 여성을 '보라니'라 부르는 것에 대항하는 단어.

자릉내 자지에서 나는 구린내를 이르는 말. 주로 남성들이 쓰는 말투에 자릉내가 난다는 표현을 많이 씀.

자지랖 오지랖의 남성형. 남성들은 자신의 의견이 별로 필요하지 않은 상황에서도 의견을 피력한다.

자지오패스 자지 + 사이코패스. 공감능력이 부족한 남성들은 가해-피해가 명확한 사건에서도 여성 피해자의 상황보다는 남성인 자신의 처지만 생각하고 남성 가해자에 감정이입함. 무조건 여혐을 하고 보는 한남충을 이르는 말.

자집애 계집애, 지지배를 미러링한 표현.

자트릭스 자지 + 매트릭스. 남성이 여성을 착취하기 위해 만든 사회구조를 일컬으며 영화 매트릭스에서 유래했다.

정충 정자의 부정적 표현.

좆나/봊나 부정적인 상황에서는 '좆나', 긍정적인 상황에서는 '봊나'를 사용한다.

좆레벌떡 '달려~'와 함께 씀. 남성이 급히 뛰어오르거나 반응하는 모습을 표현했다.

좆무위키 나무위키. 남자들이 증거로 많이 애용하는 온라인 단어사전으로 남성들이 만들었기 때문에 내용상 여성혐오적인 부분이 많고 사실 관계 왜곡이 심한 것을 나타내는 말.

좆뱀 여성에게 달라붙어 이득을 보려 하는 남성. 여성이 잘해줄수록 의지하여 본인이 하던 일조차 떠넘겨버리는 남성을 이른다. '꽃뱀'을 미러링한 표현이다.

좆스플레인 '맨스플레인'의 유사어. 마치 자기만 안다는 듯이 여성을 가르치려 드는 남성의 권위적인 행동을 이르는 말.

좆팔계 뚱뚱한 한남을 이르는 말.

주작충 인터넷 게시판의 원래 게시글을 여성혐오적으로 조작하는 유저를 이른다.

ㅊ //////////////////////////////////

처자 처진 자지. 남성들이 여성의 처진 가슴을 비아냥거리는 것을 미러링한 표현. 남성들이 여성들을 아가씨, 처자 등 사람이 아닌 여성으로 지칭하는 단어를 거부하며 의미를 전복시키기 위한 미러링이다.

출생 출산 대신 권장되는 표현.

출생률 출산율 대신 권장되는 표현.

충 벌레를 뜻하는 접미사. 인터넷에 널리 퍼진 비속어로 '맘충'은 대표적인 여혐단어이다. 메갈리아/워마드는 이에 대항해 '충'이라는 접미사를 적극적으로 활용해 왔다. 싸튀충, 오피충, 한남충 등의 예가 있다.

ㅋ //////////////////////////////////

코르셋 여성에게 차별적으로 요구되는 각종 의무, 그리고 여성혐오나 차별에 익숙해져 억압에 순응하는 상태, 또는 그러한 상태인 여성을 이르는 말. 원래 후자를 '코르셋녀'라 불렀으나 코르셋 자체가 여

성들에게만 요구되는 것이기에 굳이 '여'를 붙이지 않고 사용하고 있다.
화장, 다이어트, 성형 등과 같은 것을 외모코르셋이라 하며, 여성은 언제나 친절하고 상냥해야 하며 예의와 도리, 규칙을 지켜야 한다고 여기는 것을 도덕코르셋이라고 한다. 이러한 여성억압에서 벗어나는 행위를 '코르셋을 벗다'라고 표현한다.

클리를 탁 치고 갑니다 인상적인 글을 보고 깨우칠 때 '무릎을 탁 치고 갑니다'라는 표현을 쓰는데, 이를 여성중심적으로 바꾼 것이다. 유사어 - '브라끈을 탁 치고 갑니다.'

클리친구 '부랄친구'의 대항어

ㅌ //////////////////////////////////

트페미 트위터 계정을 중심으로 사용하는 온라인 페미니스트. 페이스북 페미니스트는 '페페미'라고 부른다.

틀딱충 '틀니 딱딱충'을 줄인 표현으로, 나이가 들었는데도 성숙하기는 커녕 가부장적인 사고를 강요하는 남자를 이른다. 남성에 한정하여 사용.

ㅍ //////////////////////////////////

펄-럭 소음순이 나부끼는 모양. 여성으로서 자부심을 표현한 단어라고도 하고, 다

른 해석으로는 나치의 전범기(하켄크로이즈)에 여성 상징 기호가 합쳐진 '페미나치' 깃발이 나부끼는 모양을 이른다고도 한다. 남성 프레임에 얽매이지 않고 당당히 남혐하는 것에 대한 자긍심의 표현이며, 남성들이 큰 소음순을 성형수술 해야 하는 부끄러운 것으로 프레임 짜는 것에 대한 대항이다. 박수치고 나부낄 정도로 큰 소음순을 당당하게 여기는 것을 '소음순으로 박수친다', '소음순 박수'라고도 한다.

페미나치 외국에서 페미니스트를 비난하는 의미로 사용되는 용어. '꼴페미'와 비슷한 뜻으로 쓰이는데, 실상은 페미니즘에 대한 이해없이 페미니스트를 무조건 매도하는 프레임을 강화해왔다. 이런 프레임을 전복하여 긍정어로 환원해 사용하고 있다. 여성을 짓누르는 남성주류 사회의 프레임에 얽매이지 않고 남성에게 반격을 가하며 당당하게 남혐하는 여성을 일컫는다.

페미사이드 여성female과 대량학살geno-cide를 결합한 말. '여자'라는 이유로 남자들이 여자를 살해하는 것을 말한다. 여아 낙태로 인한 대량학살의 경우 처음에 '젠더사이드'라는 용어를 사용하였으나 젠더라는 단어가 여아성감별 낙태를 분명하게 설명하지 못하기 때문에 '여성'을 지운다는 의미를 강조하기 위해 최근에는 페미사이드라고 부른다.

포궁胞宮 자궁子宮은 아들子을 낳는다는 뜻을 내포하고 있어 이를 거부하고, 세포細胞의 '포胞'를 사용해 만들어낸 중립적 단어.

세포가 머무는 공간을 뜻한다.

프로불편러 네이버 어학사전에는 '매사에 불편함을 그대로 드러내어 주위 사람의 공감을 얻으려는 사람을 이르는 말'이라고 기록되어 있으나 여성이 자신의 입장을 분명하게 표현해 어떤 상황을 불편하게 만드는 경우를 비아냥거려 일베 유저들이 사용하던 단어이다.

메갈리아/워마드에서는 상대를 불편하게 하더라도 언제나 자신의 입장을 당당하게 밝히는 여자라는 긍정적 의미로 사용한다.

핑거애비 '핑거프린세스' 혹은 '핑거프린스' 대신 권장되는 표현으로 스스로 검색하거나 찾지 않고 질문만 하는 남자를 뜻한다.

핑거프린스 검색하면 바로 알 수 있는 것도 스스로 알아보지 않고 물어본다는 뜻. 남의 수고를 날로 먹으려는 부정적 의미의 '핑거프린세스'를 미러링한 단어로 줄여서 '핑프'라고도 함.

ㅎ ///////////////////////////////

하용가 "하이 용돈 만남 가능?"의 약자로 개인 간 채팅 사이트인 '앙톡'에서 성매매를 위해 채팅하던 이가 매크로처럼 돌리던 말. 앙톡남 자체를 의미하기도 한다. 워마드에서는 인사 대신으로 쓰인다.

한남, 한남또 한국남자는 한남, 한남또는

'한남이 또 일 저질렀다'의 줄임말.

한남충 '한국남자는 벌레'라는 뜻에서 유래. 한국사회에 혐오담론을 촉발시킨 기념비적 조어. 여성혐오성 단어들이 십 년 넘게 유행하는 동안 아무도 관심 갖지 않았던 '혐오' 문제가, 여성들이 한남충이라는 단어를 쓰자마자 사회문제로 대두되었다. 언론에는 '남혐여혐 모두 나빠요', '사랑하기만도 모자란 세상'이라는 식의 기사들이 나오면서 남성혐오를 중요한 문제로 다루어 웃음을 안겼다. 남성들은 이를 미러링한다며 '한녀/한녀충'이라는 단어를 만들었는데 여성들은 오히려 이 단어를 반겼다. 김치녀, 된장녀, 성괴, 창년에서 드디어 한국여자로 불리기 시작한 것이다.

함정합의 성폭행 피해자를 무고죄 가해자로 몰아가는 수사방식으로 결국 원만한 합의를 이끌어내어 성폭행 가해자를 보호하려고 하는 수작.

허수애비 모부母父로서의 역할과 배우자로서의 책무를 다하지 않는 아버지와 남편을 이름. 이들은 여성에게 독박육아, 독박교육, 독박가사 등 가정을 유지하기 위한 모든 책임을 떠넘기고 심각한 경우 경제활동도 하지 않는다.

허벌후장 '허벌보지'에 대항하는 말. 게이의 여혐문화를 비판하며 사용하게 되었다. 이를 이미지화해 '벌집후장'이라고 쓰기도 한다.

호적메이트 형제나 자매, 자제姉弟 관계의 가족을 표현하는 단어.

후려치기 물건 값을 깎으려할 때 그 흠결을 핑계대 가치를 깎아내리는 것처럼, 가부장제 사회에서 여성의 외모나 능력, 가치를 깎아내리는 행위를 이른다.

후팔, 좆팔 여성혐오적인 욕설 '씨발'에 대한 대항 비속어. '좆을 팔', '후장을 팔'의 줄임말이다.

흉자 '흉내 자지'를 줄인 말로 사회의 여성혐오에 무감각하며 가부장적 사고를 가지고 있는 여성들을 일컫는 표현. 명예남성이라는 말을 '명자'라고 불렀으나 실제 사람이름인 경우가 많고, 명예라는 단어가 긍정적인 의미이기 때문에 부정적 어감을 주는 단어로 대체했다. 흉자들은 페미니스트들을 전면에서 조롱하고 공격하며 남성과 남성 사회에 대한 비판을 방해한다.

흡입섹스 삽입섹스에 대항하는 단어로, 남성과 여성의 성관계를 남성 성기 중심으로 표현하지 않고 여성 성기를 중심으로 표현하려는 의도를 담고 있다.

참고자료
메갈리아 단어사전 아카이브
http://archive.li/d2Lje

워마드 위키
http://ko.womad.wikidok.net

근본없는 페미니즘 컬러링

물밭

페미니즘 전시 2017 〈사일런트 메가폰〉, 2018 〈Full Fist Feminist〉를 기획하고 참여
했다. 물밭의 그림에는 나이, 체형, 외모 등 다양한 여성들이 공존한다. 담백한 선묘와 역
동적인 인체표현으로 래디컬 페미니즘이 지향하는 여성상을 보여주어 작품을 보는 관객
들에게 해방감과 즐거움을 준다. 여성의 고통, 아픔 또한 유쾌하게 풀어내어 강렬한 페이
소스를 일으킨다. 그의 작품에는 '보토피아'가 있다.

현재 래디컬 페미니스트 작가 그룹 〈fff : 포르티시시모〉에서 활동한다. 대표작 〈진짜
전쟁〉, 〈여자 인생 60부터〉, 웹툰 〈개인사생활〉이 있다. 인스타그램 water_farm, 트위터
@water_farm에서 소통한다.

근본없는 페미니즘
- 메갈리아부터 워마드까지

초판 1쇄 발행 2018년 3월 14일
초판 2쇄 발행 2018년 6월 18일

펴 낸 곳 | 이프북스
펴 낸 이 | 유숙열
편집·교정 | 조박선영·정박미경
기　　획 | 페미니스트 플랫폼 페이지터너
디 자 인 | 영롱한 디자인
일 러 스 트 | 물밭
등　　록 | 2017년 4월 25일 제2017-000108
주　　소 | 서울 마포구 독막로 18길 5
전　　화 | 02-387-3432
팩　　스 | 02-3676-1508
사 이 트 | http://www.onlineif.com
S　N　S | https://www.facebook.com/books.if
팟 캐 스 트 | http://www.podbbang.com=/ch/9490
한국어판 출판권 | 이프북스

ISBN 979-11-961355-3-9